발달상담과 치료

- 전 생애 웰니스 증진 -

ALLEN E. IVEY
University of Massachusettes, Amherst

MARY BRADFORD IVEY
Microtraining Associates, Inc.

JANE E. MYERS
University of North Carolina, Greensboro

THOMAS J. SWEENEY
Ohio university

명화숙 · 박성옥 · 이정숙 · 홍주연 옮김

圖書出版 하나醫學社

Developmental Counseling and Therapy

Promoting Wellness Over the Lifespan

by ALLEN E. IVEY · MARY BRADFORD IVEY · JANE E. MYERS ·
THOMAS J. SWEENEY

KOREA language edition published by HANA MEDICAL PUBLISHING CO.,

헌 사

이 책을 통해 도움받게 될

모든 분들을 위해 번역합니다.

역자 일동

목 차

제2부 발달상담을 위한기술 및 전략

제3부 상담/치료 임상을 위한 DCT의 다양한 적용

저자 서문

전 생애 웰니스 증진을 목적으로 하는 발달 상담과 치료(Developmental Counseling and Therapy(DCT): Promoting Wellness Over the Lifespan)는 상담, 심리치료, 발달 및 사회복지 전문가를 위해 씌여졌다. 특히 이 책은 발달 및 전 생애 심리를 배우는 과목에서 다양한 이론을 실습에 접목할 수 있도록 구성되어 있다. 여기에 제시된 개념들은 기초 및 고급 면담(interview) 기술 과정 모두에서 효과적으로 사용될 수 있다. 실습과 인턴직에서 전문가 준비 프로그램을 이수하는 학생은 DCT가 상담/치료에서 자신의 생각과 실습을 통합하는데 유용하다는 것을 알게 될 것이다. 상담 이론을 공부하는 사람들은 이 책의 통합적인 이론을 실습할 수 있는 역량을 갖추게 되며 다문화 상담 과정에서는(특히 면담 및 치료 계획과 관련하여) 보충 교재로 유용할 수 있다.

DCT : 전 생애 웰니스 증진은 다음의 주요한 목적으로 요약될 수 있다:

1. 면담에서 여러 아이디어들을 구체적인 실습으로 연결시킬 수 있는 웰니스 이론의 이론적/실천적 배경과 긍정적인 전 생애 발달심리학을 배운다.
2. 발달 이론이 어떻게 상담/치료 면담과 치료 계획으로 통합될 수 있는지를 구체적인 용어로 제시한다.
3. 발달 이론 및 면담 활동과 다문화 이론과의 관계를 보여준다.
4. 면담 시 사용할 수 있는 광범위한 실용적 기법과 실습 활동을 제공한다.

이 책의 중심 과제는 이론의 적용이다. 여기에 제시된 각각의 발달 이론은 중요한 실제적 함의를 갖고 있다. 독자들은 발달 모델에서 상담/치료의 통합된 이론을 실습으로 적용할 수 있는 새로운 접근을 발견할 수 있을 것이다.

핵심 특징

이 책은 상담을 막 시작한 학생과 다년간 상담을 해온 숙련된 전문가 모두에게 도움이 될 수 있다. 긍정적인 결과를 얻기 위해 내담자를 평가하고 그 평가를 기반으로 하여 효과적인 중재기법을 적용할 수 있도록 하는 것이 목표이다:

웰니스와 발달 이론

볼비(Bowlby)의 애착이론, 에릭슨(Erikson)의 전 생애 개념, 슐로스베르크(Schlossberg)의 전환기 이론을 포함하여 피아제의 인지적-발달 이론, 웰니스 개념과 긍정적 심리학 개념이 제시된다.

지금-여기 면담에서의 발달 평가 명세서

내담자의 의미부여 방식을 살펴봄으로써 내담자가 자신의 세계를 어떻게 이해하는지 살펴본다. DCT 이론은 내담자의 인지적/정서적 유형과 상담자의 면담 접근을 일치시키는 방법을 제시한다.

발달적 접근에 의한 전통적 상담 이론의 확장

상담/치료의 4가지 주요 세력(심리역동, 인지-행동적, 실존적-인본적 및 다문화 상담과 심리치료) 모두가 발달적 접근에 의해 내담자에 대한 이해가 확장될 수 있다.

문화 중심적 발달 상담과 치료 모델을 향한 움직임.

'해방으로써 심리치료'는 브라질 사람, 파울로 프레이리(Paulo Freire)의 혁명적인 생각에 기초한다. 다문화 상담과 치료(Multicultural Counseling and Therapy: MCT)는 발달 틀에서 제시되고 독자는 내담자 문화 정체성 발달을 촉진하고 내담자가 그들의 삶에서 억압적 요소를 발견하고 대처하는 것을 도와주는 방법을 학습할 것이다.

가족, 독서치료, 초기 회상 및 영성에 대한 발달이해

발달모델과 웰니스 모델은 다양한 배경과 많은 유형의 내담자에게 적용될 수 있다. 가족치료, 독서치료, 초기 회상, 내담자의 영성 탐구 등에 적용될 수 있는 기법과 예를 제공한다.

상담역량의 확장

각각의 장은 이론을 실제적이고 유용한 것으로 만들기 위해 연습, 실습 활동을 제공한다. 독자는 자신의 지식과 성과를 요약하는 상담역량을 개발할 수 있게 된다. 이 과정에서 중요한 것은 개인 성장과 자기-평가이다. 능력구축 활동은 또한 Lahaska Press 웹사이트(www.lahaskapress.com)에서 이용가능한데, 여기서 강사는 학생들을 위한 활동을 다운로드, 프린트할 수 있다.

교수 보조기구

다운로드할 수 있는 교수 학습자료 안내는 출판사의 웹사이트, http://college.hmco.com/lahaskapress를 통해 이용할 수 있다. 각 장(章)의 요약, 수업 활동, 다양한 질문, 강의 요강 및 보충 자원과 파워 포인트 슬라이드가 가능하다.

감사

저자들이 프랭클(Victor Frankl)의 비엔나 사무실을 방문했을 때 그는 다음과 같이 말했다. “우리는 거장에 의지하여 성장한다.” 이 책은 발달과 웰니스 거장들, 특히 Alfred Adler, John Bowlby, Erik Erikson 및 Jeanne Piaget에 의지한다. Adler, Bowlby 및 Erikson이 단지 치료에만 관심을 가진 것이 아니라는 것을 상기해야 한다; 그들은 모두 내담자와 작업을 할 때 문화적 차이와 발달사를 고려하는 것의 중요성을 알고 있었던 발달론자였다. 스위스 인식론 학자, Piaget의 이론은 상담/치료와 관련해서 비교적 적은 관심을 받았다. 이 책에서 우리는 Piaget의 생각이 심오한 의미가 있었다는 것을 보여주고자 한다. 다문화 상담/치료 이론가와 실무자-특히 William Cross와 Janet Helms의 문화 정체성 틀-는 이 책에 많은 영향력을 주었다. 심리적 해방에 관한 Paulo Freire의 생각들도 책 전체에서 녹아 있다.

Allen과 Mary는 아래 사람들에게 감사의 뜻을 표현하고자 한다:

Ursula Delworth는 발달 모델의 중요성과 가치를 인지한 첫 번째 사람이었고, 그녀의 지원에 감사한다. 일본의 Microcounseling Association의 회장, Dr. Machiko Fukuhara는 이 아이디어를 일본으로 가져갔으며 그녀는 오랫동안 우리의 작업을 도왔다. 또한 일본의 Dr. Koji Tamase는 발달모델에 대한 폭넓은 연구를 하였다. Terry Anderson, Bruce Oldershaw, George Forman, Teresa LaFromboise, Oscar Gonclaves, Maurie와 Fran Howe, 및 Sandra Rigazio-DiGilio는 이 책의 개념형성에 도움을 준 중요한 인물들이다. 최근 게이 정체감 발달에 대한 John Marszalek의 작업은 우리의 생각을 확대시켰다. DCT 모델과 이 책의 표지를 개발한 Lois Grady에게 특별한 감사를 표한다. 다문화 가정, 다문화 능력 국립 연구소(National Institute of Multicultural Competence)-Patricia Arredondo, Michael D'Andrea, Judy Daniels, Don Locke, Thomas Parham, Beverly O'Bryant 및 Derald Wing Sue-에게도 특별한 감사와 사랑을 드린다.

Jane과 Tom은 다음 사람들에게 감사의 뜻을 표현하고자 한다:

Mel Witmer는 우리가 이론적/개념적 요소와 임상적 평가 면에서 Wheel of Wellness 모델을 개발하고 수정하기 위해 힘을 합쳤을 때 도와준 최초의 동반자이다. 우리가 웰니스의 개념으로 문화와 성(gender) 정체성을 정의할 때 Courland Lee, Don C. Locke, Michael Garrett, Lisa Levers, Sandra Lopez-Baez, Rose Marie Hoffman 및 Thelma Vriend가 많은 도움이 되었다. 몇 해에 걸쳐서 많은 박사 학위 학생들은 그들의 연구 프로젝트에 기초한 웰니스에 대한 우리의 시각을 확대시켰다. DCT와 웰니스 개념의 통합에 대해서 Casey Barrio, Catharina Chang, Kathleen Connolly, Brian Dew, Andrea Dixon Rayle, Suzanne Degges White, Holly Hartwig Morehead, Linda Makinson, Natasha Mitchell, Keith Mobley, Anne Powers, Matthew Shurts, Stacey Sinclair 및 Shawn Spurgeon들에게 감사한다. 책의 장과 강사 자료의 준비에 대한 도움에 대해 Matthew Shurts, Hooly Landry 및 Phil Clarke에게 특별히 감사한다.

우리 모두에게, Barry Feterolf, 출판사 그리고 Houghton Mifflin/Lahaska Press의 선임 편집자, Mary Falcon과 함께 일을 한 것은 기쁨이었다. 진정으로 우리의 가장 유능한 원고(copy) 편집자, Patterson Lamb에게 그의 신중한, 사려 깊은 작업에 고마움을 표한다. Scratchgravel Publishing Service의 Anne Draus는 우리가 알고 있는 가장 능력 있고, 신뢰로운 사람들 중의 한 사람으로 남아 있다.

책은 시간에 있어서 순간이다. 그것은 견고하고 영원하게 보일 수 있지만 사실상, 변화하고 있다. 발달 상담과 심리치료: 전 생애 웰니스 증진 역시 발달과정 중에 있기 때문에 항상 당신의 피드백과 아이디어에 열려 있다.

Allen E. Ivey
Mary Bradford Ivey
Jane E. Myers
Thomas J. Sweeney

역자 서문

발달 상담과 치료 (Developmental Counseling and Therapy, 이하 DCT)는 피아제의 발달 이론과 플라톤의 동굴의 비유에 근거를 둔 통합적인 상담 이론이다. DCT는 내담자의 인지적, 정서적, 발달적 상태를 파악할 수 있는 측정 방법과 내담자의 발달을 도와주는 기법을 제공함과 동시에 내담자에게 가장 도움이 될 수 있는 이론과 기법을 적용할 수 있는 틀을 제시한다.

DCT의 매력은 인간을 단순하게 보지 않는데 있다. 상담이나 심리학을 하는 많은 학자들은 인간의 단일 측면만을 강조하는데 비해 DCT에서는 인간의 인지적, 정서적, 행동적 그리고 영적인 측면의 긍정적 변화를 도와주는데 초점을 둔 '발달적' 이론이다.

DCT는 인간을 연속성과 불연속성이 지속적으로 교차하는 맥락 속에서 끊임없이 변화하는 존재로 보기 때문에 내담자들의 문제를 단지 개인의 병리학적인 것으로 보지 않는다. 대부분의 사람들은 살아가는 과정 동안 발달을 가로막는 다양한 내부 또는 외부 요인으로 인해 '발달적 정체'를 경험하게 된다고 보았으며 이때 DCT와 같은 상담을 통해 자신과 상황을 좀더 잘 이해할 수 있다면 오히려 긍정적인 변화가 일어날 수 있다고 보았다.

발달심리학과 상담학의 접점을 찾고자 헤매던 우리에게 DCT는 단순한 접점이 아닌 발달과 상담을 체계적으로 통합한 틀을 제시하였다. DCT를 공부하고 이에 대한 수련을 받으면서 인간을 포괄적이고 심도있게 이해하고 도와주고자 했던 저자들의 노력에 끊임없이 감탄하였다. 그리고 이러한 경험을 한국의 동료 상담가들과 나누고자 함께 번역서를 내게 되었다. 한 가지 알려드리고자 하는 것은 번역하는 과정에서 우리 문화에 맞지 않거나 적용이 비교적 적은 원문의 2,6,8,10,12,13,14장은 저자와 상의하여 제외했다는 점이다.

마지막으로 DCT이론의 틀을 처음 세운 Dr. Allen Ivey와 그 이후 함께 이론을 확장하고 후학도들에게 열정적으로 수련을 시켜준 Dr. Jane E. Myers에게 경의와 감사를 표한다.

2010. 11.
역자 일동

시작하기 전에

전 생애 웰니스,
이 책의 목적과 윤리

본 장의 실습 목적

DCT : 전 생애 웰니스 증진은 발달 이론을 임상 실습의 3가지 주요 분야로 통합할 수 있는 방법에 초점을 둔다. 본 책은 다음의 이론과 전략을 제공한다.

- 지금-여기 면담에서 핵심 발달 이론을 활용한다.
- 상담이론과 치료 계획을 발달 개념에 관련시킨다.
- 다문화적 생각과 실습을 일상 면담 실습에 통합한다.

상담 · 교육 프로그램 인증 위원회(Council for Accreditation of Counseling and Related Educational Programs: CACREP)는 상담 교과과정의 8개 핵심 필수 과정을 명시하였다(CACREP, 2001): 상담 전문가 정체성, 사회/문화적 다양성, 인간 성장 및 발달, 직업 발달, 조력 관계, 집단상담, 심리평가 및 상담 프로그램 평가.

인간성장 및 발달 분야는 다음과 같은 사항을 포함하며, 각 발달 단계에 있는 개인에 대한 이해를 제공한다: (a)개인 및 가족 발달 그리고 전 생애의 전환기에 대한 이론 (b)학습 및 성격발달 이론 (c)정상과 비정상적 행동에 영향을 주는 발달 위기, 장애, 예외적 행동, 중독 행동, 정신 병리학, 상황적 · 환경적 요인에 대한 이해 (d)전 생애 최적의 발달을 증진하는 전략 그리고 (e)윤리적 및 법률적 지침".

본 책은 전 생애 최적의 인간 발달을 촉진하는 기법뿐 아니라, 인간성장과 발달에 대한 심도 있는 이론을 제공한다. 또한 모든 정신 건강 전문가 사이에서의 실습에 대한 기초를 제공한다. 발달모델은 상담에 새롭게 적용하고 있는 웰니스와 긍정 심리학에 기초하고 있다.

이 책은 제1세력인 정신분석, 제2세력인 인지-행동주의, 제3세력인 인본주의 이론의 가치를 모두 중요하게 생각한다. 이 모든 이론은 현명하게 사용될 때, 내담자에게 긍정적인 영향을 줄 수 있다. 근래 제4세력인 다문화상담이(MCT) 제4세력으로 추가되었다. DCT는 앞의 모든 이론을 각 개인 내담자에게 적절할 때 각각의 이론을 최고로 활용하는 것을 허용하는 통합적 접근이다.

DCT는 우리 모두가 평생 동안 직면하는 발달 이슈에 특별한 주의를 기울이도록 격려한다. DCT는 당신에게 내담자의 이야기에 주의 깊게 경청하라고 요구한다. "이 사람은 세상을 어떻게 이해하고 우리는 지금-여기에서, 어떠한 인지적/정서적 유형을 보는가?" "문제 해결을 위해 사용될 수 있는 강점은 무엇인가?" "내담자는 전 생애 어떤 발달상의 전환기에 있는가?" "다문화적 및 기타 배경적 요인이 어떻게 이 내담자에게 영향을 줄 것인가?"

DCT는 만일 우리가 먼저 내담자의 강점에 주의를 기울인다면, 내담자가 최고로 성장한다는 믿음에서 웰니스와 긍정적 심리학에 초점을 두고 시작한다. DCT는 또한 상담/치료에서 직면할 수 있는 가장 어려운 문제(예를 들어 내담자의 우울과 외상 후 스트레스를 다루는 것을 도와주기)를 다룬다. '힘든 일 다루기'는 DCT 이론과 실습의 한 기본적 부분이다.

이 책은 당신의 발달에 대해 무엇을 제공하는가?

이 책은 매우 상호작용적인 책으로 상담/치료를 더욱 분명하게 해주고, 새로운 수준에서 내담자를 이해하고 작업을 할 수 있게 할 것이다. 그러나 당신이 구체적 실습을 하지 않는다면, 이 책의 가치는 매우 제한될 것이다. 각각의 장은 상담장면에서 즉시 적용될 수 있는 지침을 제시한다.

표 A는 이 책의 7개 목차에 대한 개요이다. 각 장은 주된 실습 목적을 갖고 있다는 것을 주목하라. 발달, 전 생애 및 웰니스 이론에 기초하지만 이 책은 상담 이론을 직접 실습하는 것에 초점을 두었다. 표 A를 검토할 때 어떤 목표와 목적이 당신에게 가장 가치 있는 것으로 눈에 띄는가?

이 책이 끝날 때, 당신은 발달적 시각으로 내담자의 생각, 감정, 행동 및 의미의 많은 양상을 평가하고 다룰 수 있을 것이다. 당신은 전 생애 웰니스 관점을 갖게 될 것이다. DCT는 아동, 청소년 및 성인 모두에게 효과적인 이론 체계이다. 이 발달 접근은 일상생활의 전형적인 스트레스 요인과 직면하는 사람들, 심한 심리적 고민을 가지고 있는 사람들, 그리고 다문화의 문제 및 영적문제에 대한 작업에도 도움이 될 것이다.

〈표 A〉 DCT의 주된 목적

장	*주된 실습 목적*
1. 발달적 특성	내담자의 지금-여기 면담의 진술을 인지, 구별, 분류할 수 있는 능력을 통해 그들의 구체적, 추상적 인지적/정서적 유형을 평가 할 수 있는 능력
2. 전 생애 발달	전 생애 평가를 수행하고 내담자의 독특한 발달사와 현재의 정상적인 인생 전환기의 도전을 이해하고 평가하는 능력
3. 발달 유형 평가	4가지의 내담자 인지적/정서적 유형을 평가하는 능력과 지금-여기 면담의 내담자 유형을 규명하는 능력
4. 발달 중재와 전략	특정 DCT 질문 전략을 많은 형태의 내담자에게 적용하는 능력과 상담/치료의 많은 이론을 활용하는 발달을 촉진하기 위한 작업을 위해 전략을 적용하는 능력
5. 치료 계획의 발달	다양한 내담자의 발달 욕구를 충족시키기 위해서 상담/치료 유형을 바꾸는 능력. 다양한 상담/치료 이론으로 작업할 수 있으며 치료에 DCT 발달 개념을 통합시킬 수 있다.
6. 초기 회상	(a) 내담자를 위한 긍정적 지원 (b) 그들의 과거가 현재와 어떻게 관련을 맺는 지를 이해하도록 도와주고 미래를 설계할 수 있도록 돕는 방법으로서 초기 회상에 대한 이론적/실천적인 아들러적(Adlerian) 접근을 활용하는 능력

7. 가족 상담/치료에 DCT 적용	생활주기의 다양한 단계에 있는 가족을 이해하고, 가족발달을 촉진하기 위해 DCT 질문전략을 적용하는 능력

생활 발달 이정표(Developmental life line): 웰니스 평가

이 책의 중심 인물은 당신이다. 이 책은 당신에 대해, 또 당신의 인지적/정서적 유형을 살펴볼 것을 끊임없이 요구한다.

1. 당신은 전 생애발달 선상 어디에 있는가? 어떤 주요한 강점들을 상담에 가져오는가? 당신은 세상을 어떻게 이해하는가? 일단 당신에 대한 이러한 문제들을 파악한다면, 당신은 내담자 발달을 촉진시킬 수 있을 것이다.
2. 자신의 생활 발달 이정표를 개발하는 것은 발달적으로 생각하는 좋은 방법이다. 우리에게 오는 내담자는 특정 발달 단계에 있기 때문에, 그 단계와 관련되어 어떤 이슈에 직면해 있을 가능성이 높다. 내담자들의 과거력은 그들의 존재감에 영향을 주며 상담장면에서 당신과 상호작용하는데 관여하게 된다.

   자신의 생활 발달 이정표를 그려봄으로써 이에 대한 이해를 시작한다. 이를 통해 자신의 과거 발달과 그 의미에 대해 이해하도록 도울 것이다. 동료들과 이에 대해 이야기할 때 당신이 편안하게 느끼는 부분만을 나누도록 한다.
3. 생활 발달 이정표를 그릴 때, 다음을 생각하라. 어디서 태어났는가? 당신의 출생을 둘러싸고 어떤 특별한 상황이 있었는가? 누가 가족/친구였는가? 각각의 삶 단계에서 어떤 중대한 사건이 있었는가? 당신은 어떤 고충과 삶의 도전에 마주쳤는가? 당신의 현 단계에 특히 주의를 기울인다.

   또한 각 기간에서 당신의 성공에 초점을 둔다. 당신은 무엇이 자랑스러운가? 성공과 성취는 여러 면으로 정의될 수 있다는 것을 명심하라.

0–5세(출생 및 초기 유년기)

____

____

____

____

5-12세(초등학교)

12-18세(중, 고등학교)

18-22세(대학교 또는 첫 직장 경험)

22-30세(청년기)

31-40세(후기 청년기에서 초기 중년기)

41-60세(중년기)

61-80세(후기 중년기에서 초기 노년기)

81-(노년기)

웰니스 척도

우리 모두는 삶에서 어려움에 직면한다; 누구도 상처를 입지 않고 살아갈 수는 없다. 하지만, 우리 대부분은 크고 작은 어려움과 도전 속에서 살아 남는다. 그것은 우리가 이러한 어려움을 인내하는 능력이 있으며, 타인에게서 지원과 격려를 받기 때문이다. 우리 중 몇몇은 너무나 힘든 시간을 거쳐서 긍정적 관점으로 보는 것이 쉽지 않을 수 있다. 그러나 우리의 인생 여정에서 지속적으로 우리를 유지하게 한 것은 바로 웰니스 강점이다.

당신의 전 생애 사건을 검토하는 가장 좋은 방법은 당신처럼 생활 발달 이정표를 완성한 사람과 함께 토론하는 것이다. 당신이 제한된 시간 내에 중요한 사건을 말하면서, 이야기 형태로 타인과 공유할 것을 제안한다. 타인이 당신의 이야기를 경청할 때, 그들은 메모를 하고 당신에게 당신의 강점과 긍정적 자산에 대한 피드백을 제공할 것이다. 강점은 당신 자신의 것, 그리고 당신 주변의 사람들이 제공하는 지원일 것이다. 이러한 강점은 전 생애 내내 당신과 타인을 지탱하는 힘인 것이다. 비록 우리는 어려운 삶을 경험했을지라도 우리 각자는 여전히 주요한 강점을 가지고 있다. 타인이 당신에게 그것들을 피드백 할 때 그러한 강점에 주목하고 경청한다.

만일 당신의 생활 발달 이정표에 대한 이야기를 들어 줄 경청자가 없다면, 당신의 삶을 혼자 되돌아보고 당신의 강점/자산과 당신이 타인에게서 받은 자원과 지원을 아래에 써 보아라.

개인 웰니스 강점/자산

___

___

___

타인 강점/자산과 관련한 자기(타인에게서 받은 자원/지원)

___

___

___

위의 연습은 이 책의 본질을 반영한다. 우리는 타인과 관계 속에서 발달한다. 만일 우리가 복잡하고 도전적인 세계에서 계속 살아남고 번성하려면, 긍정적 기반으로 시작함으로써 문제를 가장 잘 다룰 수 있다. 이 연습은 당신의 내담자와 유익하게 사용될 수 있으며 내담자의 삶을 더욱 충분히 이해하도록 도울 것이다.

질문들을 질문하기 : 공감의 중요성과 경청 기술

위의 전 생애 생활 발달 이정표는 많은 질문을 사용한다는 것에 주목하라. 로저스(Rogers)의 공감적 인간중심 접근 같은 어떤 형태의 상담/치료에서는 질문이 사실상 금지된다.

내담자와 그들의 이야기를 경청하는 것이 상담/치료에서 가장 근본적이라는 데서 시작하자. Ivey와 Ivey(2003)는 상담 기술에 대한 책의 반 이상을 주의 기울임, 관찰, 격려, 바꾸어 말하기, 감정적 반영 및 요약 같은 경청 기술에 할애한다. 여기서 질문은 경청 기술의 하나에 포함되어 있지만, 질문의 위험성과 주의사항(cautions)을 제시

한다(pp 78-79):

- 많은 내담자들은 부모와 친구로부터 교사와 슈퍼바이저에 이르기까지 "왜 그것을 했니?"와 같은 침범적인 질문에 나쁜 경험을 가질 수 있다. 특히 어떤 내담자에게 있어, '왜'라는 질문은 힘들다.
- 질문은 괴롭히는 것처럼 보일 수 있고 내담자를 곤란한 상태에 처하게 할 수 있다.
- 많은 질문은 진술로 바꾸어 말할 수 있다. "당신과 당신의 배우자는 앉아서 솔직하게 말해야 한다고 생각하지 않습니까?"라고 하는 대신에, "...앉아서 말하는 것이 유용할 수 있다"라고 말할 수 있다.
- 만일 신뢰와 라포가 없다면, 질문은 특히 침범적인 것으로 보일 수 있다. 첫 회기에서 새 내담자는 즉시 마음을 털어 놓기 위해 무엇을 기대하고, 무엇을 기대할 수 없는지를 알 필요가 있다. 만일 내담자가 당신과 다른 문화적 배경이라면(즉, 동성애, 백인, 신체적인 장애인 등), 질문은 특히 문제가 될 수 있다.

그러면, 질문은 이 책에서 왜 사용되는가? DCT는 교육적 접근이다. 교육이라는 단어는 라틴어 educare, '끄집어낸다'에서 유래했다. DCT가 나타내는 인간 변화에 대한 교육적 접근은 내담자에게서 이미 있는 것을 끄집어내는 것이다. 플라톤의 메노는 소크라테스가 어린 소년에게서 복잡한 기하학 문제의 공식을 끄집어내기 위해 단지 질문을 사용했던 대화법을 사용하였다. 여기서 중요한 것은 우리 각자가 의미 진실의 근원을 갖고 있다는 것이다. 그러므로 누군가가 우리가 알고 있는 것을 조직된 형태로 드러나게 도와주면 되는 것이다. DCT는 상담자와 내담자, 치료자와 환자 간의 공동 구성 과정이다. 상담/치료는 새로운 지식의 구성에 관한 것이며 조직된 방법으로 핵심 질문을 하는 것은 내담자가 그들이 직면하는 이슈와 문제에 대해 새롭게 생각하고, 행동하는 방법을 갖도록 도와주기 위한 것이다. 우리 모두에게 있는 천성적 창조성은 적절한 질문 전략에 의해 나타날 수 있다. DCT의 체계적 질문은 오래 지속될 새로운 학습에 대한 틀을 제공한다. 당신의 도움으로 내담자가 그들의 고민에 대해 그들 자신의 대답을 하는 것을 기대할 수 있다.

DCT는 중대한 정보를 끄집어내는 것을 도와주겠지만 바꾸어 말하기, 감정 반영 및 요약이라는 경청 기술에 의해 내담자는 자기의 말이 정확하게 전달되었다는 것을 느껴야 하며 DCT 안에서 하는 각각의 질문은 주의 깊은 경청과 균형을 잡아야 한다.

그렇기 때문에 공감이 중요하다. 공감은 경청 기술보다 더 크고 포괄적인 단어이다. 그것은 내담자가 경험하는 대로 내담자의 세계에 들어가는 것을 요구한다. 공감은 내담자의 신발을 신고 그들의 길을 걸어보는 것이다.

공감을 갖기 위해서는,

> *신중하게 경청하고, 내담자의 세계에 들어가 우리가 내담자가 보고 경험하는 대로 내담자의 세계를 이해하고 이를 전달하는 것이 필요하다. 내담자의 참조틀은 공감적 이해의 중심이다. 공감은 종종 마치 당신이 내담자인 것처럼, 하지만 내담자는 당신에게서 분리되어 있다는 인식과 함께 그들의 세계를 경험하는 것으로 정의된다(Ivey & Ivey, 2003, p.186).*

분명히, 질문을 사용할 때 당신의 초점은 당신 자신의 것이 아니라 내담자의 시각과 세계관에 있어야 한다.

윤리적 이슈와 사전동의

이 책이 단지 연습으로서만 읽힌다면, 가치가 거의 없을 것이다. 숙달에 요구되는 것은 경험적 연습을 마치고나서 그 연습을 역할연기, 지원자 및 실제 내담자와 함께 실습하는 것이다. 그리고 DCT 절차의 각 부분에 시간을 들일 필요가 있다. 연습을 급히 해버리면, 피상적인 결과만 남는다. 실제 학습은 그것들을 숙달하고 중재를 통해 구체적 결과를 생산할 때까지 연습과 역할연기를 계속할 때 생긴다.

DCT는 정상적, 복잡한 문제에 모두 효과적이다. DCT가 '감각 운동적 인지적/정서적 유형'을 다룰 때 내담자의 많은 눈물과 자기 노출을 가능하게 한다. 가족 또는 맥락이 내담자에게 어떻게 영향을 주는지에 대해서도 알게 될 것이다. 당신이 내담자 또는 당신의 동료와 같이 실습할 때, 윤리적 원칙을 고수해야 함을 명심해야 한다.

각각의 실습 세션은 윤리적, 실천적 이슈에 대한 충분한 인식을 가지고 있어야 한다. 핵심적 인간 서비스 윤리 진술에 대한 웹사이트는 표 B에서 찾을 수 있다. 웹사이트는 변화하고 실제 사이트는 표에 있는 것과 다를 수 있다.

윤리에 있어서 탁월함의 문제를 다루는 Kaplan은 다음과 같이 말했다(2003, p.5).

> 모든 윤리적 딜레마의 80% 또는 그 이상이 단일 이슈에 초점을 두고 있다: 사전 동의. 이 딜레마는 비밀보장, 능력성 또는 기타 이슈의 망토 밑에 숨을 수

있다. 하지만, 그것은 대개 결국 사전 동의로 낙찰된다. 사전 동의는 무엇인가? 그것은 단순히 내담자 또는 학생이 상담 관계를 시작할 것인지 또는 아닌지에 관해 지적결정을 내릴 수 있도록 상담 규칙에 관해 충분한 정보를 제공받았다는 사실을 말한다. 사전 동의에 대해 단지 순수한 언어적 접근만은 당신의 배경 또는 상담 전문성과 상관없이, 불충분하다는 것을 이해하는 것이 중요하다.

표 B 인터넷 윤리 사이트
미국 결혼, 가족 치료학회(AAMFT) www.aamft.org/resources/LRMPlan/Ethics/ethicscode2001.htm 미국 상담학회(ACA) www.counseling.org/resoucers/ethics.htm#ce 미국 심리학회(APA) www.apa.org/ethics/code2002.html 캐나다 사회복지사학회(CASW)- 실습 지침 www.casw-acts.ca/swpractice.htm 캐나다 상담학회(CCA) ww.ccacc.ca/ccacc.htm 전미 인간서비스 교육학회(NAHSE) www.nohse.com/ 전미 사회복지사학회(NASW) www.naswdc.org/CODE.HTM 윤리 업데이트-광범위한 윤리적 이슈를 탐색 http://ethics.acusd.edu/

우리는 당신이 실습 세션에 대해 사전 동의 양식을 개발하고 각각의 실습 세션에서 그 양식에 지원자 내담자가 서명하게 할 것을 강력히 권한다. 정확한 양식의 용어는 지도교수 및 당신이 실습하고 있는 학교 또는 기관과 함께 작업하도록 한다. 그 양식은 당신의 능력 수준을 정의하는 예비전문가 또는 전문가 레벨 훈련에 대한 정보를 포함해야 한다. 비밀보장에 관한 정보는 녹음 또는 녹화에 대한 구체적 진술을 포함하고 이중 관계도 언급되어야 한다. 약속을 하고 어기는 것, 비용 그리고 당신의 지역 실습에 따른 기타 관련된 사항에 대한 명세서도 포함한다.

표 C는 사전 동의서 실습 계약서 양식의 예이다.

표 C 예 : 실습 사전 동의서 양식

	사전 동의에 대한 표준 양식은 없다. 당신이 교수와 슈퍼바이저와 상담하여 당신 자신의 버전을 개발하도록 하라.
	나는 면담 기술 교육과정을 밟고 있고, 이 실습 세션 중에 당신의 자원을 고맙게 생각한다. 나는 상담의 4과목을 이수했지만, 면담 기술은 매우 초보적이다(자신의 배경과 경험 및 이론적 방침을 여기에 삽입하라).
실제 이슈 또는 역할연기	당신의 실제 이슈나 또는 당신 자신의 경험이 아닌 문제를 역할연기 할 수 있다. 나는 시작할 때, 역할연기가 실제 또는 상상된 이슈인지를 알아야 할 필요가 있다. 또한 당신에게 우리가 경험하게 될 연습에 관해 알려 주겠다. 몇 케이스에서는 내가 할 질문을 당신에게 보여줄 수 있고 같이 그것을 작업해 나갈 수 있다.
정서적 이슈	우리가 경험할 몇 실습 연습은 지금-여기서 정서적 경험을 재빨리 가져올 수 있는 전략을 포함한다. 그 결과로 눈물을 흘리는 일이 매우 흔한데, 이유는 우리 문제의 뿌리가 종종 정서에 기반을 두고 있기 때문이다. 이것은 당신이 다른 사람의 문제를 역할연기 할지라도 일어날 수 있다. 이 모든 것은 정상적인 인간의 반응이고 만일 당신에게 분노가 있다는 것을 발견하게 된다면, 우리는 함께 작업할 것이다. 만일 당신이 더욱 상세하게 심층 있게 당신 이슈를 논의하기를 바란다면 나의 교수, 상담 센터 또는 그 밖의 곳에 연계를 마련할 수 있다. 다시 말해서, 정서는 세션 중에 발생하고 그것을 아는 것은 도움이 될 수 있다.
이중 관계	(만일 이중 관계를 갖고 있는 어떤 사람과 같이 작업을 하게 된다면) 우리는 이중 관계라는 이슈를 고려해야 한다. 우리 둘 다 같은 프로그램의 학생이기 때문에, 우리는 서로를 알고 실습 세션 과정에서 나는 당신의 상담자로서 행동하고 있다. 우리는 이것을 의식하고 있어야 하고 당신이 이 실습 세션에서 당신이 원하는 것만을 노출시켜야 한다.
비밀보장	나는 예비전문가이기 때문에 법률상 지켜야할 비밀보장의 의무는 없지만, 당신 자신 또는 타인에게 해로운 위험 또는 만일 당신이 타인에 대한 방치 또는 학대에 대한 암시를 제외하고, 당신이 말하는 어떤 것도 내게 머물 것이라는 것에 안심하라.
녹음/녹화	만일 당신의 동의가 있다면, 녹음/녹화를 할 것이다. 이것은 내 작업에 대한 연구에 사용될 것이다. 이 테이프는 나의 교수 또는 슈퍼바이저와 같이 공유될 수 있다(이름과 전화번호를 삽입한다). 처음엔 녹화에 신경이 쓰일 수 있지만, 대부분의 사람들은 곧 그것을 잊고 편안함을 느낀다. 녹음 장치는 어느 때라도 끌 수 있으며, 만일 당신이 나중에 테이프를 공유하는 동의를 백지화하고 싶다면 그 테이프를 파괴할 것이다.

슈퍼비전	내 작업에 대한 논평과 제시를 위해 나는 교수 및 슈퍼바이저와 이 면담을 나눌 것이다. 슈퍼비전의 목적은 내 작업을 살펴보는 것이지, 당신을 분석하고자 하는 것은 아니다.
능력의 한계	나는 예비전문가이다. 나와 같이 작업하겠다는 의향과 당신이 제공하는 피드백을 고맙게 생각한다. 전문 상담자가 나를 슈퍼비전하고 있으며, 만일 당신이 질문이 있다면 슈퍼바이저가 당신을 기꺼이 만날 수 있다. 다음의 하나를 체크해 주시오: _______ 나는 이 실습 세션을 녹음/녹화하고 당신이 위와 같이 그것들을 공유하는 것을 허락한다. ______ 나는 본 세션에 참여하는 허락을 하지만, 그것을 녹음/녹화하게 하고 싶지는 않다. 지원 내담자 _______________ 면담자 _______________ 일자_______________

이 책 내내, 우리는 다문화 능력에 초점을 두는 노력을 해왔다. 사회적 정의와 지역사회 행동 이슈는 DCT의 변증법적/체계적 유형의 중요한 부분이다. 당신과 당신의 내담자에 대한 한 가지 중요한 치료적 대안은 지역사회 안으로 들어가 내담자에게 상처를 준 지역사회와 사회 문제를 도전하는 적극적인 작업을 하는 것이다. 실제로, 모든 윤리 규약은 지금 이러한 이슈를 언급한다.

당신이 더 많은 세부사항과 정보에 대해 전문가협회 또는 학회의 윤리규약을 참고하기를 바란다. 추가적 윤리적 개념에 대한 2가지 뛰어난 원천은 Corey, Corey 및 Callanan(2003)과 Zuckerman(2003)이다.

저자로부터

알렌(Allen): 과거 DCT에 대해 나하고 일했던 사람들로부터 온 피드백은 본 책에 대한 기대에 관한 단서를 제공한다. "나는 그 개념이 도움이 되는 것을 알았고 내일 바로 그 개념을 사용하겠다." "다양성에 대한 강조를 높이 평가한다." "그 개념들이 너무 단순한 것인지 또는 너무 복잡한 것인지를 결정할 수 없었다." DCT는 당신이 "힘든 작업을 하고 다룰 수 있게" 하는 시스템이다.

ivey@srnet.com 또는 www.microtraining.com에서 개선에 대한 생각과 피드백을 자유롭게 제공하길 바란다.

마리(Mary): 내게 유용했던 것은 DCT가 아동과 매우 잘 작업된다는 것이다. 많은 사람들은 구체적과 추상적 진술 간의 차이를 이해하는 것이 젊은 사람들에 대한 중재를 계획할 때 매우 유용하다는 것을 발견한다. 동시에 내가 내담자, 가족 및 친구들과 함께 할 때 그들의 인지적/정서적 유형과 일치하여 함께 하는 것을 학습해 나갔을 때 개인적으로 성장하였다. DCT는 도전적인 틀이지만, 그것은 내가 다수의 이론을 포괄적인 치료 계획에 통합하는 것을 도와준다.

maryivey@comcast.net에서 당신으로부터 피드백을 듣고 싶다.

제인(Jane): DCT를 초보, 박사 과정 중에 있는 학생들에게 가르쳤고 평가, 사례 개념화 및 치료 계획을 위해 DCT 시스템을 사용하는 실습과 인턴 과정에서 슈퍼비전하였다. 학생들이 이 접근을 사용하여 상담에서 성공을 경험하는 것을 지켜보는 것이 기뻤다. 그들은 내담자뿐 아니라, 그들 자신에 관해 많이 배웠고 둘 다 종종 2차 변화도 일어났다. 그들처럼 나는 상담뿐 아니라, 일상생활에서 DCT가 유용하다는 것을 발견한다. 웰니스 철학 및 중재를 DCT와 통합하는 것은 상담에서 발달 접근과 전 생애를 다루는 것의 중요성을 강조한다(Myers, 1992 참조).

논평은 jemyers@uncg.com에서 언제나 환영이다.

톰(Tom): 1998년, 상담 전문의 많은 리더들은 Chi Sigma Iota(1998)가 국가적 옹호 아젠더를 개발하는 것을 도왔다. 그 아젠더는 CACREP가 정의한 대로 상담 전문뿐 아니라, 우리가 대하는 대중을 증진하게 하는 6가지 주요 테마 중의 하나로 웰니스를 포함시켰다. 전 생애의 인간 발달을 증진하는 것은 20세기 초, 그것의 시작 이후 상담에서 핵심 가치였기 때문에(Sweeny, 2002, 2003), DCT에 웰니스를 통합시키는 것을 돕게 되어 기쁘다. 본 책의 저자에 의해 DCT에 소개되었을 때, 나의 전문 가치관과 철학과의 임상적 유용성과 양립가능성에 매혹되었다. 그것의 다양한 적용에 대한 더 큰 숙달을 발달시킬 때, 나의 강의와 실습에 있어서 DCT의 사용이 점점 도움이 되는 것임을 깨닫는다.

tjsweeny@csi-net.org에서 본 책의 유용성에 관해 듣는 것을 고대한다.

알렌, 마리, 제인 그리고 톰: 이 발달 벤처에 우리를 참여시켜 주어 감사하다. 당신이 상담/치료 분야의 미래에 기여할 때, 최선을 다하기를 바란다.

참고문헌

American Psychiatric Association. (2000). *Diagnostic and statistical manual of mental disorders text revision (DSM–IV–TR)*. Washington, DC: Author.

Chi Sigma Iota.(1998, May 27–29; December 11–12). Counselor advocacy leadership conferences, I & II. Retrieved April 28, 2003, from www.csi–net.org/displaycommon.cfm?an=5

Corey, G., Corey M., & Callanan, P. (2003). *Issues and ethics in the helping professions* (6th ed.). Pacific Grove, CA: Brooks/Cole.

Council for Accreditation of Counseling and Related Educational Programs (CACREP). (2001). *The 2001 standards.* Alexandria, VA: Author.

Ivey, A., & Ivey, M. (2003). *Intentional interviewing and counseling: Facilitating development in a multicultural society* (5th ed.). Pacific Grove, CA: Brooks/Cole.

Kaplan, D. (2003). Excellence in ethics. *Counseling Today, 45*(10), 5.

Myers, J. E. (1992). Wellness, prevention, development: The cornerstone of the profession. *Journal of Counseling & Development, 71,* 136–139.

Sweeney, T. J. (2002). Counseling: Historical origins and philosophical roots. D. C. Locke, J. E. Myers, & E. L. Herr (Eds.), *Handbook of counseling* (pp. 3–26). Thousand Oaks, CA: Sage.

Sweeney, T. J. (2003). Milestones and history makers. In J. D. West, C. J. Osborn, & D. L. Bubenzer (Eds.), *Leaders and legacies: Contributions to the counseling profession* (pp. 23–50). New York: Brunner–Routledge.

Zuckerman, E. (2003). *The paper office: Forms, guidelines, and resources to make your practice work ethically, legally, and profitably* (3rd ed.). New York: Guilford.

제1부

발달 상담과 치료에 대한 소개

제1장 : 발달적 특성

본 장의 실습 목적

본 장의 개념들을 익히고 실습해봄으로써 발달 이론들을 면담장면에 적용하여 내담자의 인지 및 정서 유형을 인식하고 구분할 수 있을 것이다.

발달상담과 치료(Developmental Counseling and Therapy: DCT)는 기존 상담 접근들과 근본적으로 다르다. 기존 상담은 한 이론에서 시작하여 그 이론과 관련된 기법과 전략을 내담자에게 적용하나 DCT에서는 내담자의 이야기를 먼저 들은 후 내담자가 어떻게 세상을 이해하는지, 어떤 인지적, 정서적 유형을 가지고 있는지 내담자의 강점이 무엇이며 이를 문제 해결하는데 어떻게 적용할 수 있는지 그리고 내담자가 어떤 삶의 전환점에 있는지를 모두 고려한다.

DCT는 긍정심리학과 웰니스(심리적 안녕)에 근거하여, 내담자의 강점에 초점을 맞춤으로써 내담자가 가장 잘 성장할 수 있다는 신념에서 시작된다. 또한 DCT는 일반적 발달 문제뿐만 아니라 우울증이나 외상 후 스트레스 장애와 같은 어려운 문제도 잘 대처할 수 있도록 도와준다. 심각한 심리적 문제를 다루는 것이 실제로 DCT의 핵심이기도 하다.

DCT는 상담/치료의 4 주요 이론인 정신역동, 실존적-인본적, 인지-행동적 그리고 다문화 상담과 치료(Multicultural Counseling and Therapy: MCT)모두를 통합한 이론이다. DCT는 다양한 이론과 전략을 실제 내담자에게 적용할 수 있는 틀을 제공한다.

본 장에서 제시되는 지식과 개념에 대한 기술을 익힘으로써 :

1. 애착이론에 초점을 둔 발달 이론들을 이해하게 될 것이다.
2. 본 책에서 강조하고 있는 다섯 개의 주요 발달이론의 핵심을 찾아낼 수 있을 것이다.
3. DCT의 기본적인 철학과 실질적 근거에 대해 논할 수 있을 것이다.
4. 상담/치료에서 구체성과 추상성의 개념을 이해하고 적용할 수 있을 것이며, DCT에서 강조하는 네 개의 정보처리유형에 대한 기초개념을 이해할 수 있다.
5. 다양한 활동을 통해 이론을 실제적으로 적용할 수 있도록 도와줄 것이다.

서론 : 상담/치료의 주된 목적으로서의 발달

상담의 목적은 내담자들이 삶에서 일어나는 다양한 문제를 잘 다룰 수 있도록 도와주는 것이다. 자신이 속한 문화와 사회로부터 일련의 기준들을 체득하고, 그 사회 속에서 행동하는 방법을 배우며 필요한 경우 사회를 변화시키는 방법도 배울 수 있도록 도와주는 것이다. 이러한 과정을 도와주기 위해서는 상담자들이 성숙해야 한다.

사람들은 다른 사람들과 상호작용을 하면서 살아가는데 필요한 기준을 배운다. 부모의 따뜻함 속에서 평온함을 느끼고, 친한 친구와 의미 있는 시간을 보내고, 결혼식에 참여하고, 만족스러운 성관계를 맺으며, 아이를 품에 앉고 있는 것과 같은 경험들을 통해 애착과 친밀감을 형성하게 된다. 삶을 통해 밀접한 유대감과 애착을 형성한 후에야 독립적으로 자율감을 누릴 수가 있다.

변화와 삶의 전환기는 개인과 또 그 가족에게 어려움을 줄 수 있다. 처음으로 학교에 입학하는 아이는 어머니로부터 떨어지는 것이 두려워 첫 주 내내 울 수도 있고, 유년기를 벗어난 십대 아들은 정체감을 확립하기 어려워 비행이나 마약으로 빠질 수도 있다. 이와 동시에 이들의 부모들은 중년에 들어서면서 부부관계의 한계에 부딪혀 이혼을 고려하고 있을 수 있으며 조부모들은 본인의 신체적 문제를 경험하면서 친구와 가족들의 죽음을 경험할 수도 있다. 내담자들이 갖고 있는 문제들은 이처럼 전 생애에 걸쳐 일어나는 변화와 관련된 것이 대부분이다.

삶의 변화는 전 생애에 걸친 발달적 흐름을 나타내 주는 것이며 상실뿐만 아니라 성취와 성장을 포함한다. 한 아이가 성숙하게 됨에 따라 더 이상 아이로 머물지 않는다는 아쉬움이 있지만 어른이 됨을 기뻐하는 것이기도 하다. 그러나 안정된 애착과 신뢰감을 형성하지 못한 경우, 이러한 전환을 힘들게 경험하게 된다.

또한 개인이 속한 문화와 맥락 그리고 성 차이에 따라 사람마다 다르게 경험할 수도 있다. 예를 들어 미국과 같은 다문화 사회에서 미국 원주민, 이태리계 미국인, 아시아계 미국인은 유대감과 애착을 더 강조하는 반면, 유럽계 미국인들은 자아의 독립성과 자율성을 더 중요시 하는 경향이 있다(Gilligan, 1982, 2002). 그러므로 삶의 전환기에 과제를 성공적으로 수행한다는 건 자신이 속한 문화와 깊은 관련이 있다.

발달 전환기의 지침이 되는 두 쌍의 발달 과제는 애착과 분리, 유대성과 자율성이다. 가족 이론은 애착(enmeshment)/관여(involvement)와 개별화(disengagement)/개인화(individuation)에 관심을 두고 있는 이론이다. 상담자로서 우리의 역할은 내담자들이 이 두 과제 간 균형을 이룰 수 있도록 도와주는 것이다. 이 과정에서 인식해야 하는 건 내담자마다 상이한 적응기제를 가지고 있다는 것이다. 슐로스베르크(Schlossberg, 2003)에 의하면 발달적 전환은 순간에 일어나는 것이 아니다. 이는 일련의 과정이다. 전환기 초기에는 단지 새로운 역할에 초점을 두고 지내지만 조금 지나면 새로운 역할 수행을 위해서는 과거와 분리하고 새로운 역할에 충실해야 한다는 것을 알고 이 둘 사이에서 갈등하게 된다. 어떤 사람들은 이러한 변화를 쉽게 받아들이지만 어떤 사람들은 이를 수용하는데 오랜 시간을 요한다. 예를 들면 원치 않게 직업을 잃게 되거나, 미망인이 되거나, 이사를 하게 되는 경우 몇 년씩 걸린다.

다음은 이러한 전환기를 당신이 느낄 수 있도록 제안한 일련의 질문들이다. 현재까지 살아오면서 누군가로부터 독립해야 하거나 관계를 맺어야만 했던 일을 떠올려 보기 바란다. 처음으로 유치원에 가야 했던 경험이거나, 동생이 태어났다거나, 원하는 학교나 직업을 얻었거나, 얻지 못했거나, 사랑하는 사람과 가슴 아픈 이별을 해야 했거나, 결혼을 했거나, 아이를 가졌거나 혹 가지지 못했거나 가족을 죽음으로 잃었거나 하는 경험일 수도 있다. 이제 깊게 숨을 쉬고 이 일과 관련된 한 가지 이미지(심상)를 떠올려보라. 이때 어떤 소리, 냄새, 느낌이 들었는가? 그와 관련된 감정과 생각을 이미지와 함께 모두 모아 보기 바란다. 아래에 그 상태를 적어보라.

이 경험에 대해 쓰면서 당신 생각에 자신이 애착을 형성하는 것을 더 잘하는가 아니면 사람들로부터 분리하는 것을 더 잘하는가? 이러한 당신의 경험과 가치가 당신과 유사한 상황에 놓인 내담자 또는 분리와 애착과 관련된 문제를 경험하고 있는 내담자에게 어떤 영향을 줄 것이라고 보는가?

발달 이론의 다섯 가지 접근

DCT는 내담자의 개별적인 특징을 중요시하며 본 서는 다음과 같은 질문에 대한 해

답을 제공하는 방식으로 구성될 것이다: 내담자의 발달과정은 어땠는가? 내담자가 건강한 삶을 영위하기 위해서는 그들의 어떤 강점들을 이끌어내야 하는가? 사회적 맥락과 문화는 어떤 영향을 미치는가? 그들의 발달과 성장을 돕기 위해 발달이론을 어떻게 적용할 수 있는가? 이러한 관점에서 이 책은 발달 이론이 어떻게 임상장면이나 상담 면담에 적용할 수 있는지 보여주는 것이다.

전환과 변화에 대한 저자들의 생각은 다섯 개의 발달 이론에 근거하고 있다. 이 중 네 개는 기존의 발달이론들로써 전 생애 발달을 이해하는 근본적인 배경을 제공한다. 그리고 나머지 하나인 DCT는 실질적 전략과 이론을 제시한다.

*애착이론(Attachment theory)*은 우리의 존재가 타인과의 관계에 의존한다는 것을 강조한다(Bowlby, 1969, 1973, 1990; Casidy & Shaver, 2002). 인간관계와 공감은 발달적 접근을 이해하는데 핵심을 이룬다. 인간의 애착과 유대가 분리와 개인적 자율성을 위해 필수조건이라는 전제가 바로 애착이론에서 유래된 것이다.

*웰니스 이론(Wellness theory)*은 문제에 초점을 두기보다는 강점에 초점을 맞출 때 가장 잘 성장할 수 있음을 강조한다(Adler, 1927/1954; Myers, Sweeney, & Witmer, 2000/2001).

*전 생애 이론(Lifespan theory)*은 우리가 인생의 전환기에서 경험할 수 있는 변화를 이해할 수 있도록 도와준다(Erikson, 1963, 1994; Gilligan, 1982, 2002; Schlossberg, Waters, & Goodman, 1995; Schlossberg & Kay, 2003).

*문화 정체성과 관련된 발달이론(Culture identity developmental theory)*은 내담자의 삶을 맥락 속에서 볼 수 있도록 도와준다(Helms, 1999; Sue & Sue, 2003). 야끼마(Yakima) 인디언 속담에 의하면 "한 아이를 교육한다는 것은 한 문화가 살아나는 것을 의미한다."

*발달상담과 치료(Developmental Counseling and Therapy: DCT)*는 내담자의 인지적, 정서적 발달을 측정할 수 있는 틀을 제시한다(Ivey, 1986/2000). DCT는 내담자가 애착을 용이하게 형성할 수 있는 기술, 건강한 삶을 증진할 수 있는 방법, 인생의 도전들에 적절하게 대응할 수 있는 능력 그리고 자신을 다양한 맥락 속에 속한 존재로 인식할 수 있도록 도와줄 것이다.

DCT의 소개

레빈(Lewin)은 "훌륭한 이론이 되기 위해서는 현실적인 적용이 가능해야 한다"라고 하였다. DCT는 피아제(Piaget)의 아동발달이론이 청소년과 성인에게도 적용이 가능하다는 인식에서 시작되었다. 아이들이 발달하면서 일련의 성장과정을 거치듯이 청소년과 성인도 발달과정을 경험한다. 성인이 되어 출산, 이혼, 죽음과 같은 발달적 전환기를 겪으면서 현재의 성인역할에서 벗어나 아동기 때 경험한 것과 유사한 생각, 감정들로 다시 돌아가게 된다. DCT는 이러한 전환기에 있는 내담자들의 변화를 도와줄 수 있는 방법을 제시한다(Ivey, 1986/2000).

내담자를 대할 때 상담사의 첫째 의무는 내담자가 세상을 어떻게 인식하는지를 이해하는 것이다. DCT는 내담자에게 일어나는 여러 일들을 내담자와 함께 이해하려고 노력하는 것을 최우선 과제로 본다. 일단 내담자가 주변 변화에 대해 어떻게 의미를 형성하는지를 이해하게 되면 내담자가 어떻게 세상을 살아가는지를 좀더 잘 이해 할 수 있게 된다.

이 책에서 한 개인이 의미를 부여한다는 것은 두 가지로 해석할 수 있다. 첫 번째는 개인이 세상을 어떻게 이해하는지, 즉 그 사람의 유형과 과정을 말한다. 예를 들어 부모가 이혼할 경우, 많은 아이들은 자신의 행동으로 인해 부모가 이혼하게 되었다고 생각하지만 성인인 부모의 생각은 실제 매우 다를 것이다. 그렇기 때문에 아이들을 대할 때와 부모를 대할 때, 상이한 접근을 해야 한다. 두 번째 해석은 일반적으로 사용되는 사전적 의미로 내담자의 말과 행동의 의도, 즉 내담자의 언어가 무엇을 의미하는가를 말한다.

내담자가 어떤 기준에서 세상을 이해하는지, 어떻게 의미를 부여하는지를 상담사가 인식함으로써 내담자가 일련의 변화에 좀 더 잘 대처할 수 있도록 도와주는 상담전략을 적절하게 세울 수 있다. 공감은 이처럼 타인이 세상을 경험하는 것과 유사하게 경험할 때 사용되는 단어이다. DCT는 내담자들과 좀더 완벽한 공감대를 형성할 수 있도록 돕는 방법을 제시한다.

DCT이론과 기법은 플라톤(Platonic)과 신 플라톤(neo-Platonic)철학, 인지이론과 피아제의 이론에 근거한다(1923/1955, 1952/1963, 1965). 피아제가 특히 중요한데 그의 생각을 기틀로 하여 여러 개의 의미형성이론들이 생겨났기 때문이다(Kegan, 1982, Kegan & Lahey, 2000; Kohlberg, 1981; Loevinger, 1998). 이 일련의 이론들은 동일한 어휘를 사용하는 것은 아니지만 기본적으로 순차적 발달 이슈에 초점을 맞추고, 인지적 경향이 강하며 모든 생각이 인식론자인 피아제로부터 시작되었다는 점에서 유사하다.

내담자의 의미 형성과정을 이해하기 위해서는 내담자의 언어와 행동에 나타나는 인지적, 정서적 유형을 인식하고 평가할 수 있어야 한다. DCT의 기술과 전략은 현재 내담자의 상태를 파악하고 내담자가 어떻게 의미를 형성하는지를 발견하는데 초점을 둔다. 일단 이를 이해하게 되면 이에 맞는 적절한 전략과 치료방법들을 찾을 수 있다. 즉, 특정 이론에서 시작하는 것이 아니라 내담자가 본인에게 일어나는 일련의 일들을 어떻게 인식하고 의미를 부여하는지를 먼저 이해하는 것이다.

이와 비교해 많은 경우, 상담자들은 인간중심이론, 인지-행동이론, 정신역동이론과 같은 특정 이론을 근거로 하여 내담자를 이해한다. 상담자가 본인의 이론에 기초해서 내담자를 대할 경우, 대부분 내담자들이 상담자처럼 말하고, 사고하고, 행동하게 된다. 고전 연구에서 내담자들이 시간이 지남에 따라 점차 상담자와 유사한 어투를 사용하게 된다는 것을 보여주었다(Meara, Pepinsky, Shannon & Murray, 1981). 인간중심이론 상담자의 내담자들은 자아에 대한 이야기를 많이 하게 되고 인지주의 상담자의 내담자는 사고에 대해 많이 거론하게 되며 정신 분석적 치료를 받고 있는 내담자는 과거 삶에 대한 해석에 초점을 두게 되는 것을 볼 수 있다.

상담자가 내담자에게 자신의 이론적 경향을 제시하는 것이 때론 내담자에게 새로운 틀을 제공하고 내담자의 인식을 확장시키는 경우도 있다. 그러나 문제는 내담자에서 시작하는 것이 아니라 이론에서 시작한다는데 있다. 더 나아가 기존 이론들의 대부분은 문화와 상황에 대한 인식이 부족하다는 비판을 받고 있다(Gilligan, 1982; Sue & Sue, 2003). 그러므로 내담자가 어떻게 삶에 의미를 부여하는지 이해할 필요가 있다.

DCT의 기초로서 피아제와 플라톤

20세기 이전 심리학은 철학의 일부였다. 이제 이 둘을 다시 통합해야 할 시기가 돌아온 것으로 보인다. DCT는 피아제(1952/1963)로부터 근거하였다. 아동이 성장하면서 감각운동기, 전조작기, 구체적 조작기, 형식적 조작기 그리고 후에 후기 형식적 조작기와 같은 인지발달 단계, 즉 의미형성(meaning-making) 단계를 거친다는 그의 개념이 가장 큰 영향을 미쳤다.

이러한 피아제의 단계는 플라톤이 제시한 네 개의 의식과 의미형성 수준과 연결될

Needham Heights, MA: Allyn & Bacon.

Ivey, A. (2000). Developmental therapy: Theory into practice. North Amherst, MA: Microtraining. (Original work published 1986)

Ivey, A., Pedersen, P., & Ivey, M. (2001). Intentional group counseling. Pacific Grove, CA: Microtraining.

Kegan, R. (1982). The evolving self. Cambridge, MA: Harvard University Press.

Kegan, R., & Lahey, L. (2000). How the way we talk can change the way we work. San Francisco: Jossey-Bass.

Kohlberg, L. (1981). The philosophy of moral development. San Francisco: Harper & Row.

Loevinger, J. (Ed.) (1998). Technical foundations for measuring ego development. Mahwah, NJ: Erlbaum.

Meara, N., Pepinsky, H., Shannon, J., & Murray, W. (1981). Comparisons of stylistic complexity of the language of counselor and client across three theoretical orientations. Journal of Counseling Psychology, 26, 181-189.

Myers, J. E., Sweeney, T. J., & Witmer, J. M. (2000). Counseling for wellness: A holistic model for treatment planning. Journal of Counseling and Development, 78, 251-266.

Myers, J. E., Sweeney, T. J., & Witmer, J. M. (2001). Optimization of behavior/promotion of wellness. In D. Locke, J. E. Myers, & E. H. Herr (Eds.), The handbook of counseling (pp. 641-652). Thousand Oaks, CA: Sage.

Piaget, J. (1955). The Language and thought of the child. New York: New American Library. (Original work published 1923)

Piaget, J. (1963). The origins of intelligence in children. Ner York: Norton. (Original work published 1952)

Piaget, J. (1965). The moral judgement of the child. Ner York: Norton.

Schlossberg, N. K. (2003). Transition works. Unpublished manuscript. Washington, DC: Transition Works, www.transitionguide.com

Schlossberg, N. K., & Kay, S. (2003). The transition guide: A new way to think about change. Washington, DC: Transition Works, www.transitionguide.com

Schlossberg, N. K., & Waters, E., & Goodman, J. (1995). Counseling adults in transition: Linking practice with theory. New York: Springer.

Sue, D. W. & Sue. D. (2003). Counseling the culturally differnt (4th ed.). New York: Wiley.

연습 3의 답

1. C 2. A 3. A 4. C 5. A 6. C 7. C 8. A 9. A 10. C

제2장 : 전 생애 발달

본 장의 실습 목적

본 장의 개념들을 익히고 실습해 봄으로써 내담자들과 전 생애 회고를 진행 하고 그들의 독특한 발달사를 이해하고 평가할 수 있다. 또한 내담자들이 현재 일어나고 있는 발달적 변화를 이해하고 후에 일어날 수 있는 발달적 변화를 예측할 수 있도록 도와줄 수 있다.

전 생애 발달은 시간에 따른 선형적 발달만을 의미하지는 않는다. 우리는 단지 일련의 사건을 경험하고 지나가는 것이 아니다. 어린 시절 우리의 경험은 성인기의 삶을 형성하고 어려운 일에 부딪쳤을 때 나아갈 수 있는 힘을 제공하기도 하며 과거 사람들과 어떤 관계를 맺었는가에 따라 자율성과 개인화를 발달시키는데 영향을 준다. 성인기에 이르더라도 자율성과 독립성만으로 살아가기에는 부족하며 전 생애 동안 사람들과 지속적으로 애착을 형성할 수 있어야 한다. 애착과 분리, 유대성과 자율성간의 균형을 이루는 것이 전 생애에 걸친 삶의 핵심과제이다.

본 장에서 제시되는 지식과 개념에 대한 기술을 익힘으로써:

1. 전반적인 생애 발달유형을 애착이론을 통해 이해할 수 있을 것이다.
2. 자아에 대한 개념을 확장시키고 관계 속에서의 자아(self-in-relation), 웰레슬리 스톤 센터(Wellesley Stone Center) 개념의 관계 속에서의 존재(being-in-relation), 오그보냐(Ogbonnya)의 지역사회로서의 개인(person-as-community)과 같은 개념을 통해 우리 각자가 우리의 발달사에 얼마나 밀접하게 연관되어 있는지를 이해하게 될 것이다.
3. 인간발달과 변화의 복잡함을 에릭슨(Erikson)의 전 생애 발달이론을 간략하게 개괄해 봄으로써 더 깊게 이해할 수 있을 것이다.
4. 콜버그(Kohlberg), 로빙거(Loevinger), 케건(Kegan)에 의해 제시된 인지발달 이론의 기본적인 개념들을 이해할 수 있다.
5. 길리건(Gilligan)이 제시한 것과 같이 발달과정에 미치는 성(gender)차이의 영향을 고려할 수 있다.
6. 인생 전반에 걸쳐 일어나는 변화에 대한 인간의 반응을 이해하기 위해 슐로스베르크(Schlossberg)의 전환기 이론을 이해하고 적용할 수 있다.
7. 타마세(Tamase)의 내관적 발달상담(Introspective Developmental Counseling: IDC)을 통해 이론을 실제에 적용할 수 있다.
8. 최적의 전 생애 발달을 목표로 하여 웰니스를 통합시킬 수 있다.

서론 : 애착과 분리– 전 생애에 걸친 발달 과제

볼비(Bowlby)의 애착이론(1969, 1973, 1990)은 인간발달에 대한 기본적 이론을 제공한다. 본 장에서는 상담의 실제에 적용될 수 있는 애착이론의 개념들을 제시할 것이다. 중요한 사람들과 삶의 초기에 맺은 관계의 패턴은 지속적으로 반복되는 경향이 있다. 자아의 긍정적, 부정적 측면 모두 그 사람의 과거 결정적 사건에 근거를 두고 있으며 후에 그 사람의 반복적인 생각, 행동 그리고 감정으로 나타난다. DCT적 접근은 이러한 패턴이 그 사람이 속한 맥락 속에서 또 상호작용하는 인간관계속에서 나타난다는 것을 강조 한다(Baker, Miller, Stiver, & hooks, 1998).

볼비(Bowlby, 1990)는 애착을 유아와 주된 양육자인 어머니간의 친밀한 정서적 관계로 정의하였다. 이 관계에서는 유아도 웃음과 울음으로 어머니로부터 양육적인 행동을 이끌어내어 애착을 형성하는 과정에 적극적인 역할을 한다고 하였다. 이때 어머니가 유아의 욕구에 어떻게 반응하는가에 의해 그 유아의 발달, 특히 인간관계 형성에 지속적인 영향을 주게 된다. 자아는 혼자 즉흥적으로 발달하는 것이 아니며 타인과의 관계 속에서 독특한 존재로 성장하는 것이다.

애착은 주된 양육자인 어머니와 아동간의 반복된 상호작용을 통해 발달하는데 특히 삶의 첫 해가 가장 중요하다. 쉐퍼(Schaffer, 1996)는 애착발달을 네 단계로 설명하였다. 생후 2개월 후의 애착은 본능적이며 대부분의 영아들은 웃거나 우는 행동을 보인다. 생후 2개월에서 7개월경 유아는 자신을 돌보는 사람들을 구분하기 시작하며 특히 주된 양육자에게 애착을 형성하게 된다. 생후 7개월에서 2년 동안은 아버지와 같은 주변 사람들에게도 애착을 형성하게 되고 주된 양육자와 지속적이고 규칙적인 관계를 원하게 된다. 2세 이후 아이들은 자신이 타인과 분리된 독립적인 존재임을 점진적으로 인식하게 되고 자신이 선택하고 행동을 취할 때 타인의 생각이나 감정을 서서히 인식하게 된다.

애인스워드(Ainsworth, 1978)는 애착이론에 대해 처음으로 실제적 근거를 마련한 사람이다. 그녀는 어떤 영아들은 다른 영아들과 비교하여 더 안정적으로 애착을 형성했다는 것을 알았다. 그녀의 연구와 가설에 근거한 많은 연구들을 통해 양육자의 행동이 영유아의 발달에 매우 결정적이며 지속적인 영향이 있다는 것을 보여주었다. 예를 들어 출생 후 첫 해 동안 안정적으로 애착을 형성한 유아는 타인과의 관계에 있어서 더 긍정적인 정서를 보이며 양육자에 의해 버림을 받을 것이라는 두려움 없이 세상을 탐색한다. 이와 비교하여 불안정한 애착을 형성한 유아들의 경우, 양육자인 어머니를 피하거나, 과도하게 매달리며 두려워하거나 회피하는 일련의 행동유형을 갖게 된다. 이러한 경향은 성인기에도 지속된다는 것을 볼 수 있다(Cassidy, Shaver, & Main, 1999).

일반적으로 이러한 현상은 애착이 언어습득 이전에 형성되는데 이는 세상과의 관계가 감각과 신체를 통해 이루어지기 때문인 것으로 보인다. 전 생애 동안에도 그러하지만 특히 아동기에 감정은 몸속에 간직된다. 대부분의 상담/치료 기법과는 달리

DCT는 언어습득 이전의 영향이 성인기 발달과 기능에 미친 영향에 대해 개인들이 이해할 수 있는 방법을 제공한다. 이는 사람들이 건강한 관계를 발달시킬 수 있도록 돕는데 매우 중요하며 상담/치료의 주된 목적으로 대두하게 된다.

자아와 관계 속에서의 자아

DCT입장에서 상담/치료를 할 때 자아에 대한 개념이 변화하게 된다. 전통적으로 자아의 개념은 개인주의적 입장에서 자존감을 키우거나, 자아를 실현하거나, 자기 효능감을 높이는데 초점을 두었다. 자아에 대한 이러한 작업은 모두 중요한 개념이다. 그러나 우리의 존재는 단지 자율적인 자아만이 존재하는 것은 아니다.

발달측면에서 볼 때 자율적, 분리적 자아에 대한 개념은 완전한 것이 아니다. 이 책에서 제시된 모든 발달 이론에서 무엇보다 강조되는 것은 유대적, 관계적 자아다. 애착이론에 근거한 많은 연구들에서 볼 수 있듯이 건강한 사람들은 타인과의 관계 속에서 발달한다는 것을 볼 수 있으며 이는 대상관계 이론에서도 강조하는 것이다. 아이의 자아감은 그 어머니와의 관계와 중요한 다른 양육자들과의 관계 속에서 형성된다(Greenberg & Mitchell, 1983; Mahler, 2000; Winnicott, 1987).

전 생애이론과 웰니스 이론 또한 정신건강이 타인과의 관계와 밀접하다는 것을 제시하였다. DCT에서는 상담사/치료사와 내담자 사이의 변증법적 대화를 강조하기 때문에 상담/치료 중 내담자가 애착과 분리 이론에 근거한 자신의 발달사를 재현하는 것을 볼 수 있을 것이라고 보며 면담 중에도 자아가 맥락과 변화에 의해 지속적으로 변화한다고 본다.

다문화 상담(Multicultural Counseling Therapy : MCT)은 본 장에서 논의한 모든 것에 대한 큰 틀을 형성한다고 볼 수 있다. 우리의 자아는 문화적/환경적 맥락 속에서 관계 자아로 발달한다. 그러므로 애착이론, 전 생애이론 그리고 다른 모든 발달 이론은 우리의 다문화적 사회와의 관계 속에서 존재한다(Sue, Ivey, & Pedersen, 1996).

상담사/치료사로서 한 개인이 보다 자율적, 자아 실현적이 되도록 도와주기 위해서는 다른 사람들과의 관계를 먼저 이해하도록 도와야 한다. 사회적 상황에서 자신의 감정, 생각과 행동을 이해하는 것이 중요하다. 개인주의적 성향을 반영하는 '자아'의 개념은 관계 속에서의 자아, 맥락 속에서의 자아, 지역사회로서의 개인으로 대치될 수 있다.

타인에 대한 존중감은 과도하게 자아와 자아 존중감에 너무 치우친 사회에 대한 해결책으로 제안되었다(Hwang. 2000). 타인 존중감은 타인을 가치 있게 여기고, 존중하고, 돌보는데 초점을 맞춘다. 이런 점들은 상대방이 어떻게 느끼고 생각하는지를 배우고 수용하는 공감을 형성하는데 초석이 되는 것들이다. 자아 존중감과 자아실현은 중요한 개념들이나 관계 속에서의 자아에 대한 의식과 균형을 이루어야 한다.

DCT는 내적인 감정적 스트레스가 많은 경우에 외적 스트레스와 관련이 있다고 말한다. 일반적으로 말하는 정신질환은 많은 경우 정신적, 외적 충격, 불공평함, 억압 및 학대와 같은 병든 사회적, 환경적 요인의 결과이다. 내담자를 성공적으로 돕기 위해서는 내담자의 경험을 충분히 이해해야 한다. 내담자의 환경적 스트레스 요인이나 발달사에 대한 고려를 하지 않고 단지 우울증이나 외상 후 스트레스 장애만을 다루는 것은 별 도움이 되지 않는다.

DCT의 틀에서 보면 전통적인 상담/치료는 개인의 전체성, 가족과의 관계성 그리고 집단의 맥락적 영향과 같은 전체성에 충분한 관심을 두지 않았다. 우리가 삶을 살아가면서 의식적으로 변화하는 세계에 적응하는 것은 중요하다. 우리는 개인뿐만 아니라 그 개인이 속한 가족, 집단, 문화, 인생경험과 같은 다양한 맥락도 함께 고려해야 한다.

발달에 대한 불교적 견해는 우리가 관계 속에서의 자아를 이해하는데 도움이 된다.:

> 서구 심리학은 자아발달을 횡단적으로 본다. 이는 아동기 몇 년 동안 일어나는 몇 단계적 변화로 발달을 정의하는 것을 말한다. 그러나 불교 심리학은 자아를 종단적, 즉시적으로 본다. 즉, 자아란 끊임없이 매 순간 순간마다 재구성되고 재형성되는 과정으로 보는 것이다(Welwood, 2002).

이처럼 자아는 항상 변화하는 과정에 있기 때문에 상담사/치료사는 내담자들이 타인과 유대감을 형성시키면서 적절한 분리감과 경계선의 감각을 발달시키는 과정에 중요한 역할을 할 수 있다.

전 생애 이론: 개인의 발달 과제

에릭슨(1963, 1994)은 발달의 8단계와 각 단계에 따른 과제를 제시하였다. 각 단계는 그 시기에 해당하는 중요한 발달과제가 있으며 이 과제가 충분히 해결되지 않을 경우, 다음 단계로 발달하는데 어려움을 겪게 된다. 다음 에릭슨의 8단계를 보면서 현재 자신이 어떤 단계에 있는지, 자신의 발달과제가 무엇인지 생각해 보기 바란다.

영아기 (0–2세) – 발달과제는 신뢰성 대 불신감.

만약 충분한 신뢰감을 형성하지 못하면 과도한 불신감이 형성되어 전 생애동안 타인과 애착을 형성하는데 어려움을 경험할 것이다.

유아기 (2–4세) – 발달과제는 자율성 대 수치감.

에릭슨식으로 표현하자면 이는 '놓아주는 것'과 '붙드는 것'으로 표현 할 수 있다. 이 결정적 분리과제에서는 다양한 가족과 문화의 요구에 대해 자신만의 독특한 공간을 찾는 것을 말한다.

학령전기 (4–7세) – 발달과제는 주도성 대 죄책감.

아이가 자신의 삶을 결정지을 것인지, 아니면 타인들에 의해 자신의 삶이 결정될 것인지에 대해 집중하는 시기이다.

학령기 (7–12세) – 발달과제는 근면성 대 열등감.

아동이 성공적으로 유능감을 발달시킬 수 있을 것인가에 대한 것이다.

청소년기 (12–19세) – 발달과제는 정체성 대 역할 혼미.

청소년기에 이르러 한 개인으로서 독립적이고 고유한 정체감을 형성할 수 있는가? 만약 초기 과제들이 불완전하게 수행되었다면 이 과제를 성공적으로 수행하는 것이 어려울 수도 있다.

성인초기 (19–30세) – 발달과제는 친밀성 대 고립감.

과거 기초에(foundation) 근거해서 젊은이로서 타인과의 친밀감을 형성할 수 있는가?

성인중기 (30–60세) – 발달과제는 생산성 대 침체감.

중년기에는 가족과 사회에 기여하려는 경향이 짙어지게 된다. 아들러(Adler)의 사회적 관심이 중년기를 이해하는 중요한 개념의 틀이 된다.

성인후기 (60세 이상) – 발달과제는 자아 통합성 대 절망감.

성숙한 성인이 된다는 것은 삶에서 일어난 성공뿐만 아니라 실패도 받아들여 자신의 삶에 의미를 부과하는 것을 의미한다.

에릭슨의 전 생애 이론에 있어 아동기 초기의 주된 발달과제는 신뢰감, 자율성 그리고 주도성을 발달시키는 것이다. 그러한 과제를 성공적으로 수행하기 위해서는 가족과 사회의 지지가 필요하다. 만약 초기 발달과제를 성공적으로 수행하지 못하면 아동후기, 청소년기 그리고 성인기에 대두되는 과제를 수행하는데 어려움을 겪을 수도 있다. 또, 각 발달단계마다 애착과 분리가 적절하게 균형을 이루어야 한다.

에릭슨은 모든 발달적 갈등이 전 생애에 걸쳐 지속적으로 대두한다고 제안하였다. 각 발달단계는 그 시기에 결정적인 특정한 발달과제가 있지만 성공적으로 수행하지 못한 발달과제는 후에 문제가 될 수 있다. 예를 들어, 영아기에는 신뢰감 대 불신감이 주된 과제이지만 유아가 신체적으로, 정서적으로, 그리고 인지적으로 성숙함에 따라 자율감이 발달하기 시작한다. 또 이 시기에 자신이 타인에게 영향을 미칠 수 있다는 주도감을 성취하기 시작하는데 만약 이러한 유아의 노력이 무시될 경우, 열등감이 발달하게 된다.

에릭슨의 이론을 언뜻 보면 선형적인 것 같지만 실제적으로는 매우 전체적인 것임을 볼 수 있다. 그는 모든 삶의 문제는 항상 존재한다고 하였다. 삶에서 대두하는 발달과제는 지속적으로 반복되는 경향이 있고 이 패턴이 '성격'으로 굳어지게 된다. 생산성 대 침체성이 주된 과제인 중년도 친밀감 대 고립감, 정체감 대 역할 혼미, 그리고 신뢰감 대 불신감의 과제가 개입된다는 것이다.

문화마다 발달과제를 수행하는 방법이 상이하다. 그렇기 때문에 문화적 차이를 감안하지 않고 에릭슨의 이론을 적용하는 것은 적합하지 않다. 건강한 신뢰감, 자율성, 주도성 그리고 다른 발달과제는 문화마다 다르다. 예를 들어 에릭슨의 이론에 대해 청소년기와 성인기 여성에게 제안된 발달과제가 남성과 동일하지 않다는 의견들이 제기되고 있다.

유아기부터 여아들은 남아들과 주변 사람들로부터 다른 취급을 받는다. 예를 들어 여아는 여아에 적합하다고 고정화된 장난감을 선물 받는다.

상담사/치료사는 내담자의 다양한 삶의 과제를 다루지 않을 수 없다. 많은 성인 내담자들은 신뢰감, 자율성, 근면성 그리고 정체감과 같은 기초적 발달과제를 충분히 발달시키지 못한 상태에서 찾아오게 되며 상담사의 과제는 내담자들이 이를 발달하도록 도와주는 것이다. 특히 신뢰감의 형성은 삶을 완전하게 살아가는데 가장 기초적이고 중요한 과제이다.

〈표 2-1〉 인지 발달 이론의 비교

구체적 유형			추상적 유형	
발달이론/이론가	유형 1/단계	유형 2/단계	유형 3/단계	유형 4/단계
DCT	감각 운동적	구체적	형식적	변증법적/체계적
피아제(Piaget)	감각 운동기/ 전 조작기	구체적 조작기	형식적 조작기	후기 형식기
매슬로우(Maslow) 위계이론	생존과 안전	소속	자아 존중	자아 실현
에릭슨(Erikson) 전 생애 이론	신뢰성 대 불신감	주도성 대 죄책감 근면성 대 열등감	정체성 대 역할 혼미	친밀성 대 고립감 통합성 대 절망감
콜버그(Kohlberg) 도덕성 발달 이론		처벌과 복종, 도구적 경향	상호관계적과 조화성 (concordance)	사회적 원리적 경향
케건(Kegan) 자아진화이론	결합적 충동적	제왕적	상호 관계적 (interpersonal)	상호 개인적 (interindividual)
로빙거(Loevinger) 자아 발달이론	충동적	자아 보호적 순응적	자기 인식적, 양심적, 개별적, 자율적	통합적

〈표 2-1〉은 에릭슨의 단계를 피아제의 이론과 비교하였다. 〈표 2-1〉에서 신뢰성은 감각 운동기에 주로 대두한다는 것을 볼 수 있으며 이 시기에 유아는 환경의 영향에 매우 민감하다는 것을 볼 수 있다. 주도성과 통제의 과제가 대두되는 시기에는 유아가 감각운동기 후반에 들어서면서 마술적 사고를 하게 된다. 근면성과 유능감은 구체적 조작기에 형성된다.

에릭슨의 이론과 피아제의 이론 간의 관계는 청소년기에 더 명확해진다. 명확한 정체감을 형성하기 위해서는 자신에 대해 새로운 시각으로 볼 수 있는 추상적이고 형식적인 인지 능력을 필요로 하게 된다. 만약 청소년기에 신뢰감 형성 부족과 같은 과거 발달과제 때문에 자신을 긍정적으로 보기 힘들게 되면 긍정적 정체감을 형성하기 힘들게 된다. 이러한 자아 정체감의 부족은 전 생애를 걸쳐 계속되어 성인기에도 지속적 영향을 미치게 된다.

내담자들이 부적응적인 삶의 패턴에 굳어져 상담사/치료사를 찾아올 때, 중요한 과제는 현재 행동의 유형과 과거 발달 경험 간의 관계를 찾도록 도와주는 것이다. 이는 상담사/치료사가 내담자의 발달적 장애를 극복할 수 있는 행동적, 인지적 행동을 격려함으로서 이루어진다.

DCT는 감각운동기, 구체적 조작기, 형식적 조작기와 관련된 기본적인 삶의 과제에 초점을 맞춘다. DCT 상담사/치료사들은 수준이나 단계보다는 유형이라는 단어를 선호한다. 또한 한 유형이 더 우월하다는 위계적 생각에서 벗어나 모든 유형이 가치 있다는 전체론에 그 근거를 두고 있다. DCT의 체계적인 방법은 상담사/치료사와 내담자가 감각 운동기, 구체적 조작기 그리고 형식적 조작기에 발달 과제를 충분히 수행했는지 알아볼 수 있는 기회를 제공한다.

변증법적 사고는 후기 형식적 인지유형을 대표한다. 이러한 사고는 심오하고 자아반영적, 성찰적이다. 그러나 피아제의 관찰에 의하면 단지 성인의 3/4만이 추상적 형식적 조작능력을 갖출 수 있다고 보기 때문에 변증법적 사고를 완전히 할 수 있는 사람은 적은 수에 지나지 않다고 하였다. DCT방법을 통해 내담자들이 보다 추상적으로 사고하고 형식적, 변증법적 개념을 활용할 수 있도록 도와줄 수 있다.

마지막으로 형식적, 변증법적 또는 체계적 사고는 타인의 입장에서 특정한 상황을 지각할 수 있는 능력과 밀접하게 관련되어 있다. 심지어 구체적 사고를 하는 아이들도 구체적 질문을 이용하면 타인의 입장을 고려할 수 있다. 예를 들어 “만약에 누가 너를 놀렸다면 기분이 어떨 것 같으니?”와 유사한 질문을 통해 어린 아이들도 다른 아이를 이해할 수 있다는 것을 볼 수 있다.

인지 발달 이론들

여기서는 DCT처럼 피아제의 이론에 기초한 세 개의 인지발달이론이 제시될 것이다. 세 이론 모두 인지적 유형이 변화하고 발달한다는데 의견을 같이한다. 그리고 이 이론들을 통해 상담사/치료사가 자신의 정서적/인지적 유형을 내담자에게 맞추어야 한다는 것을 볼 수 있다. 그러나 여기서 제시된 이론들은 내담자에게 유용한 치료방법을 제시하는 것이 아니라 기술적인 측면에 치우쳐 있다.

페리(Perry, 1970)는 청소년기에서 성인 초기로 넘어가는 전환기에 대한 연구결과를 바탕으로 청소년들은 절대적, 이분법적 사고를 한다고 주장하였다. 성인기에 들어서면서 대부분의 사람들은 사람들의 다양한 시각에 대해 인식하게 되면서 이분법적 사고에서 반영적이고 상대적인 사고로 옮겨가게 된다. 이러한 사고를 후기 형식적 사고라고 하며 인지발달의 다섯 번째 단계이다. 콜버그, 로빙거, 그리고 케건의 이론을 통해 이를 보다 잘 이해할 수 있다. 〈표 2-1〉에 요약된 내용을 참조하라.

콜버그의 도덕성 발달 이론

콜버그(1981)는 피아제의 인지발달이론에 기초한 도덕성 발달에 대한 보편적인 발달 단계를 제시하였다. 피아제와 유사하게 콜버그의 단계는 위계적이고, 선형적(liner)이고 불변적이다. 이 이론은 도덕적 갈등에 부딪쳤을 때 사람들이 사용하는 규율에 근거한다.

콜버그는 도덕성을 세 수준(levels)으로 나누고 각각을 다시 두 하위 단계(stages)로 나누었다. 그 첫째 수준은 전 인습적(전 도덕성) 단계로 피아제의 전조작기에 해당한다. 이 단계에 있는 아동들은 권위를 가진 사람들이 옳고 그름을 알고 있다고 믿는 복종적 경향에서 시작하여 자신의 필요에 의해 자신의 행동을 정당화하는데 관심을 보이는 구체적 사고 과정과 일치하는 도구적 경향으로 옮겨간다.

두 번째 수준은 인습적(타율 도덕성) 단계로 도덕적 논리의 근거를 사회 또는 상호관계에 둔다. 이는 초기 형식적 사고와 일치한다. 이 단계의 후반기는 법과 질서로 불리는데 이는 사회적 체계에 근거한 도덕성을 보인다. 이 단계의 사람들은 법이 공동의 선을 유지하기 위해 만들어졌다고 생각하기 때문에 법과 질서를 따른다.

세 번째 수준은 후 인습적 및 원리적(자율 도덕성) 단계로 도덕적 결정의 근거는 개인적 표준에 근거하게 된다. 이 단계 초기에는 외적인 근거가 아닌 사회적 계약에 의해 결정을 내린다. 이러한 논리는 완전하게 형식적 조작기에 도달한 사람들의 생각과 일치하는 것이다. 후기로 가게 되면 변증법적 사고에 의한 보편적 원리에 근거하여 도덕적 결정을 내리게 되는데 추상적인 원리가 개인의 도덕적 행동의 표준이 되는 것이다.

로빙거의 자아발달이론(Theory of Ego Development)

전 생애에 걸친 로빙거(1976, 1998)의 자아발달이론은 몇 개의 인지 변화 단계를 포함한다. 초기에는 단순하고 분화되지 않은 상태를 반영하며 후기 단계는 복잡하고 분화된 인지 기능과 의사결정 유형을 보인다.

전사회적 단계(presocial stage)

이 단계의 아동은 타인들로부터 분리되지 않아 자아에 대한 완전한 인식이 부족하다. 자아 발달은 이 시기에 시작된다.

충동적 단계(impulsive stage)

이 단계의 아동들은 자신의 충동에 의해 행동하며 행동은 외부에 의해 통제된다. 통제를 위해 보상과 처벌이 주로 사용된다.

자아 보호적 단계(self-protective stage)

이 단계에서 아동은 자신이 원하는 것을 환경을 조종함으로써 얻을 수 있다는 것을 알게 된다. 욕구를 충족하는 것이 우선이며 타인은 이를 위한 수단으로 인식된다.

순응적 단계(conformist stage)

순응적 단계는 사회화의 발달과 자신의 존재가 다른 사회적 집단과 연결되어 있다는 인식의 발달을 반영한다. 법은 집단에서 생겨난 것이기 때문에 복종한다.

자아인식 단계(self-aware stage)

자신에 대한 의식이 증가하면서 도덕적 의사결정을 할 때 관점을 고려할 수 있게 된다. 집단 순응의 법칙에 예외가 생기기 시작한다.

양심적 단계(conscientious stage)

이 단계에는 양심이 대두하게 된다. 이 단계에서는 사회적 법규 순응과 무관하며 개인적 가치에 근거하여 규칙을 형성할 수 있다.

자율적 단계(autonomous stage)

자율적 개인들은 여러 사람의 입장을 지각하고, 고려할 수도 있고 절대적 사고에 의해 제한받지 않는다. 모호성을 참아낼 수 있으며 장기적 목표를 세우고 이를 달성하기 위해 노력한다.

통합적 단계(integrated stage)

통합적 단계에서는 사람들이 여러 개의 상반된 현실을 인식하고 이를 해결할 수 있다. 이 단계에 이르는 사람은 많지 않다.

케건의 자아 진화 이론(Theory of the Evolution of the self)

케건(1982; Kegan & Lahey, 2000)은 의미형성 체계에 질적 변화가 생기는 자아의 진화적 발달과정을 제안하였다. 진정한 구성주의자인 케건은 구성주의적 사고의 근간이 되는 다섯 개의 가정을 제시하였다.

(1) 인간은 의미를 형성하는 존재이다.
(2) 이러한 의미체계는 우리의 경험을 구성한다.
(3) 이러한 의미체계는 우리의 행동을 구성한다.
(4) 전환기를 제외하고 특정한 의미체계가 우리의 사고, 감정 그리고 행동을 조직한다.
(5) 비록 개인차가 있기는 하지만 사람들이 거치는 의미형성 체계의 구조와 과정은 매우 규칙적이다. 발달은 항상 기존 의미 체계가 새로운 의미체계에 통합하는 과정을 거치는데 기존의 '전체'가 새로운 '전체'가 되는 것이다.

구성주의적 모형에 근거하여 케건은 개인이 발달하는 다섯 개의 단계를 제안하였다. 소속과 독립, 통합과 분화 간 역동적인 관계가 발달 단계마다 나타난다.

0단계, 결합적(Incorporative)

이 감각 운동기적 발달 단계에서 자아는 반사로 정의된다. 이 시기 유아는 자신과 환경을 분리된 것이 아니라 서로가 연장된 일부로 지각하는 것으로 보인다.

1단계, 충동적(Impulsive)

충동적 단계는 7세경 끝나는데 자아는 충동과 감각으로 정의된다. 전 조작기적 사고와 일치하며 문제는 현재 보이는 대로 지각된다.

2단계, 제왕적(Imperial)

제왕적 단계는 청소년기 동안 나타나며 자신이 고유하고 타인은 자신의 생각을 알 수 없다는 인식을 한다는 특징을 갖는다. 타인과는 공유하지 않는 개인적 삶이 존재한다. 또한 타인의 내적 반응을 고려할 수 있는 능력, 즉 공감능력이 존재하지 않는다(변증법적 사고의 부재).

3단계, 상호관계적(Interpersonal)

자아가 타인과의 관계 속에서 존재하는 것으로 보며 이러한 관계가 반드시 친밀한 것이 아닐 수도 있다는 것을 인식한다.

4단계, 관례적(Institutional)

관례적 단계에 있는 사람들은 자아 반영적이며 자신이 관계를 조절할 수 있다는 것을 인식한다. 형식적 조작기 사고와 일치하며 자신을 자신의 정체감을 형성하는 주도자로 본다.

5단계, 상호개인적(Interindividual)

이 단계에 있는 사람들은 타인과의 관계나 자신이 속한 체계 내에서 자신의 역할과 그 역할의 근원에 대해 인식하고 있다. 이 단계의 주된 특징은 변증법적 사고이다.

위의 인지 이론들을 통해 인지와 정서가 전반적인 삶을 통해 변화하고, 성장하고, 발달하는 중요성을 볼 수 있다. 개인은 자신의 나이나 삶의 상황과 상관없이 특정한 정서적/인지적 발단 단계에 머물 수 있다. 그러므로 내담자는 자신의 행동을 설명할 때 자신의 특정한 인지적/정서적 단계의 위치에서 이를 설명한다. 상담/치료에서 내담자를 도와주기 위해서는 내담자의 발달유형을 파악하는 것이 핵심이며 DCT를 통해 이러한 전략을 배울 수 있다.

발달에 있어서 성(Gender) 문제

여성은 남성과 상이한 발달 과정을 거친다. 이는 길리건(Gilligan)이 '다른 목소리로(In a Different Voice, 1982)'라는 그녀의 혁신적인 책에서 제안한 후 여성발달의 원칙이 되었다. 길리건은 에릭슨의 발달은 분리성에 초점을 두며 자율성, 주도성, 근면성과 같은 단어는 혼자서 성취하는 행동을 강조한다고 하였다. 길리건은 에릭슨의 조교로 일하였는데 그녀는 에릭슨의 개념이 전 생애 발달을 이해하는 데는 도움이 되었지만 여성과 남성간의 차이를 인식하는데 실패했다고 하였다.

그녀는 여성의 발달은 더 관계적이라고 하였다. 청소년기에 소녀들은 정체감과 친밀감을 형성하는 과제를 동시에 수행하며 여성들은 남성에 비해 더 관계적이며 애착을 잘 형성한다고 하였다. 실제로 문화적으로 남성에게는 더 자율적인 과제가 강조되는 반면 여성은 더 관계적 과제가 부여된다. 길리건의 이론을 근거로 한 많은 연구들에서 여성의 관계적 발달과제의 중요성이 증명되었다.

길리건(1988)은 자아에 대한 두 개의 분리된 모형을 제시하였다. 첫 번째 것은 분리적/객관적 자아로서 타인과의 관계에서 자율성을 강조하는 것이다. 이 모형은 북미

문화의 남성 발달을 대표하는 것으로 매우 독립적인 개인들 간의 관계를 강조하고 도덕성은 규율과 공평함에 근거하며 역할은 의무와 직책에 의해 결정된다.

두 번째 것은 관계적 자아로 이 자아는 타인과 상호 연관되어 있으며 배려감을 가지고 타인을 대하는 것을 말한다. 길리건은 북미 여성의 발달은 남성보다 더 어려운데 이는 관계적 자아가 더 복잡한 사고 과정을 필요로 하기 때문이라고 하였다. 그러기 때문에 발달이론은 이러한 남성과 여성간의 차이를 항상 인식해야 한다고 보았다. 또한 문화마다 관계적 자아에 대한 기준이 다르기 때문에 이를 염두에 두고 이론들을 이해해야 한다고 하였다.

여성의 전 생애 발달은 선형적이 아니라 상호 관련적이다. 여성과 남성간의 발달은 전 생애에 걸쳐 나타나며 유아기 때부터 주변 사람들에게 다르게 취급된다. 여성 이론가들은 청소년기에 대한 에릭슨의 이론에 특히 비판적인데 이는 청소년기의 소녀들은 정체감을 형성하는데 노력하지만 관계적 친밀성을 형성하는 것을 더 중요하게 취급할 수 있기 때문이다. 뉴가튼(Neugarten, 1979)은 여성의 발달은 선풍기와 같다고 했는데 한 개의 중심이 있기는 하지만 항상 여러 개의 날개를 모두 볼 수 있다고 하였다. 예를 들어 직업여성의 경우, 20대에 생산성을 이루는데 초점을 두고 30대에 친밀감을 형성하는데 신경쓰다가 40대에 이르러 다시 정체감을 형성하는데 집중할 수도 있다. 하지만 남성들도 에릭슨의 이론에서 이탈된 발달과정을 겪을 수 있다고 본다. 인생이란 고정된 선형 발달과정을 거치는 것이 아니기 때문에 에릭슨의 이론을 문자 그대로 받아들이면 오히려 문제가 야기될 수 있다.

전환기: 발달 단계 사이에는 무슨 일이 생기는가?

발달적 전환은 에릭슨의 이론에서 중요한 개념이며 전 생애에 걸친 성장을 의미한다. 낸시 슐로스베르크(Nancy Scholossberg)는 연령 말고도 다양한 방법으로 전환이 생긴다고 하였고 발달적 전환기를 여섯 개의 유형으로 나누었다(Scholossberg, 1984; Scholossberg & Kay, 2002; Scholossberg, Waters, & Goodman, 1995). 많은 사람들이 인생의 전환기에 상담에 찾아올 것이다.

선택된 전환: 졸업, 전직, 출산, 은퇴, 이동, 이혼

갑작스러운 전환: 교통사고, 아이의 사망, 회사 부도, 예기치 못한 승진, 경제적 손실

전환부재(예상했던 사건이 일어나지 않는 것): 불임, 진급실패, 학교낙제

전환보류(일어나기를 기다리는 전환): 장기간의 약혼기, 호스피스에서 죽음을 기다리는 상태, 배우자 찾기, 중요한 사람의 결정을 기다리기.

수면전환(의식하지 않는 상태에서 일어나는 전환): 사랑에 빠지기, 한때 좋아했던 일이 무료하게 되는 것. 친밀했던 관계가 식어버리는 것.

이중불행: 은퇴하면서 배우자를 잃는 것, 부모님의 병환과 자녀의 이혼.

일반적으로 상담자에게 오는 많은 내담자들은 전환 또는 전환 부재 때문에 찾아온다. 슐로스베르크(2002)의 전환기 지침서는 변화의 시기에 유용하게 사용될 수 있다. 이 지침서는 다음 네 가지에 초점을 둔다.

1) *상황:* 내담자의 이야기를 경청한 후, 전환기에 대한 그들의 사고, 감정과 의미를 조직할 수 있도록 도와준다. 일단 전환기 상황에 대한 구체적인 이야기를 들은 후, 그 상황에 관련된 어려움뿐만 아니라 이전에 성공적으로 유사한 상황을 극복한 경험에 대해 논의하고, 성공적 전환을 위한 목표를 세우도록 돕는다. 이때 문화에 적합한 목적을 세우는 것이 중요하다. 한 가지 기억할 것은 모든 전환 또는 전환의 부재가 해결될 수 있는 것이 아니라는 것이다. 이러한 경우, 내담자가 그 상황을 수용할 수 있도록 돕는 것이 중요하다.
2) *자아:* 내담자가 그 상황에 어떤 영향을 주는가? 내담자의 능력, 적응력, 자아 인식의 정도는 어느 정도인가? 얼마나 긍정적인가? 그 상황에 대해 어느 정도의 통제감을 느끼는가? 기대가 현실적인가?
3) *지지:* 많은 경우 내담자들은 혼자 전환기를 겪는다고 생각한다. 전환기 이론은 가족, 친구 그리고 친지들의 지지 또는 지지의 부재를 인식할 수 있도록 돕는다. 또한 내담자가 타인으로부터 얼마나 애정이나 도움 또는 비판을 용이하게 수용하는지, 특별한 관심사가 있는지, 여가시간에는 무엇을 하는지, 종교적 믿음이 있는지와 같은 것을 알아볼 수 있다.
4) *전략:* 전환기에 도움이 되는 많은 상담 기법들이 있지만 자기 주장법, 조언 및 피드백 수용법, 협상법과 같은 기법들을 고려해 볼 수 있다.

위의 네 가지에 대해 상담사/치료사와 내담자가 이해하면 미래를 위한 계획을 세우

고 전략을 짜는데 도움을 제공할 수 있을 것이다.

자아성찰 발달 상담: 전 생애 이론을 일상에서 실습

자아성찰 발달 상담(Introspective Developmental Counseling: IDC)은 면담을 통해 개인의 발달사를 상세하게 알아볼 수 있는 체계적인 틀을 제공한다. 이 접근은 일본의 내관법, 에릭슨의 이론, DCT이론을 근거로 타마세(1989, 1998)가 개발하였다. 타마세는 내담자의 성격 유형과 행동적 기질은 개인 삶의 발달사에 근거한다고 보았다. IDC의 목적은 과거 경험이 어떻게 현재 삶에서 반복되는지를 발견함으로써 이를 이용하여 내담자가 의식적으로 더 건강해질 수 있도록 돕는 것이다.

타인에 대한 우리의 기본적인 애착, 자아감은 생의 초기에 근거한 관계속의 자아에 근거한다. 우리 자신이나 타인에 대한 자존감은 삶의 초기 경험으로부터 나온다. IDC는 다음과 같은 네 개의 매우 구조화된 사고로 나뉘어 구성되어 있다: 탄생에서 학령전기, 초등학교 시기, 중 고등학교 시기, 근접 과거와 미래. 이 시기들은 에릭슨의 발달단계와 일치하며 동양 문화와 서구 문화에서 공통적으로 보이는 주요 발달단계들이다. IDC의 구조화된 면담은 내담자가 자신의 발달에 대해 학습할 수 있는 기회를 제공한다. 이 면담의 목적은 개인이 자신의 발달사를 이해하여 현재 삶을 보다 잘 이해할 수 있도록 하는 것이다. 즉 과거에 대한 인지적/정서적 인식을 통해 현재에 대한 통찰을 돕는 것이다.

IDC 과정은 일련의 질문과정을 통한 치료적 방법의 중요성을 강조한다. 그러나 이 기법은 전통적인 정신분석 방법이나 다른 정신역동 이론과 상이하다. 정신분석에서는 현재 제시된 문제에서 시작하여 이와 관련된 과거 경험을 찾는 것에 비해 타마세의 IDC 기법에서는 우리의 인지적, 정서적 발달을 삶의 사건에 대한 자연적인 조직 과정으로 본다. 이 기법을 통하여 내담자는 자신에 대한 새로운 지식을 획득하고 타인과의 관계를 더 긍정적이고 발달적인 시각으로 바라볼 수 있을 것이다.

IDC는 초보 상담자를 위한 훈련과정의 일부로 1시간씩 4회에 걸쳐 이루어진다. 둘씩 짝을 지어 각 발달단계에 대한 일련의 질문을 하는데 이 과정이 자신을 돌아보는데 매우 효과적으로 나타났다. 그 후, 이를 상담/치료현장에서 내담자에게 확장 적용하였다. 다음의 일련의 질문들은 내담자들이 발달적 과거의 영향이 현재에 어떤 영향을 미치는지에 대한 이해를 돕기 위한 것들이다.

IDC 질문 (탄생에서 학령전기까지)

1. 가족에 대해 얘기해 주시기 바랍니다. 학교에 입학하기 전에 누구와 가장 친했나요?
   이 시기에 당신의 가족에게 일어난 중요한 사건이 있나요?
2. 당신이 태어날 때 어떠했는지 부모님이나 가족에게서 들은 것이 있나요?
3. 당신이 기억하는 가장 오래된 일은 무엇 인가요?
4. 유치원에 들어가기 전, 가장 인상적인 일은 무엇인가요?
5. 유치원에 다니면서 당신의 어머니를 가장 힘들게 한 행동은 무엇이었나요?
6. 유치원 시기에 부모님에 대해 어떤 느낌을 가지고 있었나요?
7. 이 시기에 형제들과 갈등이 있었나요?
8. 이 시기에 당신을 매우 기쁘게 만들었거나 매우 두렵게 만든 사건이 있었나요?
9. 이 시기에 당신에게 일어난 가장 좋은 일은 무엇입니까?
10. 이 시기의 행동 패턴 중 현재까지도 지속되는 것이 있나요?

마지막 질문은 과거 경험이 현재 당신의 행동, 사고와 감정에 어떤 영향을 주는지 돌아 볼 수 있도록 도와주는 질문이다. 만약 상담자가 이미 내담자와 신뢰적 관계를 형성했다면 마지막 질문에 이르기 전에 초기 경험의 영향에 대해 내담자가 이미 생각하고 있다는 것을 발견할 수 있을 것이다. 타마세는 감정의 반영, 바꾸어 말하기 그리고 요약과 같은 기본적인 경청 기술을 강조하였다. 내관적 상담은 내담자의 개인사에 대한 해석을 하지 않고 내담자가 자신의 삶에 대해 스스로 의미를 부여할 수 있도록 돕는다. 이것이 정신분석과 IDC의 가장 큰 차이다.

타마세가 제시한 첫 번째 질문은 가족이라는 사회적 맥락을 탐색하기 위한 질문이다. 그 이후 질문들은 학령전기시기와 관련된 감각 운동기적 질문들이며 에릭슨의 신뢰성 대 불신감, 자율성 대 수치감과 같은 주제를 다루는 것이다. 또한 이 시기에 속한 질문들은 일정한 규칙을 가지고 조직된 것이 아니다. 그러나 상담자가 지속적으로 내담자의 반응을 재언해 주고 요약해 줌으로써 내담자 스스로가 과거 발달적 경험이 현재에 미치는 영향을 발견할 수 있도록 한다.

이 책의 부록 1에 네 개의 발달단계에 대한 일련의 질문들이 제시되어 있다. 초등학교시기에 대한 질문은 유능감과 관련이 있으며 중 · 고등학교에 대한 것은 친구와 가족 그리고 학업성취에 관한 것이다. 마지막 단계는 현재의 직업과 개인의 적응, 가족과 친구간의 관계 그리고 현재 대면하고 있는 문제들과 같은 근접 과거와, 현재 그리고 미래에 관한 것이다. 에릭슨, 페리, 케건 그리고 슐로스베르크의 개념이 내관적 상담 이론에 모두 포함되어 있다.

체계적 삶의 회고를 진행할 때 긍정적 시각을 유지하는 것이 중요하다. "이 시기에 당신에게 일어난 가장 좋은 일(긍정적인 사건)은 무엇입니까?"와 같은 질문이 중요하다. 발달적 상담에서는 문제만 보는 것이 아니라 강점과 장점을 함께 보아야 한다. 이를 통해 내담자는 어려움에 부딪쳤을 때 해결책을 얻을 수 있다. 내관적 상담에서 상담자가 지속적으로 내담자의 긍정적 측면에 주의를 기울이면 내담자가 많은 도움을 얻을 수 있다.

IDC를 분석한 결과, 거의 모든 초보 상담사들이 형식적 조작기, 즉 자신의 삶에서 반복되는 패턴을 인식할 수 있었다. 이러한 결과가 발달 단계에 대한 체계적 질문의 결과인지 아니면 이미 추상적인 단계에 있는 사람들의 능력을 반영하는지에 대한 질문을 제기할 수 있다. 경험에 비추어 보아, 이러한 순차적 발달적 질문이 구체적 내담자들을 추상적으로 생각하도록 돕는다고 보고 있다. 여기서 중요한 것은 상담사가 체계적인 기법으로 논리적인 인지적/정서적 질문을 진행하는 것이다.

타마세는 초기 발달단계에 대한 질문과정에서 강한 감정과 심상들이 떠오른다는 것을 관찰하였다. 예상했던 것처럼 내담자들은 초등학교 경험에 대해서는 더 구체적으로 얘기했으며 중,고등학교시기에 대해서는 형식적 유형으로 얘기하는 경향이 있었다. 마지막 단계에 대한 질문들에 대해서는 변증법적 사고를 보이면서 자신의 삶에 나타나는 패턴을 고려하면서 이것이 현재에 어떤 영향을 미치는지 고려해 보는 경향을 보였다.

다음은 IDC 과정을 경험한 내담자의 반응이다(Tamase, 1988, pp.14-15).

> 이 과정은 이미 삼년간의 개인적 심리치료를 경험한 나에게 매우 유용하였다. 일정한 시기에 집중하는 것이 특별히 유용했으며 이를 통해 내 삶의 시작에서부터 현재까지의 발달적 변화를 볼 수 있었다.
> 이 기법을 통해 각 회기마다 떠오르는 상이한 감정들에 놀랐다. 첫 번째와 세 번째 회기는 좋았지만 두 번째 회기는 나에게 매우 부정적인 감정이 올라왔다. 그 이전에는 나의 아동기에 대해 전반적으로 좋은 느낌을 가지고 있었지만 특정 시기에 따라 나의 감정이 이렇게 다른지는 몰랐다.

IDC 기법은 내담자들의 자아의식과 자기 효능감을 고취시킨다. 이 기법에 대한 연구결과, 일련의 질문 체계를 통해 내담자들이 자신의 세계관을 확장하고 다양한 입장을 고려할 수 있게 됨을 볼 수 있다(Tamase & Rigazio-DiGilio, 1997). 이 결과의 중요성은 면담시 체계적 질문은 내담자들이 보다 복잡한 사고를 할 수 있게 도와줄 수 있다는 것이다. 타마세와 후크다(Fukuda, 1999)는 대학생들이 자신의 삶을 회고 할 때 형식적 조작유형을 사용하면 비논리적인 생각을 덜 한다고 보고하고 있다.

이제 당신도 앞에 제시되었던 인생 초기에 대한 타마세의 질문들에 대해 생각해 보기 바란다. 앞에서 제시한 1~9번째 질문을 읽으면서 떠오르는 몇 개의 단어를 써보기 바란다.

1.____________________

2.____________________

3.____________________

4.____________________

5.____________________

6.____________________

7.____________________

8.____________________

9.____________________

당신이 쓴 것을 보고 만약 구체적인 사례가 있다면 이를 써 넣기 바란다. 그 후, 삶의 초기 패턴이 현재 삶에 나타나는 것은 어떤 것이 있는가? 당신의 과거가 현재에 영향을 주는가? 과거의 사건이 현재 당신의 웰니스에 영향을 주는 것은 어떤 것이 있는가?

10.____________________

IDC는 전 생애 회고가 체계적으로 조직될 수 있는 예를 제시한다. 타마세는 자신의 이론을 치료적일 수는 있지만 심리치료라고 보지는 않았다. 그는 자신의 방법은 삶을 회고하는 방법을 제시한다고 보고 더 깊은 분석은 개인상담이나 집단 상담을 통해 해야 한다고 보았다. 그러므로 내관적 기법은 상담의 일부분으로서 활용될 수 있다. 예를 들면 자기주장을 못하는 것이 과거에서부터 반복되는 패턴이라는 것을 인식한 내담자의 경우, 인지 이해만으로는 부족하다. 구체적인 자기주장 훈련을 통해 인지적 통찰이 구체적인 행동을 옮겨질 수 있도록 도와주어야 한다. 그런 다음 인지 행동적 방법을 통해 비논리적 형식적 사고를 논박해야 한다.

타마세의 질문은 DCT의 체계적 질문을 통해 더 깊게 탐색할 수 있다. 4세션에 걸친 상담에 가족사와 발달적 위기를 포함시키면 체계적 치료 프로그램으로 발전할 수 있다. 예를 들면 자신의 가족에 의한 영향을 인식하게 되면 가족치료를 통해 이에 대한 작업을 더 깊게 할 수 있으며 이 과정에서 자신의 강점도 찾아낼 수 있다.

요약

애착이론은 상담/치료를 이해할 수 있는 새로운 방법을 제시한다.

볼비의 이론과 관련된 대부분의 이론은 아동기 발달에 집중되어 있으나 이 시기에 형성된 패턴은 전 생애동안 영향을 준다는 것이다. 내담자가 상담 중 보이는 행동을 통해 타인과 어떻게 상호작용 하는지 어느 정도는 알 수 있다.

자아에 대한 보다 광범위한 개념은 맥락속의 자아(self-in-context), 관계속의 자아, 관계속의 존재, 지역사회로서의 개인을 포함한다.

맥락속의 자아는 가족, 지역사회 그리고 다양한 문화적 집단과 관련이 되어 있다. 이를 인식하게 되면 당신의 면담 유형은 변할 것이다. 내담자는 고정된 자아가 아니라 환경적 사건에 반응하여 변한다.

에릭슨의 전 생애 이론은 기본적인 틀을 제공한다. 우리의 발달과제는 인생을 살아가면서 변화한다.

발달 문제는 과거 중요한 과제를 얼마나 잘 수행했는가에 따라서 영향을 받는다. 나이와 관련된 주제들이 문제의 핵심을 이루지만 대부분의 상담/치료이론에서는 충분히 논의되지 않는다. 에릭슨이 처음으로 인간발달에서 문화적 요인을 다루었으나 더 깊은 다문화적 요소를 강조하지는 못했다. 또한 인간발달은 항상 에릭슨의 선형적 이론을 따르지 않는다는 것을 인식해야 한다.

콜버그, 로빙거, 케건 그리고 DCT가 제안한 인지적/정서적 발달이론들은 모두 피아제의 이론에서 나왔다.

이 모든 이론들은 우리의 작업과 내담자의 인지적/정서적 유형과를 일치시키는 데에 대한 지지를 제공한다.

길리건과 뉴가튼의 연구들을 통해 전 생애 발달을 고려할 때 항상 성(Gender) 이슈를 잊어서는 안 된다.

전환기 이론에 의하면 가장 어려운 발달과제는 전환기에 일어난다고 한다.

슐로스베르크는 이러한 시기에는 상황을 분석하고 이해하며 자신에 대해 돌아보면서 주변 도움을 받아들여 내담자가 활용할 수 있는 계획을 세울 수 있도록 도와야 한다고 했다.

타마세의 IDC는 전 생애 이론을 상담 및 임상에 적용할 수 있도록 도와준다.

그는 출생에서부터 현재까지 네 개의 단계별 면담을 통해 내담자가 타인과 어떤 관계를 맺고 있으며 자존감(self-esteem)과 타존감(other-esteem)이 타인과의 생의 초기에 형성된 애착에서부터 나온다는 것을 인식할 수 있다.

이론의 적용 : 상담역량의 확장

자기-평가 연습

연습 1: 에릭슨의 8단계

에릭슨의 8단계에 당신의 삶을 비추어 보고 각 단계에 대한 자신의 경험을 생각해 보라. 또 그러한 경험이 현재 당신에게 어떤 영향을 준다고 생각하는가?

0–2세 : 신뢰성 대 불신감

____

____

2-4세 : 자율성 대 수치감/ 회의감

4- 7세 : 주도성 대 죄책감

7-12세 : 근면성 대 열등감

12-19세 : 정체성 대 역할혼미

19-30세 : 친밀성 대 고립감

30-60세 : 생산성 대 침체감

60 이상 : 통합성 대 절망감

연습 2: 전환기의 경험

때론 에릭슨의 이론보다 전환기 이론이 당신에게 더 적합할 수 있다. 슐로스베르크가 제안한 선택된 전환, 갑작스러운 전환, 전환 부재, 전환 보류, 수면 전환, 이중 불행에 대해 생각, 기술, 평가해 보고, 그 당시 당신에게 도움이 되었던 사람이나 상황을 회상해 보며, 그 때 그 상황을 극복하기 위해 사용했던 당신의 전략은 무엇이었는지 생각해 보라.

- 선택된 전환: 학교 졸업, 전업, 임신, 퇴직, 이사, 이혼
- 갑작스런 전환: 자동차 사고, 아이의 죽음, 공장 폐쇄, 기대하지 않은 임금 인상이나 파격적인 승진, 주정부에 의한 가난한 엄마들을 위한 복지 정책에 대한 지원 감축
- 전환부재(일어나기를 기대했지만 일어나지 않았을 때): 부부 불임, 승진이나 임금인사의 좌절, 출가하지 않는 아이
- 전환 보류(일어나기를 기다리는 전환): 오래된 약혼, 호스피스에서 기다리는 죽음, 함께할 "적임자"를 기다리는 일, 관건이 되는 결정을 할 중요한 사람을 기다리는 일.
- 수면전환(의식하지 않은 상태에서 일어나는 전환): 살이 찌거나 빠지는 일, 사랑에 빠지는 일, 좋아했던 일이 지겨워 지는 것, 점차적으로 관계에 싫증나는 것: 이웃, 병에 걸리거나 약물과다
- 이중 불행: 은퇴와 배우자의 죽음; 임신과 수입의 감소; 아픈 부모님을 돌보고 있을 때 자녀가 이혼해서 집으로 돌아오는 것; 겨울에 화재로 집을 잃었는데 복지 사무소에서 본인의 기록을 찾지 못할 때

상황묘사 :

____

____

____

____

자아평가 :

____

____

____

___

지지체계 :

___

___

___

___

대처전략 :

___

___

___

___

규명과 분류화 연습

연습 3: 관계속의 자아, 자존감, 지역사회 속에서의 자아 그리고 타존감

자신의 경험에 대해 이야기 하는 내담자와 관련해서 다른 관점으로 다음 항목들을 확인하라. SIR(관계속의 자아), SE(자존감), OE(타존감) 중에 동그라미를 쳐라(이 연습문제에 대한 해답은 이 장의 참고문헌 뒷 부분에 있다).

SIR SE OE 1. 난 내 삶에서 내가 성취한 것들에 대해 자부심을 갖고 있다.

SIR SE OE 2. 현재의 나는 부모님에 의해 만들어졌고, 난 그들의 본보기에 의해서 만들어질 수 있었다.

SIR SE OE 3. 난 내 부모님이 자랑스럽다.

SIR SE OE 4. 우리는 다른 사람들과 함께 만들어지는 것이다.

SIR SE OE 5. 난 모든 것을 내 스스로 해왔다.

SIR SE OE 6. 타인들은 세상을 위해 많은 일을 한다.

SIR SE OE 7. 난 불행 속에서 성장하고 발달해 왔다.

SIR SE OE 8. 나와 다른 가치관을 갖고 있는 사람들은 내가 성장할 수 있는 기회를 준다.

SIR SE OE 9. 내 문화보다는 다른 문화가 더 많은 것을 제공한다.

다음 항목에서는 자존감 부족(LSE)이나 타존감 부족(LOE)을 구분하라.

LSE LOE 10. 난 내 자신이 불만족스럽다

LSE LOE 11. 난 남자(여자)가 싫다.

LSE LOE 12. 가끔 나는 다른 사람과 같은 생각을 하지 않는다.

LSE LOE 13. 솔직히, 난 내 주위의 다른 사람보다 내가 낫다고 생각한다.

LSE LOE 14. 나와 색이 다른 사람들은 나보다 덜 떨어졌다.

LSE LOE 15. 나의 인종/민족적 배경은 내가 성공하는데 있어서 결정적인 문제가 된다.

다문화 능력향상을 위한 연습

연습 4. 발달과 전환에 있어 성 및 문화와 관련된 이슈들

남자와 여자의 차이점에 대해 특별한 관심을 두는 동안 앞에서 했던 발달상의 전환에 대한 연습을 다시 하고 싶었을 것이다. 한 사람의 다문화적 배경이 전 생애 발달과 전환의 방향에 얼마나 영향을 미치는지 고려해보라.

연습 5. 전환에 있어서의 변수

여자와 남자에게 영향을 다르게 미치는 삶의 이슈와, 상담이나 치료를 받으러 왔을 때 다른 문화적 배경에 따라 달라지는 삶의 문제에 대한 예를 목록화 하라.

선택된 전환______________________________

갑작스런 전환______________________________

전환 부재(예기치 않은)________________________

전환 보류(일어날 수 있는)______________________

수면 전환(의식하지 않은)______________________

이중 불행______________________________

면담 실습 연습

연습 6. IDC에 대한 집단 실습

이 실습 세션에서는 상담/치료의 윤리적 지침에 따르고 자신의 학급이나 워크숍에서의 실습의 비밀보장을 확실히 해야 한다.

1단계 : 집단 나누기

시작하기전에 비형식적으로 서로 친근해 질 수 있는 기회를 갖는다.

2단계: 집단 리더 뽑기

집단 리더의 역할은 집단원들이 연습과정에서 구체적인 절차를 따르도록 확실히 하는 것이다. 경험이 적은 집단 구성원을 먼저 리더로서 활동하게 하는 것이 도움이 된다.

3단계: 실습 세션을 위해 역할 정하기

- **내담자.** 내담자의 역할은 타마세의 개요에 따른 삶의 네 구분 중 하나에 대해 자유롭게 이야기 하는 것이다.
- **면담자.** 면담자는 타마세에 의해 제공된 구체적인 질문을 하는 것이다. 수시로 볼 수 있도록 질문이 적힌 종이를 무릎에 놓고 하도록 해라. 상담자의 일은 반응을 유도하는 것이다. 경청하는 기술을 자주 사용하는 것을 잊지 말고 바꾸어 말하기, 감정반영, 요약을 통해 내담자가 정보를 정리하는데 도움을 주도록 해라.
- **관찰자 1과 2.** 관찰자는 각 내담자의 반응에 대한 핵심을 적도록 하고 그 반응을 구체적인지 추상적인지 분류하도록 한다.

4단계: 세션 계획하기

면담자와 내담자는 타마세의 IDC 모델의 구체적인 단계에 대해 먼저 서로 합의하고 있어야 한다. 두 명의 관찰자는 피드백 양식(양식 2-1)을 고찰할 수 있다. 면담자는 반드시 타마세의 질문 순서를 따를 필요는 없다. 각 개인은 다르고 능숙한 면담자는 내담자로 하여금 자신의 문제에 대해 적절한 발달 유형에 맞게 얘기할 수 있도록 도와주기 위해 자연스럽게 추가적인 질문과 중재를 할 수 있다.

5단계: 면담하기(30분간)

연습 시 녹화나 녹음이 도움이 될 것이다.

6단계: 즉시적인 피드백 제공, 노트 완성하기(5분간)

내담자가 면담자에게 즉각적인 개인적 반응을 할 수 있는 시간을 줘라. 이때 관찰자는 참가자가 통제할 수 있도록 놔두고 실습을 끝내야 한다.

7단계: 실습 세션의 검토, 피드백제공하기(15-30분간)

면담자는 질문을 받지 않고 질문한다기 보다는 피드백을 얻기 위해 질문하는 사람이 되어야 한다. 관찰자는 다음 페이지에 있는 피드백 양식에 따라 관찰한 것과 연습이 진행됨에 따른 관찰물을 공유할 수 있다. 자신의 판단이 들어간 피드백은 피해라.

연습 7. 에릭슨 단계를 사용한 집단 역할 실습하기

에릭슨의 전 생애 단계를 재검토하기 위해 위의 1-7단계 절차를 이용한다.

연습 8. 전환기 이슈에 대한 집단 면담 실습하기

다시 한 번 위와 같은 1-7단계 절차를 이용한다. 하지만 이번엔 전통적인 삶의 단계를 통한 전환에 따른 충격과 발달상의 전환에 대해 중점을 둔다. 상황, 자아, 지지와 전략을 고려한다.

양식 2-1 IDC 면담

피드백 용지

내담자의 현재 발달 상태(하나만 체크)

____ 탄생에서 학령전기
____ 초등학교시기
____ 중 · 고등학교 시기
____ 근접과거와 현재, 미래

발달유형의 지도화	IDC 단계의 질문은 10~12종류이다(부록1 참조). 각각의 질문은 그 단계에 관련되어 있고 내담자가 말하는 것의 주요 관점을 요약한다. 상담자의 질문에 대한 내담자의 반응에 따라 내담자의 인지적/정서적 유형을 체크하라.

IDC 질문 1. 내담자가 표현하는 중점적인 사고/감정:

____

____

구체적/추상적

IDC 질문 2. 내담자가 표현하는 중점적인 사고/감정:

____

____

구체적/추상적

(IDC 질문을 계속하고 기록한다)

내담자가 삶의 단계에 대해 얘기 할 때 사용한 유형이 인지적/정서적인 것 중 어느 것인가? 대부분 내담자가 탄생에서 학령전기시기에 대해 얘기 할 때는 초기 감각운동 유형을 사용하고, 초등학교시기는 구체적 유형으로, 중/고등학교 시기는 후기 구체적 유형 또는 전기 형식적 유형을 사용한다. 현재 삶의 패턴에 대해서는 종종 형식적 유형을 사용하다가 가끔 후기 형식적 변증법적(체계적) 유형을 사용한다.

패턴유형 분석 : 이 내담자의 현재 경험에 있어서 예전 삶에서부터 지속적으로 나타나는 패턴유형은 무엇인가?

____

____

면담자가 제대로 한 것이 무엇인가?

____

____

장차 면담자가 자신의 일을 하는데 있어서 어떤 것을 추가 했으면 좋겠는가?

____

____

일반화 : 전 생애 발달의 적용

연습 9. 일상생활에서 개인과의 실습과 관찰

이 단원의 개념을 확실히 하기 위해 다음의 개념을 하나 또는 그 이상 적용해보라.

- 전 생애에 있어서 다른 단계에 있는 개인을 관찰하라. 아동(또는 청소년, 성인)에 있어 신뢰감과 불신감, 자율성과 수치감 또는 회의감 등의 이슈를 통해 작업하는 뚜렷한 예시를 들 수 있는가?
- 당신 주위의 사람들이 당면하고 있는 전환기의 문제를 기록해라. 아마도 아동(또는 청소년, 성인)의 모두가 끊임없이 전환기의 문제에 당면하고 있다는 것을 알 수 있을 것이다.
- 전문적인 상담사/치료사와 이야기를 해라. 그들이 자신의 실전에 있어서 일상적으로 발달적인 개념을 사용하고 있는가? 대부분이 사례개념화에서는 사용하지만 상담에 직접적으로 적용하지는 않는다. 이들 상담사/치료사들은 발달상담/치료의 개념에 어떻게 반응하고 있는가?
- 삶의 도전과 관련해서 그들 자신에 대해 어떻게 사람들이 이야기하는지 적어라. 당신은 강점과 어려움에 초점을 두고 듣고 있는가?

연습 10. 면담

지금-현재의 상담에 생의 발달 이론에 대한 자신의 지식을 적용해라.

- 정기적인 연습에서 보충으로 타마세의 네 단계의 면담을 통해 내담자를 대해라. 내담자에게 당신의 목적을 알리고 30~50분의 면담을 마친 후 각 단계에 있어서의 효과에 대해 토론해라.
- 자기 자신의 질문을 도출하고 에릭슨의 체계를 적절히 내담자에게 적용하도록 한다. 당신은 무엇을 관찰했고 그들은 무엇을 배웠는가? 내담자들은 그들 현재의 삶의 방식과 관련된 행동패턴을 발견할 수 있었는가?

내담자가 발달적 전환기에 집중하도록 돕는다. 당신은 무엇을 배웠고 내담자는 무엇을 알아냈는가? 얼마나 많은 내담자들이 발달단계의 전환기에 있고 일생에 있어서 얼마나 많이 의도하지 않은 일들이 일어날 수 있는가?

포트폴리오 반영

연습 11. 전 생애 발달 돌아보기

이 단원에서 무엇이 눈에 띄었는가? 방금 자신이 읽은 것에서 어떤 감각이 생겼는가? 당신의 연습에 전 생애 이론을 어떻게 적용할 것인가? 여기 포트폴리오 폴더에 자신의 생각을 기록해라.

____

____

____

____

____

____

참고문헌

Ainsworth, M. (1978). *Patterns of attachment.* Mahwah, NJ: Erlbaum.

Baker Miller, J., Stiver, I., & Hooks, T. (Eds.). (1998). *The healing connection: Women in relationships in therapy and life.* Boston: Beacon.

Bowlby, J. (1969). *Attachment.* New York: Basic Books.

Bowlby, J. (1973). *Separation.* New York: Basic Books.

Bowlby, J. (1990). *A secure base.* New York: Basic Books.

Cassidy, J., & Shaver, P., & Main, M. (1999). *Handbook of attachment.* New York: Guilford.

Erikson, E. (1963). *Childhood and society* (2nd ed.). New York: Norton.

Erikson, E. (1994). *Identity and the life cycle.* New York: Norton.

Gilligan, C. (1982). *In a different voice.* Cambridge, MA: Harvard University Press.

Gilligan, C. (2002). *The birth of pleasure.* New York: Knopf.

Gilligan, C., Ward, J., & Taylor, J. (1988). *Mapping the moral domain.* Cambridge, MA: Harvard University Press.

Hwang, P. (2000). *Other esteem: Meaningful life in a multicultural society.* Philadelphia: Accelerated Press.

Kegan, R. (1982). *The evolving self.* Cambridge, MA: Harvard University Press.

Kegan, R., & Lahey, L. (2000). *How the way we talk can change the way we work.* San Francisco: Jossey-Bass.

Kohlberg, L. (1981). *The philosophy of moral development.* San Francisco: Harper & Row.

Loevinger, J. (1976). *Ego development: Conceptions and theories.* San Francisco: Jossey-Bass.

Loevinger, J. (Ed.) (1998). *Technical foundations for measuring ego development.* Mahwah, NJ: Erlbaum.

Mahler, M. (2000). *The psychological birth of the human infant.* New York: Basic Books.

Maslow, A. (1993). *The farther reaches of human nature.* New York: Viking. (Original work published 1954) (Currently available through Arkana Publishers, New York)

Neugarten, B. (1979). Time, age, and the life cycle. *American Journal of Psychiatry,* 136, 887–894.

Ogbonnya, O. (1994). Person as community: An African understanding of the person as an intrapsychic community. *Journal of Black Psychology,* 20, 75–87.

Perry, W. (1970). *Forms of intellestual and ethical development in the college years.* New York: Holt, Rinehart, and Winston.

Piaget, J. (1955). *The Language and thought of the child.* New York: New American Library. (Original work published 1923)

Piaget, J. (1963). *The origins of intelligence in children.* Ner York: Norton. (Original work published 1952)

Piaget, J. (1965). *The moral judgement of the child.* Ner York: Norton.

Schaffer, H. R. (1996). *Social development.* Oxford, UK: Blackwell.

Schlossberg, N. K. (1984). *Counseling adults in transition.* Ner York: Pantheon.

Schlossberg, N. K., & Kay, S. (2002). *The transition guide: A new way to think about change.* Washington, DC: Transition Works, www.transitionguide.com

Schlossberg, N. K., & Waters, E., & Goodman, J. (1995). *Counseling adults in transition: Linking practice with theory.* New York: Springer.

Sue, D. W., Ivey, A., & Pedersen, P. (Eds.). (1996). *A theory of multicultural counseling and therapy.* Pacific Grove: CA: Brooks/Cole.

Tamase, K. (1988). *Introspective-developmental counseling.* Unpublished manuscript.

Tamase, K. (1989). Introspective developmental counseling. *Bulletin of Nara University of Education,* 38, 166-177.

Tamase, K. (1993, October). *The effect of the introspective-developmental interview on career consciousness.* Presentation to the 35th Annual Conference of the Japanese Association of Educational Psychology, Nagoya.

Tamase, K. (1998). Introspective-developmental counseling. *L'esprit d'aujourd'hui,* 12, 78-86.

Tamase, K., & Fukuda, I. (1999). The relationship between cognitive-developmental orientation and irrational beliefs of college students. *Bulletin of Nara University of Education, 48,* 161-172.

Tamase, K., & Rigazio-DiGilio, S. (1997). Expanding client worldviews: Investigating developmental counseling and therapy assumptions. *International Journal for the Advancement of Counseling,* 19, 220-247.

Welwood, J. (2002). *Toward a psychology of awakenong: Buddhism, psychotherapy, and the path of personal and spiritual transformation.* Boston: Shambhala.

Winnicott, D. (1987). *Babies and their mothers. Reading,* MA: Assison-Wesley.

연습 3의 답

1. SE 2. SIR 3. OE 4. SIR 5. SE 6. OE 7. SE 8. SIR 9. OE
10. LSE 11. LSE 12. LSE 13. LOE 14. LOE 15. LSE

제2부

발달상담을 위한 기술 및 전략

제3장 : 발달 유형 평가

본 장의 실습 목적

본 장에 제시된 개념과 실제를 익힘으로써 내담자들의 DCT의 네 가지 유형을 평가할 수 있을 것이다.

내담자의 세계관에 대한 공감적인 이해는 모든 상담/치료의 기본이다. 본 장에서는 이를 더 정확하게 할 수 있는 방법을 제시할 것이다. DCT는 내담자의 의미 형성 유형을 평가할 수 있는 방법을 제공한다. 이러한 지식을 바탕으로 하여 상담사/치료사는 내담자의 이야기 유형에 자신을 맞추어 내담자가 발달적 과제를 보다 유능하게 수행할 수 있도록 도와줄 수 있으며 때로는 내담자와 다른 유형을 사용하여 내담자가 자신의 세계관을 확장시킬 수 있도록 자극할 수도 있다.

본 장에서는 내담자의 네 가지 인지적/정서적 유형에 대한 자세한 설명을 제공할 것이다. 네 가지 유형 중 두 개는 구체적 유형이고 나머지 두 개는 추상적 유형이다. 네 가지 유형은 세상을 이해하는 독특한 양식을 반영하며 어느 한 가지가 더 우월한 것은 아니다. DCT는 삶의 변화에 적응할 수 있도록 자신의 반응 양식을 확장하도록 돕는 것을 강조하며 가능성을 확대한다.

본 장에서 제시되는 지식과 개념에 대한 기술을 익힘으로써 :

1. 발달평가의 목적과 가치에 대해 논할 수 있다
2. 내담자를 네 개의 주요 인지적/정서적 유형으로 평가할 수 있다.
3. DCT를 우울증 증세를 보이는 내담자에게 적용할 수 있다.
4. 피아제이론과 DCT이론의 관계를 이해할 수 있다.
5. 플라톤의 동굴의 우화를 피아제의 이론과 DCT의 이론에 비추어 볼 수 있다.
6. 반영적이고 실제적인 연습을 통해 DCT이론을 실제에 적용할 수 있다.

서론 : 발달 평가(Developmental Assessment)

내담자마다 세상을 이해하고 이에 의미를 부여하는 방법이 상이하다. 상담사/치료사의 공감적 과제는 세상을 내담자의 눈으로 보는 것이며 DCT는 이러한 공감적 이해를 정확하게 할 수 있는 방법을 제시한다. DCT는 효과적인 공감을 하기 위해 인지적/정서적 평가를 하는 것이 효과적이라고 본다. 대부분의 사람들은 본인이 선호하는 인지적/정서적 유형이 있으며 이러한 내담자의 유형에 상담자가 맞추는 것을 '정확한 공감'이라고 한다. 예를 들어, 만약 내담자가 자신의 이야기를 구체적으로 하는 경우, 구체적 전략을 이용하여 내담자가 자신의 이야기를 충분하게 할 수 있도록 도와주며 추상적인 방식을 선호하면 이 방식을 이용하여 도와주는 것이다.

상담이 어느 정도 진행 되면 내담자가 다른 시각으로 문제를 지각할 수 있도록 '상충'기법을 적용할 수 있다. 구체적 유형에 익숙한 내담자의 경우 형식적, 추상적 기법을 통해 관점을 확장하도록 도와줄 수 있고 추상적인 유형의 내담자라면 감각 운동적 또는 구체적 기법을 통해 내담자가 속한 상황을 좀 더 완전하게 볼 수 있도록 도울 수 있다.

본 장에서 논의될 구조화된 발달 평가는 내담자가 특정한 문제에 대해 갖고 있는 발달적 장애를 찾아내는 것이 목적이다. 예를 들어 얼마 전 어머니를 잃은 내담자가 어머니와 함께 보낸 시간들에 대해 자세한 설명을 할 수 있고(구체적), 전화할 때 마다 어머니에게 재정적 물질적으로 도움을 받았으며(형식적), 어머니와의 관계가 어떤 측면에서 다른 가족과의 관계와 유사하거나 상이한지 설명해 줄 수 있지만(변증법적), 내담자가 어머니를 상실한 것에 대한 감정을 표현하지 못할 수 있다(감각 운동적 장애). 이처럼 감정과 언어적 표현 간의 분리를 '장애(block)'라고 한다.

발달 평가 과정은 다음과 같은 많은 임상 내담자 및 상담 내담자에게 그 실효성이 검증 되었다: 아동과, 성인, 정상적인 문제를 가지고 있는 가족, 광장공포증 내담자, 남성동성애자, 깊은 분석을 요하는 입원 내담자(Hoffman, 1991; Ivey & Ivey, 1990; Goncalves, Ivey & Langdell, 1988; Kenney & Law, 1991; Marszalek, 1999; Marszalek & Cashwell, 1998; Myers, Schoffner, & Briggs, 2002; Rigazio-DiGilio, 1989; Strehor, 1999). 이러한 연구들을 통해 상담자들이 내담자의 인지적/정서적 유형을 찾아내어 이를 이용하면 내담자의 치료 과정을 도울 수 있다는 것을 보여준다.

내담자가 선호하는 발달유형을 찾아내고 발달 장애를 인식하게 되면, 효과적인 상담/치료를 하는데 필요한 계획을 짤 수 있다. DCT를 통하여 상담사/치료사는 치료 계획과 방법을 의도적으로 계획할 수 있으며 이러한 과정은 효과적인 상담결과의 가능성을 증가시키는 것이다. 내담자의 생각, 감정 그리고 의미를 경청하는 것은 발달 평가 과정에 필수적이다. 이때 내담자가 쓰는 '핵심어'에 특히 집중하고 이를 상담사가 면담시 사용하는 것이 중요하다. 또 과도하게 사용해서는 안 되지만 어느 정도 신체 언어를 반영하는 것은 유용할 수 있다.

발달 평가의 기술

발달 평가는 제시된 문제를 평가하고 중재(intervention)를 선택하며, 치료 계획을 수립하는 것과 같은 다양한 목적을 가지고 있다. 내담자의 최초 언어에 근거한 초기 평가는 내담자가 제시하는 문제에 대한 내담자의 인지적/정서적 유형을 사용하기 위한 것이다. 이때 중요한 것은 내담자의 인지적/정서적 유형은 내담자가 제시하는 문제에 국한되어 있다는 것이다. 예를 들어, 내담자가 자신의 직장에 대한 문제에 대해서는 매우 구체적으로 기술할 수 있지만 친밀한 이성관계에 대해서는 감정적으로 얘기할 수 있다. 또 어떤 내담자는 거의 모든 유형에서 자유롭게 표현할 수 있는 반면, 어떤 내담자는 한 가지 유형에서만 인식한다. 〈표 3-1〉을 통해 인지적/정서적 유형들에 대한 정의를 보기 바란다.

〈표 3-1〉 발달 평가의 네 가지 인지적/정서적 유형

감각운동적/ 기초적 유형: 현재의 즉시적 경험에 초점을 맞춤	***정의 및 강점:*** 자신의 감정과 인지를 현재 일어나는 그 순간에 전체적으로 경험할 수 있다. 자신과 경험을 분리하지 않으며 자신 생각과 감정을 무작위로 표현한다. 짧은 주의 집중력을 가지나 신체 변화에 접촉할 수 있다. 감각 운동적 유형의 후반기에 있는 사람들은 마술적 사고와 비논리적사고를 보인다. ***정서:*** 감정을 반영하거나 설명하기 보다는 일어나는 그 순간을 경험한다. 신체적 경험을 강조하며 울거나, 웃거나, 깊은 감정을 정화하는 것과 같은 유형을 말한다. ***잠재적 발달 장애:*** 내담자들이 명확하고 순차적으로 일어난 사건을 기술하는데 어려워한다. 자신과 자신의 상황에 대해 관조해 보는 것을 어려워하며 주의집중력이 짧고 잦은 신체움직임을 보이는 경향이 있다. 울음, 분노와 같은 부적절하고 충동적인 감정을 보일 수도 있다. ***적절한 치료법:*** 신체중심 치료, 심상, 이완요법, 게스탈트 기법들, 은유법, 최면요법 등.
구체적/상황적 유형: 상황적 묘사 및 장황한 이야기	***정의 및 강점:*** 내담자는 일어난 사건에 대해 구체적이고 순차적이며 자세하게 서술할 수 있다. 그러나 이 유형이면서도 말을 많이 하지 않는 내담자는 간단하게 네/아니요로 답할 수도 있다. 구체적 유형의 후기 단계에 있는 내담자들은 인과적 사고를 보이며 행동적 반응을 쉽게 보인다. ***정서:*** 특정한 감정을 명명할 수 있고 묘사할 수 있으나 이에 대한 반영적 고찰은 하지 못한다. "나는 기쁘다. 왜냐면..." 어떤 내담자들은 감정을 명명하는데 어려움을 겪지만 감정을 명명하는 것은 구체적 감정을 경험하는 데에 기초가 된다. 명명을 할 수 있다는 것은 중요하지만 감정이 일어난 그 순간으로부터 거리를 둔다.

	잠재적 발달 장애: 내담자들은 반복적으로 특정 사건에 대한 자세한 이야기를 하기는 하지만 자신 행동의 패턴을 보지는 못한다. 한 세션에서 얻은 통찰에 대해 이를 유사한 사건으로 일반화하는데 어려움을 느낀다. 또 자신의 시각 외에 타인의 입장을 조명하는 것이 어렵다. *적절한 치료법:* 나레티브 스토리 텔링(narrative story telling), 자기주장 훈련, 행동적 기법들, 사회적 기술 훈련, REBT, A-B-C 분석, 현실치료, 아들러리안의 만약... 그러면 기법.
형식적-조작적 유형: 사고, 감정 · 행동 패턴의 반영	*정의 및 강점:* 이 유형의 사람들은 자신과 자신의 감정에 대해 이야기 할 수 있고 타인의 관점도 조망할 수 있으며 대화가 추상적이다. 이 유형의 후기에 들어서면 행동과 사고의 반복되는 패턴을 인식할 수 있다. 많은 상담자들은 이러한 유형을 내담자와 가장 편안하게 느끼는데 이는 그들이 자신에 대한 분석을 할 수 있기 때문이다. *정서:* 감정을 느끼고 경험하기 보다는 반영한다. 정서적 경험의 패턴을 논의한다. *잠재적 발달 장애:* 형식적 유형의 내담자는 패턴 인식에는 유능하지만 구체적 예를 제시하는데 어려움을 경험한다. 자신과 자신의 상황에 대해 반영할 수는 있으나 그러한 생각의 근거가 되는 과정을 인식하지 못한다. 과도하게 추상적일 수 있으며 감정을 경험하는데 어려움을 겪을 수도 있다. *적절한 치료법:* 자신의 나레티브 또는 스토리에 대한 반영, 로저스의 내담자 중심 상담, 벡의 자동적 사고 분석챠트, REBT의 사고패턴, 정신역동의 꿈 분석
변증법적/체계적유형: 감정과 사고의 패턴을 하나의 체계로 통합	*정의 및 강점:* 대부분의 사람들은 자신의 세계를 이러한 시각으로 이해하지는 않는다. 하지만 한 여성이 자신의 우울증이 여성 차별주의에서 온다는 것을 인식하거나 미국 전통 인디언이 체계적 억압으로 인해 자존감이 낮아진다는 것을 깨닫는 것이다. 다양한 입장에서 문제를 고려할 줄 안다. 내담자는 다양한 지식의 체계들에 대해 인식하고 있고 자신이나 타인의 생각 또는 감정에 대해 깊이 생각하고 이에 도전할 수 있다. *정서:* 내담자는 감정에 대해 분석하고 생각하는데 매우 효과적이다. 감정을 맥락 속에서 볼 수 있다. 내담자는 다음과 같은 생각을 할 수 있다. "나는 이번 사고로 부모님을 잃어 슬프지만 부모님이 살아온 삶에 대해 존경한다. 부모님을 보고 싶지만 이제는 내 마음속에 살아 계시다고 믿는다." 감정도 어떤 시각으로 보는가에 따라 다르게 느낀다.

> *발달적 장애:*
> 과도하게 분석에 매달릴 수 있다. 다양한 시각으로 볼 수 있는 능력으로 인해 주지화(intellectualization)하거나 실제 문제로부터 거리를 둘 수 있다. 감각 운동적 유형으로 감정을 경험하는데 어려움을 겪고 심지어 감정을 정확하게 명명하는 것도 어려워 할 수 있다.

내담자의 인지적/정서적 유형을 내담자가 이야기를 시작한 후 50-100 단어 이내에 평가할 수 있다. 한 DCT연구에서 평가자들이 우울증으로 입원한 20명 내담자들의 첫 100단어를 듣고 평가한 결과 그들의 인지적/정서적 유형을 분류하는데 매우 높은 일치율(.90)을 보였다(Rigazio-DiGilio, 1989; Rigazio-DiGilio & Ivey, 1990). 또 이 연구에서 유형에 맞는 기법을 적용 했을 때 내담자가 자신의 문제에 대해 쉽게 터놓고 이야기 했다고 보고하였다. 이를 통해 내담자의 인지적/정서적 유형을 분류하는 게 가능할 뿐만 아니라 내담자들에게 맞는 기법을 적용하면 내담자들을 모든 수준에서 자신의 이야기를 하도록 격려할 수 있다.

DCT에서는 내담자의 인지적/정서적 유형을 인식하는 것은 모든 상담/치료 면담이나 치료계획의 중요한 부분이라고 본다. 경험이 많은 대부분의 상담자들은 내담자에 따라 추상적 또는 구체적 방법을 사용한다. DCT는 내담자가 성장하고 발달할 수 있도록 숙달된 상담자들이 적용하는 방법을 초보 상담자들이 배울 수 있도록 이를 더 자세하고 관찰 가능하면서 이론적인 것으로 제시하고자 한다. 이를 위한 첫 번째 단계는 면담 중 내담자의 인지적/정서적 반응을 인식하는 것이다. 그러기 위해서는 연습이 필요하다. 이는 개인 상담/치료뿐만 아니라 집단 상황이나, 가족 그리고 조직적으로 적용 가능하다. 당신의 기술을 연마하기 위해 다음 예문들을 제시하였다. 〈표 3-1〉을 이용하여 네 가지 유형으로 분류해 보고 네 가지로 분류하기 어려운 경우 크게 추상적/구체적으로 나누어 보기 바란다. 분류(구분)를 하고 평가를 할 때 내담자들은 문제마다 상이한 인지적/정서적 유형을 보일 수 있다는 것을 잊지 않길 바란다.

사례 1. 입원한 45세 우울증 내담자

상담자 : 가족을 떠올리면 무슨 느낌이나 생각이 드세요?

이 질문은 두 가지 이유에서 매우 중요하다. 첫째로, 내담자가 여러 가지로 답할 수 있는 개방된 질문이며, 둘째로 내담자의 현재 문제가 많은 경우 가족과 관련되어 있기 때문에 유용하다(여기에 제시된 질문들은 Rigaio-Diglilo 연구에서 인용한 것이다).

내담자 : 사랑을 느낍니다.

상담자 : 그것에 대해 더 이야기 해 주실 수 있으십니까?

내담자 : 네, 아내는 좋은 사람이에요 우리 관계는 매우 사랑스럽고 애정이 많습니다. 제가 병원에 입원했을 때마다 아내는 항상 곁에 있어 주었습니다. 집에 돌아가면 그녀에게 많이 의존합니다. 내가 우울해지면 가끔 그녀가 화를 내지만 일반적으로는 그녀와 잘 지내요. 때론 제가 그녀를 만족시키지 못한다고 느낄 때도 있어요.

내담자의 유형이 주로 감각운동적/구체적/형식적/변증법적 중 어느 것인가?

사례 2. 입원한 22세 우울증 내담자

상담자 : 가족을 떠올리면 무슨 느낌이나 생각이 드세요?

내담자 : 무슨 말씀이시죠?

상담자 : 여기 앉아서 가족의 일부분이나 가족의 특정한 측면에 대해 떠올리면 당신에게 어떤 일이 일어나나요?

내담자 : 가족이라면 제 남편과 딸을 의미하는 건가요? 아니면 제 시어머니도 말하는 건가요?

상담자 : 누가 지금 당신의 마음속에 있나요?

내담자 : 글쎄, 제 어머니요.

상담자 : 당신 마음속에 있는 것에 대해 말해 주시겠어요.

내담자 : 제 어머니는 제가 지금 여기에 있는 동안 제 딸을 돌보고 있어요. 어제 방문하러 오셔서 제게 화를 냈지요. 제 감정을 상하게 했어요(눈물을 보인다). 제가 병원에 있으면 딸을 돌볼 수가 없어요. 그런데 제 어머니께서는 제가 가짜로 우울한 척 하는 거라고 말하며 제가 딸을 돌보기 싫어서 아픈 척 한다고 했어요. 그래서 저는 울었어요.(계속된다...)

내담자의 유형이 주로 감각 운동적/구체적/형식적/변증법 중 어느 것인가?

사례 1의 내담자는 형식적이다. 그의 반응은 매우 추상적이며 구체적인 구석이 거의 없다. 그러나 아내가 가끔 자신에게 불만족하다는 것과 같은 어떤 패턴은 잘 인식하지 못하지만 자신과 자신의 아내의 패턴을 비교적 잘 인식하고 있다. DCT에서는 이 우울한 내담자가 몇 가지 인지적/정서적 과제를 가지고 있다고 보고 있다. 이 중 한 가지는 내담자가 자신과 부인의 행동패턴이 어떻게 우울증에 영향을 주는지 생각해 보게 하는 것이다. 이러한 형식적-조작적, 변증법적/체계적 치료 과제는 개인상담뿐만 아니라 가족 상담이 필요하다.

그러나 이 내담자가 자신의 감정과 멀어져 있다면 게슈탈트 기법이나 이완요법이 필요할 수도 있다. 만약 심각한 우울증 증세를 보인다면 약물치료도 고려해 볼 수 있다. 하지만 너무 추상적이라면 내담자의 문제에 대한 구체적인 사실들에 집중할 수도 있다. 오랫동안 우울증 증세를 보여 장기간 상담이나 심리치료를 받은 경험이 있는 내담자라면 상담에서 사용하는 심리학적 언어들에 익숙하여 매우 추상적으로 이야기할 수 있으며 이는 다른 유형의 인지적/정서적 유형으로 확장하는데 장애가 될 수도 있다.

두 번째 내담자는 구체적인 유형이다. 대부분의 상담사/치료사들은 추상적이기 때문에 이와 같은 구체적인 내담자와 상담하는 것이 어렵다. 이 내담자에게 두 가지 주요과제가 있다. 첫 번째는 과도한 구체성에 의해 감각 운동적 경험을 충분히 하지 못한다는 것이다. 그렇기 때문에 사례 2의 내담자는 신체 기법이나 경험적 기법이 필요하다. 더 나아가 내담자는 자신에 더 많이 반영하고 패턴을 인식할 수 있어야 한다. 구체적 유형 기법 내에서는 구체적 상황을 해결할 수 있도록 자기주장훈련이나 문제해결 상담이 적합할 것이다.

구체적 인지 유형으로 주로 생각하는 내담자들은 쉽게 형식적 유형으로 옮겨가지 못한다. 그러므로 상담자는 어느 정도의 기간 동안 내담자의 자세하고 구체적인 이야기를 경청해줄 필요가 있다. 내담자의 이야기를 자세하게 들어 줌으로써 자신의 삶을 어떻게 바라보는지, 그 안에서 일어난 사건에 대해 어떤 의미를 형성하는지 어떤 사건이나, 생각 또는 감정이 문제를 야기시키는지 이해할 수 있다.

당신이 주로 형식적-조작적 유형의 사람이라면 이러한 구체적 유형의 내담자의 이야기를 들으면서 딴 생각을 하거나 이야기를 참고 들을 수 없다고 느낄 수 있다. 이러한 상황은 상담관계를 위협할 수도 있다. 하지만 꾸준하게 참고 내담자의 이야기를 경청한다면 내담자가 자신과 자신의 상황에 대한 이해를 확장하는데 도움을 줄 수 있게 된다. 또 내담자가 자신의 반복적 패턴을 보기 어려워하는 경우, 지속적으로 여러 개의 상황에 대해 자세하게 이야기 하도록 격려하는 것이 좋다. 이때 특히 구체적 유형의 후기 특징인 인과적 사고에 초점을 맞추도록 한다.

사례 3. 여성 쉼터에 막 들어온 35세의 내담자

상담자 : 무슨 일이 그간 일어났었는지 이야기해 주실 수 있겠어요?

내담자 : (눈물을 보이면서) 더 이상 참을 수가 없었어요. 그를 보면 악마를 보는 것 같아요. 어떻게 해야 할지 모르겠어요. 제 아이들이 어디 있지요? 잘 있나요? 그가 절 때리고 또 때렸어요. 집을 뛰쳐나왔죠. 제 팔을 보세요(울음을 참지 못하고 터뜨린다).

내담자의 유형이 주로 감각 운동적/구체적/형식적/변증법적 중 어느 것인가?

사례 4. 삼일 뒤 사례 3의 내담자

상담자 : 이제 좀 어떠세요?

내담자 : 좀 나아요. 하지만 아직 혼란스러워요 그 남자에게 돌아가고 싶어요. 술만 마시지 않으면 괜찮은 사람이에요. 하지만 너무나 자주 때렸고 지난번엔 애들을 때리기 시작해서 어떻게 해야 할지 모르겠어요.

상담자 : 지금 매우 혼란스러우시겠군요. 뭘 해야 할지 모르겠고….

내담자 : 예. 한주 내내 생각했어요. 상담을 통해 도움을 받고 있지만 아직 확신이 없어요. 만약 돌아가면 분명히 문제가 지속될 거예요. 그이가 상담을 받을 리는 만무하고요. 또 신체적 고통이 따를 거예요. 이런 것만 생각하면 돌아가면 안 될것 같아요. 하지만 더 멀리 생각해 보면 그가 어릴 때 학대 받았고 아직 나의 보호가 필요해요. 관계가 좋을 때는 아주 좋거든요. 또 만약 제가 독립하면 저와 아이들은 너무 힘들 것 같아요. 비록 대학을 졸업하긴 했지만 오년동안 아무 일도 하지 않았고 경제적으로 혼자 버틸 자신이 없어요. 겁이나요. 그리고 이상하게 생각하시겠지만 그이에게 정말 돌아가고 싶은 생각이 들어요. 제가 그에게 의존함으로써 그의 학대를 부채질 하는 것을 알고 있어요. 생각이 복잡해지지 않으면 좋겠어요. 혼란스러워요.

내담자의 유형이 주로 감각 운동적/구체적/형식적/변증법적 중 어느 것인가?

사례 3의 내담자는 감각운동적이다. 내담자는 외상이나 위기를 경험한 사람들의 일반적인 반응 형태를 보여주고 있다. 그들은 위기 상황에 너무 가까이 있어 정서적으로 매우 깊이 빠져 있다. 이 상황에서는 구체적인 질문을 하거나 추상적인 분석을 할 것이 아니라 단지 그녀를 보호해 주고 현재 상황에 '함께' 해주는 것이다. 이때 필요한 것은 안전한 장소와 인간관계이다. 때론 형식적인 입장에서 이야기를 하도록 격려하는 경우도 있는데 이는 외상으로부터 어느 정도 거리를 두게 하여 안정감을 느끼도록 하기 위해서이다. 나중에 내담자가 어느 정도 안정감을 찾게 되면 감각 운동적 또는 구체적 수준에서 도와줄 수 있다.

내담자와의 두 번째 세션은(사례 4) 훨씬 더 분석적이다. 내담자는 여러 개의 주제에 대해 이야기하며 이는 일련의 패턴을 보인다. 내담자는 체계 내에서 자신의 역할을 인식할 수 있는 변증법적 유형이다. 자신의 상황을 여러 관점으로 볼 수 있으며 자신과 남편의 상호 관계에 대해서도 이해하고 있다.

그러나 이러한 변증법적 접근에도 한계가 있다. 이 면담에서 볼 수 있듯이 내담자의 자기 분석은 자신을 더 깊은 감정으로부터 분리시키고 있으며 구체적으로 남편에게 돌아갈 경우 무슨 일이 생겨나는지 회피하게 만든다. 이러한 내담자의 경우, 다양한 입장을 고려하기 보다는 자신의 패턴을 더 자세하게 볼 수 있도록 도와주는 것이 효과적이며 남편의 학대 행동을 부추기는 성차별적 체계를 볼 수 있도록 도와줄 수 있다. 위의 내담자들 모두를 대할 때 상담자가 자신을 먼저 내담자에게 맞추는 것이 현명하다. 그러나 지속적으로 같은 수준에 머무는 것만으로는 불충분하다.

이제 피아제의 이론을 더 자세히 살펴봄으로써 DCT이론에 대한 이해를 넓히도록 하겠다.

발달 평가의 확대: 아동, 청소년, 성인 (〈표 3-2〉 참조)

전조작기: 문제의 정의

피아제의 두 번째 인지 발달 단계를 전조작기라고 하며 이는 2세에서 7세까지를 일컫는다. 아이는 언어를 통해 세상을 표상하기 시작하며 추상적인 상징을 사용하기 시작한다. 이 단계의 특징은 자기중심성, 마술적 사고이며 이러한 특징은 외적 현실을 부정하는 것이지만 아이가 세상을 살아가는 데는 매우 유용한 것이다. 피아제가 전조작기라고 명명한 이 단계를 DCT에서는 후기 감각 운동적이라고 부른다.

전조작기라는 단어는 내담자가 자신의 문제와 관심을 기술하는 한 가지 방법이다.

DCT에서는 상담 받으러 오는 거의 모든 내담자들은 어떤 면에서는 전 조작적 측면을 가지고 있다고 하였다. 만약 자신의 환경에서 효과적으로 적응하고 있다면 상담자에게 오지 않았을 것이다. 그러므로 이 책에서 내담자와 그들의 문제를 '전 조작적'이라고 부를 것이다.

상담자의 과제는 내담자가 조작적이 되도록 도와주고 자신의 문제를 감각 운동적, 구체적, 형식적, 변증법적 방법으로 사고하고 행동할 수 있게 하는 것이다. 이러한 과제를 수행하기 위해서 상담자는 내담자가 어떤 인지적/정서적 유형으로 작용하는지 인식해야 한다.

감각 운동적: 경험적 요소를 강조

피아제의 첫 번째 단계는 감각 운동기(0세에서 2세)이다. 이 단계는 아동이 자신에 대한 자아감이 거의 없다. 예를 들어 한 아이가 넘어져 아파하는 것을 보고 다른 아이가 울기 시작하는 경우 이 단계에 속한다고 볼 수 있다. 이 시기의 전형적인 특징은 자신이 보고, 듣고, 느끼는 직접적인 감각 또는 지각적 경험에 의존하는 것이다.

감각 운동적 기능은 다음과 같이 많은 장점들을 가지고 있다. 따뜻한 햇볕을 즐기고 현재 순간에 충실하고, 삶을 주어진 그대로 경험하며, 친밀한 관계를 즐기는 것 등이다. 예를 들어 심각한 상실을 경험하는 경우, 감각 운동적으로 자신의 감정을 경험하는 것이 필요하다. 상담의 많은 사례에서 내담자가 자신의 감정과 연결되도록 돕는 것이 목표이다.

사람들은 자신의 삶에서 일어나는 경험에 대해 경직되고 비효과적인 감각 운동적 방식으로 다룬다. 예를 들어 사춘기에 있는 십대가 자신의 감정을 조절하지 못하고 화를 내는 경우, 이혼문제로 고통을 받는 사람의 경우, 또 과도하게 밀착된 가족에게 위기가 닥친 경우 감정에서 헤어나지 못하는 경우 등을 들 수 있다. 이런 시기에 흔히 비논리적인 사고나 마술적 사고를 하게 된다. 이러한 사람들의 경우 자신을 타인과 구분하고 건강한 경계를 유지하는 것이 어렵다.

감각 운동적 유형에서 사고하고 조작하는 내담자를 구분하기 위해서는 내담자가 경험적요소에 어느 정도 몰입했는가를 보면 된다. 이런 유형의 내담자들은 형식 없이 단편적으로 자신의 경험에 대해 이야기하며 집중력이 매우 짧다. 면담 중 이를 확인하려면 지금-여기에 초점을 맞추고 현재 보이는 것, 들리는 것 그리고 느끼는 것에 대해 이야기 해보라고 함으로써 가능하다. 놀이터에서 놀다 다친 아이를 생각해 보자. 아마도 아이가 울면서 두서없이 자신에게 일어났던 일을 이야기하는 것을 떠올릴 수 있을 것이다. 과도한 스트레스를 받고 있는 어른도 이와 유사한 반응을 보인다.

그러나 만약 내담자가 심각한 외상을 입었다면 지속적으로 감각 운동적 지지를 보이는 것이 부적절할 수도 있다. 이런 경우, 내담자에게 구체적, 형식적 또는 분석적으로 접근을 하여 일어난 사건과 거리를 둘 수 있도록 하고 어느 정도 안정을 되찾은 후, 감정을 정리 할 수 있도록 도와줄 수 있다.

비논리적이고 마술적인 사고는 기본적으로 감각 운동적인 것이다. 예를 들어 "나는 약물중독자가 아니에요. 단지 필요할 때만 먹을 뿐이지요". "만약 내가 더 좋은 아내였다면 그가 나를 때리지 않았을 것이에요."와 같은 진술들은 후기 감각 운동적 유형 사람들 언어 유형이다. 감각 운동적 유형의 사람들의 행동은 매우 산만하며 특히 이 유형의 경우 움찔거리는 행동을 보인다. 또한 움직임이 없는 매우 우울한 증세의 사람들도 이 유형에 속한다. 우울증 내담자들은 자신의 몸에 매우 무거운 감정이나 내면화된 슬픔을 안고 있다.

감각 운동적 유형의 예

아동: 운동장에서 싸운 7살 아이가 울면서 상황에 대해 이야기하는 것이 감각 운동적 유형의 한 예이다. 어떤 일이 있었는지에 대해서 구체적이고 선형적으로 파악하는 것이 어렵다. 아이가 곧 감정인 것이다.

성인: 성인의 예로는 이혼을 겪으면서 너무 혼란스럽고 지쳐서 한 가지 화제에 대해 이야기하는데 어려움을 겪는 이가 될 수 있다. 인종차별이나 성희롱을 겪은 사람은 감각 운동적인 신체의 상처로 반응하면서 동시에 자신의 내부에서 일어나고 있는 것은 숨기려 한다. 이 유형의 보다 복잡한 행동의 예는 사고로부터 느낌이 분리되어 정서적으로 냉담한 반사회적인 성격자에게서 찾아볼 수 있다.

가족: 감각 운동적 유형에서 현저하게 작동하는 가족들은 그들 기능에서 혼란스러운 면들을 보여준다. 가족은 최근에 있었던 강력한 감정적 사건에 대해 반응하는데, 가족의 상호작용은 이성보다는 감정에 의해 압도된다. 이런 방식하의 가족들은 상대의 감정에 공감적이지 못하고 반영적이지 못하다. 바람직한 인간의 발달은 감각 운동적 경험에 의해 드러나는 것처럼 감정을 충분히 표현할 수 있는 능력과 상황이 변화

함에 따라 보다 구체적이고 분석적이 될 수 있는 능력 사이의 균형이다. 단지 한 가지 인지/정서의 유형을 가지는 것은 문제가 된다.

당신의 개인적 경험: 당신에게 벅차게 느껴졌던 상황을 떠올려 보라. 충분히 이완한 후, 그때의 느낌과 생각을 재경험하라. 떠오르는 데로 자유롭게 경험하며 다음과 같은 질문들을 자신에게 던져보라. 무엇이 보이는가? 무엇이 들리는가? 어떤 느낌이 드는가? 그 일을 떠 올릴 때 어떤 신체적 반응이 일어나는가?

구체적-조작적: 상황적 묘사

에릭슨은 초등학교 시기 아이들의 발달적 과제는 근면성 대 열등감을 성취하는 것이라고 하였다. 어린 아이들이 이 과제를 수행하는 방식은 자신의 세계에 대한 구체적인 조작을 통해서 가능하다. 초등학교 시기에 아이들은 읽기와 연산, 기본적인 운동 종목들 그리고 또래와 상호작용하는 것을 배운다. 구체적 조작적 세계는 "행동"에 관심을 갖는다.

구체성은 상담의 개념에서 중요하다. 내담자를 이해하기 위해서는 내담자로부터 자세하고 구체적인 사례를 들어야 한다. 어떤 내담자들은 자신의 경험에 대해 매우 상세하게 이야기 하는 경우도 있고 후기 구체적 유형의 내담자들은 인과적 사고를 하기도 한다. 면담 시 이러한 정보를 얻기 위해 "실제 일어난 사건에 대해 구체적으로 이야기해 줄 수 있나요?"와 같은 질문을 제기할 수도 있다. 구체적 사고에는 자기분석이나 반영이 별로 중재되지 않는다. 구체적 사고를 하는 사람이 사고, 행동 그리고 감정의 패턴을 보이기는 쉽지 않다.

구체적 유형의 내담자들은 현재 자신에게 일어나는 것을 기술하기 보다는 과거형으로 말하는 경우가 많다. 예를 들어 "나는 슬펐어요" "나를 슬프게 했어요. 왜냐하면..." 이런 경우, "나는___게 느낀다." 또는 "나는 ____(감정). 왜냐하면 ___"와 같은 형식으로 내담자가 말하도록 격려한다. 이러한 진술은 후기 구체적 유형으로 내담자를 다음 단계 인지적/정서적 유형으로 진행하도록 돕는다.

구체적 유형의 내담자들은 자신의 감정을 명명할 수는 있지만 이를 경험하는데 어려움을 겪는다. 깊은 감정을 경험하도록 돕기 위해서는 감각 운동적 유형과 구체적 유형사이를 오가는 것이 유용하다. 형식적 조작 또는 더 분석적인 내담자들은 감각 운동적 또는 구체적 정서 표현을 거부할 수도 있다.

구체적 인지적/정서적 유형은 추상적이거나 감각 운동적 경험에 과도하게 몰입된 개인이나 가족에게 매우 유용한 기법이다. 그러나 과도하게 구체적인 내담자의 경우, 패턴을 보지 못하고 자신의 행동을 반복하기 때문에 문제를 야기할 수 있다. 그러므로 모든 유형에 있어서 균형을 이루는 것이 필요하다.

구체적-조작적 유형의 예

아동: 대부분의 아동은 구체적인 유형으로 의사소통한다. 아주 말이 없거나(초기 또는 후기 구체적 조작기) 자신의 경험에 대해 아주 자세한 것까지 말을 많이 한다(후기구체적 조작기). 10세 아동에게 근래에 본 만화영화에 대해 이야기 해 달라고 부탁하면 구체적 유형을 여실하게 볼 수 있을 것이다.

성인: 성인들에게서 나타나는 구체적 유형은 아동과 별 차이가 없다. 억압적 상황을 막 경험한 성인들은 자신의 이야기를 이해심 있는 타인에게 자세하게 털어놓을 필요가 있다.

가족: 부모들이 추상적으로 아이에게 아무리 얘기해도 아이들은 이를 이해 못하는 경우가 많다. 이런 가족의 경우, 부모가 아이들과 함께 놀고 이야기 하는 방법을 배울 필요가 있다. 또 어떤 경우, 가족 전체가 구체적인 경우가 있다. 저녁 식사시간에 모

두 자신에게 일어난 일들에 대한 분석이나 반영 없이 모두들 자세하고 순차적으로 말하는 경우다.

당신의 개인적 경험: 당신이 벅차게 느껴졌던 사건에 대해 구체적이고 논리적으로 써보기 바란다. 그 사건이 일어나기 전에 무슨 일이 일어났나요? 그 후에는 어떤 일이 일어났나요? 어떤 느낌이 들었나요? 사건에 대해 이러한 순차적이고 자세한 설명이 구체적 사고와 감정을 나타내는 것이다.

형식적-조작적 유형 : 사고, 감정, 행동의 패턴에 대한 반영

형식적 사고 유형을 가진 사람들의 관심은 "내가 누구인가"의 정체성에 대한 질문이며 이는 청소년기의 주된 특징이기도 하다. 자아 정체감을 형성하기 위해서는 자신의 일관성 및 패턴에 대한 반영이 필요하다. 형식적 사고 유형의 사람들은 몇 개의 구체적 상황을 전반적인 패턴으로 볼 수 있고 이를 일반화 할 수 있다.

피아제는 첫 번째 추상적 단계인 형식적 조작기는 11세에서 17세 사이에 시작한다고 했다. 이 시기에 자신에 대해 돌아볼 수 있고 주변에서 일어나는 일에 대해 패턴을 인식할 수 있다. 중학교 또는 고등학교 시기를 성공적으로 마치기 위해서는 어느 정도의 형식적 조작 능력이 필요하다. 그러나 미국 성인의 1/4은 이 단계에 이르지 못하는 것으로 피아제학파에서는 보고 있다. 어떤 문제에 대해서는 가능할 수도 있지만 일관되게 형식적 조작사고를 하기는 힘들다. DCT상담을 사용하는 상담자들은 DCT에서 체계적 질문과정을 통해 거의 모든 내담자가 패턴을 인식할 수 있다고 본다.

많은 유형의 상담/치료는 형식적 조작능력을 요구한다. 상담에서는 자아실현, 인지유형변화, 감정반영 그리고 현재 행동에 대한 과거의 영향과 같은 것에 관심이 있다.

만약 내담자들이 형식적 조작 능력에 익숙하지 않다면 상담자들이 내담자에게 맞추어야 한다. 예를 들어 구체적 유형의 내담자가 더 자신에 대한 자아감을 형성하는 것이 중요할 경우, 상담자가 추상적인 단어를 사용한다면 매우 비효과적인 상담이 될 것이다. 이럴 경우, 구체적인 행동이나 생각을 이용한 구체적인 방법을 적용해야 할 것이다.

추상적 사고의 능력을 갖추었다는 것이 항상 긍정적인 것은 아니다. 주변에 말은 잘 통하지만 행동력이 부족한 사람을 많이 보아 왔을 것이다. 자신에 대해 매우 분석적이고 통찰력 있게 이야기 하여 자신에 대해 깊은 자각을 했다고 상담사가 믿도록 행동하는 내담자를 경험했을 것이다. 이런 내담자는 실제 세계에 대해 추상적이고 분석적으로 이야기함으로써 실제 세계에 적응하는 것을 회피하는 사람들이다.

형식적 조작 유형을 구분하는 주된 척도는 추상적 능력이다. 추상적이라는 것은 실제로 보거나, 듣거나, 느낄 수 없다는 것이다. 자아나 패턴이란 추상적인 개념으로써 마음속에서만 존재한다. 상담/치료에서 내담자의 감정을 반영한다고 할 때 이는 형식적 조작 능력을 요하는 것이다. 구체적 내담자에게 감정을 반영할 경우, 내담자가 이를 이해하지 못했다는 표정을 지을 때가 있었을 것이다. 자신에 대해 분석하고 자신의 감정을 반영하는 능력은 자아 정체감을 형성하는데 매우 필수적이다. 자신에 대해 객관적으로 볼 수 있는 능력은 감각운동적 경험이나 구체적 경험과는 매우 다른 것이다.

상담사로써 "다른 상황에도 이러한 일이 일어나나요?" "이런 느낌이 자주 드나요?" 라고 내담자에게 물을 때 내담자가 이 질문을 이해하고 자신의 행동, 사고, 느낌의 패턴을 인식한다면 그 내담자는 형식적 사고 유형을 가진 내담자이다. 어린 아이들은 이러한 형식적 사고를 하기는 어렵지만 성인과 유사한 구조적 생각을 한다.

형식적-조작적 유형의 예

아동: 아이들은 형식적 사고 유형을 다음과 같은 말로써 표현한다. "우리 아빠는

그런 행동을 항상 해요." "그건 내 것과 같네." 이러한 진술들은 완전히 형식적인 것은 아니지만 아이들도 형식적 사고가 가능하다는 것을 보여준다.

성인: 성인의 형식적 진술은 "전 이런 행동을 자주해요." "이런 점에서 두 상황이 비슷해요." "그 일에 대해 생각해보니..."와 같다. 아랍계 미국인이 차별을 경험한 후, 화가 나고 억울하게 느껴지지만(감각 운동적) 비행장에서 일어난 사건을 경찰에게 자세하게 얘기를 털어놓은 후(구체적), 이러한 경험이 미국에 있는 아랍계 사람들에게 자주 모든 영역에서 일어나는 것임을 인식하게 된다(형식적). 형식적 유형과 변증법적 유형의 차이점은 형식적 유형의 사람이 자신의 경험을 한 사건에 비추어 생각해 보는 것에 비해 변증법적 유형의 사람들은 자신의 입장뿐만 아니라 여러 사람의 입장에서 의미를 구성할 줄 안다는 것이다.

가족: 전문직 부모를 가진 가족의 경우, 자신의 문제에 대해 매우 추상적으로 이야기할 수 있지만 이에 대해 행동을 취하거나 행동을 변화시키지 못하는 경우가 있다. 감정에 대해 토론을 할 수는 있지만 이를 경험하지는 못한다. 또 내담자가 너무 추상적이어서 상담자가 이를 이해하지 못하는 경우도 있다.

패턴의 패턴을 통합시킬 수 있는 후기 형식적 사고 유형이 있다. 성공적인 상담에서는 내담자가 여러 사고의 유형을 더 큰 패턴으로 통합하는 것을 돕는 것을 말한다. 예를 들어, 내담자가 배우자를 탓하면서 모호한 울분과 불안감 때문에 상담사를 찾아오는 경우가 있다. 상담 시작 후, 상담사가 부부관계에 대한 구체적 사례를 물어보게 되면 두 사람 간에 반복되는 특정한 상황이 있다는 것을 깨닫게 된다. 이러한 것이 사고의 패턴이다. 후에 이 내담자는 직장에서 상사와도 배우자와 유사한 일이 반복된다는 것을 깨닫게 된다. 내담자가 서로 상호 관련된 반복적 패턴을 인식하게 되면 후기 형식적 단계에 들어섰다고 할 수 있다. 이 이후에는 내담자의 성장기 발달사에서 이러한 패턴이 반복되었는지 내담자가 살펴볼 수 있도록 돕는 것이다.

당신의 개인적 경험: 이전 단계에서 떠 올렸던 경험에 대해 생각해 보자. 다른 상황에서도 이러한 일들이 일어났는지? 패턴이 있는가? 이러한 패턴에 대한 당신의 느낌은? 이러한 패턴은 당신의 어떠한 측면을 보여 주는가? 현재 매일 일어나는 생활에서 이러한 패턴이 어떻게 나타나는가?

변증법적/체계적 유형 : 감정과 사고의 패턴을 하나의 체계로 통합

피아제는 형식적 사고의 변형으로 후기 형식적 사고에 대해 논하였다. 그 둘의 가장 큰 차이는 자신을 객관적으로 돌아보고 패턴을 볼 수 있으며 개인이 속한 체계 전체에 대해 반영할 수 있는 것이다. 이 형식의 성인은 자아감을 형성하였으며 자신과 상황을 객관적으로 다양한 시각에서 볼 수 있는 것이다.

상담/치료에서는 내담자가 자신의 문제에 대해 다양한 시각을 형성할 수 있도록 돕는 것이다. 예를 들면, 어떤 내담자는 자신에 대한 자아개념이 확실하지만 자신을 보는 관점이 너무 경직되어 자신이 다른 가족원에게 어떤 상처를 주는지 이해하지 못할 경우, 타인 조망능력을 키워주는 것이 상담/치료의 초점이 된다. 또 변증법적 사고는 자신이 속한 체계에 대해 반영할 수 있음을 말한다. 다음은 어머니의 죽음을 경험한 내담자의 다양한 인지적/정서적 반응이다.

감각 운동적: 자신과 타인 사이에 아무런 거리도 없다. 상실을 경험한 후, 감정적 반응 밖에 없다. 이러한 감정적 반응은 너무나 큰 상실을 경험한 사람의 자연스러운 반응이다. 외상(trauma)을 경험한 많은 사람들은 슬픔을 받아들이지 못하는 경우가 많다. 바로 이러한 반응 때문에 외상이 더 오래간다.

구체적-조작적: 이 유형의 사람들은 상황으로부터 분리되어 있기는 하지만 자신의 정서적 측면에 대한 의식이 없다. 예를 들어 "나는 슬픔을 느낀다(감정 없이 얘기할 경우: 초기 구체적 조작기)." 또는 "어머니가 돌아가셔서 슬픔을 느낀다(감정의 부족: 후기 구체적 조작기)" 이런 사람들은 감정이 결여된 채로 경험에 대해 이야기 한다.

형식적-조작적: 이 유형의 사람들은 한 발짝 떨어져서 자신과 상황을 볼 수 있다. 예를 들어 "내가 나를 볼 때, 내 자신이 상실에 대해 매우 슬프게 느끼고 있다는 것을 본다." 죽음의 직접적인 영향으로부터 거리를 두고 삶의 과정을 수용하지만 이는 실제 감정과는 거리가 있다.

변증법적/체계적 사고: 이 유형의 사람들은 사랑하는 사람을 잃은 경험에 대해 다음과 같이 반응할 수 있다. 감정은 맥락에 따라 변화할 수 있다고 생각한다. "감정에 복받쳐 자주 웁니다. 어머니를 잃어 너무나 슬픕니다. 사랑하는 사람을 잃었을 때 저는 이런 감정을 자주 경험하지요. 하지만 이제는 어느 정도 어머니의 죽음을 받아들이고 있어서 다행스럽게 생각합니다. 실제로 어머니께서는 너무나 암으로 고통스러워 하셨기 때문에 어머니의 입장으로 보면 다행이라는 생각도 듭니다. 삶의 교훈을 받아들이면서 하루 하루 살아가는 게 인생이 아닌가 생각합니다. 저는 어머니께서 제 안에 살아 계시다고 느낍니다. 때론 슬픔에 휩싸이지만 이것이 최선의 방법이라고 생각합니다." 이 단계에 이르기 위해서는 앞의 유형들을 경험해야 가능하다.

변증법적/체계적 조망 능력과 밀접한 관계가 있는 개념은 '변형(transformation)'이다. 변증법적 사고에서는 다양한 입장에서 상황을 조망할 수 있고 주어진 정보를 전환하여 하나의 새로운 게슈탈트(전체)를 형성할 수 있다. 이러한 변형적 사고가 매우 가치가 있기는 하지만 매우 추상적이다.

상담사/치료사로서 내담자가 변증법적으로 다양한 정보를 고려할 수 있도록 도와주게 하는 것이 목표인데 이는 다음과 같은 질문을 사용하여 가능하다. "다른 관점으로 당신의 상황을 볼 수 있나요", "오랫동안 이에 대해 이야기 했는데 전체적으로 볼 때 어떤 것 같나요?" "이 모든 걸 다 통합하면 어떻게 될까요?" 이러한 질문들은 더 복잡하고 통합적인 사고를 하게 돕는다.

변증법적/체계적 유형의 예

아동: 아동이 통합적 사고를 사용할 것이라고는 기대할 수는 없다. 하지만 한 아이

가 다른 아이의 입장을 보도록 도울 경우, 이러한 측면을 키우는 것이 될 수 있다. "다른 아이가 너를 때리면 기분이 어떨까? 어제 네가 존(Juan)을 때렸을 때, 존이 어땠을까?" 한 아이가 울면 다른 아이가 우는 것과 같이 아이들은 본능적으로 공감적 능력을 타고 난다. 이러한 능력은 다른 사람의 생각이나 기분에 대해 아이들과 얘기함으로써 향상될 수 있다. 때로는 "네 어머니라면 뭐라 하시겠니?"등의 질문도 기초적인 관점 선택에 도움이 된다.

성인: 위의 방법과 동일하면서 적합한 언어의 변화가 변증법적/체계적 다중관점의 사고를 촉진한다. 개인들에 대한 외부 시스템의 효과는 더욱 성공시키기가 어렵다. 예를 들면, 우울증 내담자와의 작업에 있어서 진정한 도전은 그들로 하여금 자신의 슬픔이 과거 가정학대, 정신적 압박, 혹은 직장에서 인종, 성에 관련된 미묘한 문제등과 연관되어 있음을 보게 하는 것이다. 서구문화에서 잘못이나 비난, 인과관계를 자신에게 돌리는 것은 자연스런 일이다. 하지만 종종 심리학적인 이슈는 구조적 문제의 결과이다. 문제의 책임이 개인에게 있는가 혹은 조직에게 있는가? 내부적 인과관계와 외부적 인과관계의 적절한 균형이 중요하다.

당신의 개인적 경험. 당신이 감각 운동적, 구체적, 형식적 방식에서 사용한 서면 응답을 검토해 보라. 당신의 다양한 대답들을 확인해 볼 때, 그들을 어떻게 통합시킬 수 있는가? 어떤 생각을 해야 하는가? 당신이 방금 포착해 낸 것과 또 다른 관점을 찾을 수 있는가? 당신의 개인적 검사로부터 무엇이 드러나는가? 이러한 다양한 시스템들이 당신과 이슈에 대한 당신의 생각에 어떤 영향을 미치는가?

〈표 3-2〉 세 내담자(아동, 청소년, 성인)의 발달 유형 평가

DCT 유형	*아동: 놀이터에서 놀림을 받음*	*청소년: 시험 불안 경험*	*성인: 부모의 죽음*
감각 운동적 유형	(화도 나고 마음도 상한 상태에서 울면서, 숨 가쁘게, 자신의 이야기를 두서없이 한다. 그러나 주된 생각은 "내가 뭘 잘못했지?" 이다.)	(불안하게) 너무 두려워서 생각할 수가 없어요. 머릿속에 들은 것이 다 날라 가 버리는 것 같아요. 울고 싶어요.	(눈물을 보이며/ 깊은 한숨을 쉬면서) 너무 힘들어요(목이 메인다). 뭐라고 말을 할 수가 없어요. 그냥 가슴이 아파요.
구체적/ 상황적 유형	놀이터의 아이들은 내가 우스운 신발을 신고 있고 전염병에 걸렸다고 놀렸어. 카라랑 세라가 지나가면서 내 신발끈이 풀린 낡은 신발을 보고 웃었어. 걔네들은 부자여서 나이키를 신고 있었어. 나는 다른 곳을 보는 척 했지만 사실 울고 싶었어. 그때 걔네들이 날 보고 "너 전염병에 걸렸지?"라고 했어. 왜 날 싫어하는지 모르겠어.	매우 긴장되고 불안했어요. 교실에 들어가 뒤쪽에 앉았어요. 맥박이 미치도록 빨리 뛰었어요. 시험지를 받는 순간 눈앞에 아무것도 보이지 않았어요. 준비를 오랫동안 해서 답을 알았지만 단지 몇 개에만 답할 수 있었어요.	장의사가 비싼 관과 납골단지를 보여 주었어요. 그는 화려한 장례식이 얼마나 멋있는지를 얘기 했어요. 제 여동생과 저는 계속 울고 있었는데 장의사는 계속 말을 했어요.

DCT 유형	*아동: 놀이터에서 놀림을 받음*	*청소년: 시험 불안 경험*	*성인: 부모의 죽음*
형식적/반영적 유형	(면담이 어느 정도 진전 된 후 상담사가 내담자의 강점에 초점을 둔 후) 그래요. 제가 걔네보다 영어도 잘해요. 걔네는 저에게 못되게 행동하고 다른 애들에게도 그런 행동을 해요.	이게 제 패턴이에요. 고등학교 때도 이런 일이 있었는데 대학에서 심해진 것 같아요. 항상 전 시험 준비를 하는데 시험 준비를 많이 할수록 더 불안해 지는 것 같아요. 근래에는 긴장이 되면 숨 쉬는 것도 잊어버려요. 마치 공황을 경험하는 것 같아요.	생각해보니 제가 무척 화가 났던 것 같아요. 부모님을 잃고 슬픔에 빠져있는데 장의사는 단지 물건을 팔 생각만 하고 있었어요.
변증법적/체계적 유형	(개인 면담을 세 번 받고 집단 상담도 참여한 후) 이제 제가 또래 상담자가 되고 친구형성집단에 참여해 보니까 저는 외톨이 얘들이 친구들을 사귀는 것을 돕고 학교에서 놀림 받는 행동을 없애는데 앞장서고 싶어요(이 나이의 아이들은 상담사의 도움 없이 이런 생각을 하기 힘들다).	(면담 후반) 선생님과 작업하면서 많은 도움이 되었어요. 제 가족원들도 불안증세를 보이고 거의 제가 불안하기를 기대하는 것 같아요. 이제, 저는 독립할 수 있다는 것을 깨달았어요. 이완요법과 제 자신의 생각에 대해 의식하는 연습들은 많은 도움이 되었어요. 이러한 기법들은 미래에도 도움이 될 것 같아요.	그 상황이 너무 감당하기 힘들어 생각 없이 과도하게 돈을 지출한 것 같아요. 다행히, 장례식은 잘 치뤘어요. 하지만 장의업에 종사하는 사람들이 너무 지독하게 돈만 생각하는 것 같아요. 사랑하는 사람을 잃고 헤매고 있는 우리와 같은 사람들을 보호하기 위해 일련의 규정이 필요하다고 생각해요.

이제 제 1장에서 논의했던 플라톤의 철학으로 돌아가보자. 우리가 이야기한 플라톤의 철학에서는 진실은 보는 자의 조망에 의해 변화한다는 것을 알았다. 발달 평가를 실시하는데 있어서 상담자로서 항상 내담자의 조망을 염두 해두어야 한다는 것을 잊어서는 안 된다.

플라톤의 동굴의 비유

플라톤의 동굴의 비유는 진실에 대해 무지한 상태에서 자유로 나아가는 여정을 상징하고 있다. 이 비유는 의식의 성장과 진실을 향한 움직임을 나타낸다. 다음의 동굴의 비유에 대한 요약을 읽으면서 피아제의 이론 그리고 DCT상담간의 관계에 대해 생각해 보면서 읽기 바란다. 플라톤과 피아제 모두 높은 단계의 사고와 지식을 강조하는 반면 DCT는 각 단계가 삶에 대한 전체적인 접근을 위해 중요하다는 것을 강조한다.

이미지의 감각적 세계

벽을 향해 쇠사슬로 묶인 노예들을 생각해 보라. 그들 뒤에는 촛불이 있고 이 불빛으로 인해 그림자가 생긴다. 이들은 고개를 돌릴 수가 없다. 그들의 '실재(reality)'는 벽에 보이는 그림자일 뿐이다. 이 그림자 또는 이미지가 그들이 알고 있는 세계의 전부이며 그들의 인지와 정서는 이러한 감각적 인상에 근거한다. 이 그림자가 그들에게 있어서는 실재가 되어 버렸다.

비유와 피아제, DCT의 연관: 피아제는 아동의 마술적 사고와 왜곡된 실재에 대해 논하였다. 예를 들어, 아이들은 "그림자가 내가 어디로 가는지 알고 있고 계속 나를 따라온다"고 믿는다. DCT는 청소년과 성인 내담자들이 깊은 슬픔이나 비논리적이고 혼란스러운 생각을 가지고 상담/치료를 찾아온다는 것을 지적한다. 이완요법, 심상요법 그리고 신체 작업등이 감각운동에 기초를 둔 기법들이다.

신념의 구체적 세계

노예 중 한 사람이 뒤를 돌아보게 되면 그는 다시 자신에게 익숙하고 안전한 그림자의 세계로 돌아오고 싶어한다. 그러나 결국 그는 새로운 세계를 받아들여 새로운 지각을 하게 된다. 그 전에 보았던 그림자가 환영임을 깨닫고 새로운 '실재'를 찾게 되어 '빛'이 새로운 진실이라 믿게 된다. 동굴에는 그림자 외에도 많은 것들이 있다고 동료들에게 말한다. 그는 불빛에 대해 이야기 해주고 그림자에 대한 구체적 설명을 해주게 된다. 그러나 벽을 쳐다보는 노예들은 아직도 그림자만을 볼 수 있고 그의 설명에 대해 비웃는다.

비유와 피아제, DCT의 연관 : 구체적 조작기에 있는 아동들은 관찰 가능한 것과 전형적인 것(1차적)에 관심이 있다. 자세하고 구체적인 이야기를 잘 한다. 자신과 다른 입장을 이해하는 것을 어려워한다. DCT는 많은 성인 내담자들도 자세하게 순차적으로 자신의 이야기를 기술한다고 하였다. 구체적 조작기에 있는 아이들처럼 이 유형에 속한 성인들은 사고의 패턴을 보고 자신에 대해 돌아보는 것을 어려워한다. 자기주장

훈련, 생각과 감정에 대한 구체적 지적, 나레티브(Narrative) 이론의 스토리 텔링 등은 구체적 상담기술의 예이다. 이 구체적 유형의 강점은 행동력이다.

사고의 반영적/ 형식적-조작적 세계

노예가 동굴 밖의 햇빛으로 나가게 되어 새로운 인식의 고통 속으로 들어가게 된다. 그는 이전에 자신이 가지고 있던 '실재'에 대한 그의 믿음이 매우 한정되어 있고 어리석었다는 것을 깨닫게 된다. 새로운 세계는 너무나 많은 가능성을 포함하고 있기 때문에 모든 것을 한꺼번에 볼 수 없다. 그는 개념적, 추상적 세계에 접하게 된다.

비유와 피아제, DCT의 연관 : 형식적 조작 유형을 가진 사람은 사물과 현상에 대해 반영할 수 있으며 패턴을 보고 자신을 관조해 볼 수 있다. 청소년이 자신에 대해 '정체성'을 발견하는 것이 이에 대한 예이다. 이러한 과정은 청소년에게 매우 어렵고, 고통스러울 수 있다. DCT는 대부분의 상담/치료가 직접적인 경험보다는 자신에 대한 반영과 사건에 대한 사고를 강조한다고 하였다. 인지 행동적 기법과 나레티브 이론이 이러한 반영적 사고를 강조하며 내담자가 자신의 사고와 행동에 대한 패턴을 보도록 도와준다.

변증법적 사고의 다양한 관점

플라톤의 노예가 다시 동굴로 돌아가 아직도 묶여 있는 동료 노예들에게 자신이 밖에서 경험한 것에 대해 설명하고 지금 그들이 보는 것은 단지 그림자일 뿐이라고 설명하려고 한다. "그들은 밖에 나갔다가 돌아온 노예를 비웃고 나가서 눈만 버렸다고 할 것이다." 플라톤은 우리가 사는 세상은 여러 관점으로 볼 수 있으며 우리는 타인뿐만 아니라 자신에 대해 관조해 보고 많은 변인 간 상호작용을 보아야 한다고 했다. 세상은 복잡하며 한 가지 시각만 존재하는 것은 아니다.

비유와 피아제, DCT의 연관 : 피아제는 후기 형식적 사고를 이용하여 "사고에 대한 사고"를 설명했다. 이는 매우 진화된 인지 유형으로 다양한 관점을 고려하는 것이다. 초점은 "자아"에서 "맥락속의 자아"로 옮겨가며 체계(가족, 집단, 문화)가 중요해 진다.

요약

내담자들은 자신만의 세계관을 가지고 상담사에게 온다. 상담사의 과제는 그들

의 세계를 이해하는 것이다.

우리가 내담자의 세계를 변화시키기 전에 그들이 자신과 자신의 상황 그리고 자신의 문제에 대해 어떻게 생각하는지 알아야 한다. 발달평가는 공감을 개발하는 한 방법이며 내담자를 이해하도록 돕는다.

피아제의 개념들이 DCT에서는 새로운 방법으로 사용된다. 내담자에게 문제가 있거나 자신이나 상황에 대해 조작하는데 어려움을 경험할 경우, 이를 전 조작적이라고 한다. 내담자가 상담하러 올 때, 네 가지 유형의 인지적/정서적 유형 중 한 가지 유형을 보인다.

인지적/정서적 유형은 감각 운동적/기초적, 구체적/상황적, 형식적/반영적, 변증법적/체계적으로 나눌 수 있으며 유형들은 다시 초기와 후기로 나눌 수 있다(부록 2 참조).

감각 운동적 유형.

내담자는 임의의, 무질서한(disorganized) 방식으로 말하는 경향이 있고 그들의 경험에서 그들 자신을 분리시키지 않는 경향이 있으며 단일 정서적 유형에 전적으로 초점을 두는 경향이 있다. 심하게 우울한 내담자가 이러한 인지적/정서적 유형의 예다. 후기 단계(late state)에는, 마술적 생각과 다소 구체적으로 되는 능력이 시작될 수 있다.

핵심어 : 기초의(elemental), 보디/듣디/ 느끼다.

구체적 유형.

내담자는 많은 세부사항으로 구체적, 선형적 용어로 그들의 상황과 정서를 기술한다. 후기 구체적에서는, 만일/그러면의 인과 추론(causal reasoning)이 있을 수 있다.

핵심어 : 상황적, 구체적인 것(특정적인 것).

형식적 유형.

내담자는 자기와 상황 또는 자신의 패턴에 관해 말하면서, 추상으로 향한다. 그들은 그것들을 직접 경험하기보다는 감정을 반영하는 경향이 있다. 만일 그들이 후기 형식적으로 향하고 있다면, 내담자는 패턴의 패턴을 고려한다.

핵심어 : 반영, 자기-반영, 패턴, 패턴의 패턴

변증법적/체계적 유형.

내담자는 지식의 시스템에 영향을 끼칠 수 있으며 다각적 견해를 가질 수 있다. 생각의 복잡함과 광범위한 추상적 개념은 변증법적/체계적 유형을 나타낸다. 후기 변증법적/체계적 유형에서는, 체계적 작동으로 작업하고 반영할 수 있다.

핵심어 : 통합적, 체계적, 변형적, 다 시각적.

내담자의 인지적/정서적 유형과 경향을 구분할 수 있다.

내담자가 아동이든, 성인이든, 가족, 집단, 조직이든 동일한 원리를 적용할 수 있다. 플라톤의 동굴의 비유는 인지적/정서적 발달은 어려움과 고통을 수반한다는 것을 보여준다. 우리가 새로운 유형의 의식과 관점을 발견하고 받아들임에 따라 과거 익숙했던 방식을 놓아주어야 한다. 이는 상담/치료 시 변화에 대한 내담자의 저항을 이해해야 할 필요성을 보여주는 것이다.

도전.

다양한 내담자, 그리고 가족들 그리고 집단들은 자신의 문제를 다양한 방식으로 제시한다. 발달평가에 과도하게 집착하여 삶의 복잡한 관계를 잊어서는 안 된다. 또 여기서 제시된 유형은 비유에 지나지 않는다. 피아제 자신도 우리가 원하기만 한다면 무수히 다양한 인지 유형으로 발전할 수 있다고 하였다.

연구문제.

- 두 사람씩 짝을 지어 서로 자신의 상담 장면을 녹음하여 기록한 뒤 상대방 진술을 DCT체계에 근거하여 평가를 해 보라. 또 다른 상담자가 이를 듣고 평정하여 평정자간 일치도를 살펴보라.
- 자신의 상담 장면을 생각해 보라. 내담자와 자신의 유형이 동일했을 경우, 또 상이했을 경우를 생각해 보라. 내담자와 유형이 상이했을 경우, 내담자가 변화 했는가?

이론의 적용: 상담역량의 확장

자기-평가 연습

연습 1. 선호하는 조력 유형

부록 5를 보고 자신이 선호하는 조력 유형을 평가해 보자. 자신의 유형은 어떠한 것인가? DCT에서는 자신의 유형과 발달 장애를 인식해야 타인을 도울 수 있다고 생각한다.

당신의 선호 유형은?

당신에게 가장 편안한 내담자의 유형은?

어떤 인지적/정서적 유형에 도전할 것인가?

내담자 인지적/정서적 유형 규명

연습 2. 내담자의 진술 규명

다음 진술들은 어떠한 인지적/정서적 유형을 보이는가? 대부분의 경우, 단일한 발달 유형을 보이는 경우가 많지는 않지만 주되게 나타나는 유형을 평가해 보기 바란다(해답 – 참고문헌 뒷부분).

인지적/정서적 유형 : S – 감각 운동적(sensorimotor), C – 구체적(concrete), F – 형식적(formal), D/S – 변증법적/체계적(dialectic/systemic)

1. S C F D/S(16세: 자신에 대해 기대가 높은 고등학생이 시험을 못친 후 울먹이면서) 어쩔 수가 없었어요. 열심히 했어요. 전 정말 혼란스러워요. 아버지가 화를 내실 거예요.(울면서) 선생님도 계속 혼내요.
2. S C F D/S(35세, 13살 딸과 문제에 대해 이야기한다) 나를 도와 딸아이가 설거지를 해주길 부탁했지만 딸아이가 화를 내면서 거절했어요. 그런 후, 이층으로 뛰어올라가서 저도 화가 나서 쫓아 올라갔지요. 딸애는 문을 잠갔고 저는 그 문 앞에서 씩씩거렸죠.

3. S C F D/S(40세, 이혼 후.) 저는 세 번째 데이트를 했는데 벌써 세 번째 패턴을 반복하고 있어요. 제 완벽 주의적 경향 때문에 이혼도 하게 되었어요. 이번에는 데이트부터 벌써 그에게 충고를 하고 평가를 하기 시작했어요. 제 데이트상대에게 차를 청소할 필요가 있다고 했지요. 어떻게 하면 이러한 패턴을 바꾸지요?
4. S C F D/S(63세, 새로운 이사직을 맡은 후) 카터 은행과 함께한 시간들을 돌아볼 때 너무나 많은 경험이 떠올라요. 처음 몇 년 동안은 단지 돈을 벌기 위해 일 했었고 회사에 대한 걱정은 하지 않았죠. 그러다가 차장 직에 오른 후 많은 사람들이 회사에 관심이 없었다는 것을 알았죠. 그 이후 승진을 함에 따라 어떻게 하면 회사가 사람들의 욕구를 더 효과적으로 충족시켜 줄 수 있을지를 보게 되었죠. 근래에 들어서 회사가 어떻게 움직이는지 이해하게 되었어요. 회사를 볼 때마다 조금씩 다르게 보여요.
5. S C F D/S(직장을 자주 빠지며 술에 취해 온다) 저는 어젯밤 정말 즐거웠어요. 제임스 맥주는 최고에요. 술병만 봐도 기분이 좋아져요. 술병을 따는 소리가 정말 좋아요.
6. S C F D/S(위의 내담자) 어제 저녁에도 술에 취했어요. 술 마시러 나가기 전에 제 아내가 제가 너무 술을 많이 마셔서 집을 나간 것을 알았어요. 제가 좋아하는 술집에 가서 제임스 맥주를 6병을 마시고 다시 아는 술집으로 친구와 같이 가서 (더 자세하게 말한다.) 그런 다음 기억이 안 나요.
7. S C F D/S(위의 내담자) 이게 제가 화나면 하는 전형적인 행동이에요. 제가 원하는 데로 되지 않으면 전 나가야 해요. 제 결혼생활도 그랬어요. 부인이 제가 주의를 기울이지 않으면 제가 집을 나갈 것이라고 협박했지요. 그런 후 나가서 술에 취하지요. 제 생각에 전 술에 취했을 때가 가장 행복한 것 같아요.
8. S C F D/S(위의 내담자) 술은 우리 가족에게 대대로 중요했어요. 술을 마셔서 자신을 표현하지요. 아버지께서 술을 많이 마셨지만 취하지는 않았어요. 할아버지는 42세에 간 때문에 돌아가셨지요. 우리 가족사를 돌아볼 때 걱정이 되요.
9. S C F D/S(12세, 또래 집단의 영향에 대해 걱정하며) 만약 내가 옷을 더 잘 입지 못하면 다른 애들이 저를 좋아하지 않을 거예요. 다른 사람과 어울리기 위해서 옷을 잘 입어야 해요. 다른 사람들이 저를 외모로 평가해요. 부모님께 이야기 했지만 제 옷 입는데 아무런 문제가 없다고 하세요. 부모님은 저를 아이 취급해요.
10. S C F D/S(4세, 아버지에 관해 이야기함) 아빠는 저를 사무실로 데려갔죠. 저를

친구들에게 보여주고 싶다고 했어요. 저는 아빠의 어깨에 제 얼굴을 묻었어요. 아빠가 웃었어요. 나는 기분이 좋았어요.

11. S C F D/S(15세. 직업에 대해 고민하며) 직업에 대한 과목을 듣는 것은 지루해요. 전 제가 뭘 할지 알아요. 여배우가 되고 싶어요. 직업 적성검사는 판매직이 제게 맞는다고 했어요. 하지만 저는 판매원이 되고 싶지는 않아요.
12. S C F D/S(가족 상담 중) 제 남편은 항상 아이들에게 지시를 하지요. 그는 항상 자신이 옳다고 생각해요. 그를 변화시킬 수 없어요.
13. S C F D/S(23세, 동성연애자) 저는 지금 AIDS의 결과를 기다리고 있어요. 저는 결과가 어떻게 나올지 걱정돼요.(떨면서 울려고 한다)
14. S C F D/S(29세, 흑인 여성) 처음에 제가 승진을 하지 못한 것이 제 탓이라 생각했지요. 더 열심히 일해야 된다고 생각했어요. 그러나 다섯 번째로 제가 훈련시킨 부하 직원이 저보다 높이 승진하게 되고나서 이 회사가 흑인을 차별한다는 것을 알았어요.

연습 3. 완성된 면담 내에서 내담자와 상담자 모두의 인지적/정서적 유형 평가하기.

부록 4는 내담자와 면담 진행자의 응답을 분류하는데 있어서의 실습을 위한 모든 면담을 포함하고 있다. 또한 동일한 네 가지 유형의 Scale에 있어서 상담자의 조력 모범들(leads)을 분류할 수 있다. 이번 과제를 촉진하기 위한 DCT 인지적/정서적 분류 시스템으로 말이다(부록 2 참조).

면담 실습 연습

연습 4. 역할 연기 상황에서 내담자의 인지적/정서적 유형 규명하기.

인지적/정서적 유형을 확인하는 작업을 같이 할 동료를 찾아라. 각자 돌아가면서 내담자의 유형을 확인하게 된다. 아래 리스트는 면담자의 질문들과 내담자의 대답을 적을 수 있는 자리로 구성되어 있다. 내담자의 발달 유형을 확인하고 그런 평가를 위한 증거를 제시하라. 증거는 대개 내담자의 세부적인 언어적 행동으로 구성된다. 그러나 비언어적 단서들도 발달 평가에 중요한 수단임을 기억하라.

이 훈련연습의 대안으로는 4명의 집단을 구성하는 것이다. 첫 번째 사람은 내담자의 역을 수행하고, 두 번째 사람은 면담자가 된다. 나머지 두 사람은 관찰자이다. 면담자가 질문을 하는데 듣기 기술을 사용해 데이터를 뽑아낸다. 내담자가 50~100개의 단어를 말하면 중지한 후 모든 이들이 내담자의 인지적/정서적 유형에 대해 토론한다. 토론이 끝나면, 면담자는 내담자가 되고 관찰자 중 한 명이 두 번째 질문을 한다. 다시 인지적/정서적 유형이 검사된다. 내담자의 유형을 규명할 수 있겠다는 자신감이 들 때까지 돌아가면서 이같은 질문방식을 취한다.

아래에 내담자의 핵심 단어나 생각을 써라. 당신의 결정을 뒷받침할 수 있는 구체적인 증거를 사용하여 내담자의 인지적/정서적 유형을 규명하라.

1. 할당된 과제를 제 시간에 못했을 때에 대해서 말해보라

____

____

S C F D/S 유형 결정에 관한 구체적인 증거를 아래에 제시하라.

____

____

2. 알코올이나 마약 같은 단어를 들었을 때 어떤 생각이 드는가?

____

____

S C F D/S 유형 결정에 관한 구체적인 증거를 아래에 제시하라.

____

____

3. 과거에 있었던 다른 사람과의 충돌에 대해 말해보라.

____

____

S C F D/S 유형 결정에 관한 구체적인 증거를 아래에 제시하라.

____

____

4. 집을 나가야겠다는 생각을 처음 했을 때 어떤 마음이 들었나?

S C F D/S 유형 결정에 관한 구체적인 증거를 아래에 제시하라.

5. 당신 가족에게 중점을 둘 때 어떤 마음이 일어나나?

S C F D/S 유형 결정에 관한 구체적인 증거를 아래에 제시하라.

6. 우리 대부분은 차별이나 편협성의 어떤 요소를 가지고 있다. 이를 경험했을 때 당신의 느낌을 말해보라.

S C F D/S 유형 결정에 관한 구체적인 증거를 아래에 제시하라.

7. 당신 스스로의 질문을 구성하라.

S C F D/S 유형 결정에 관한 구체적인 증거를 아래에 제시하라.

연습 5. 인지적/정서적 유형 내에서의 집단 실습

내담자의 인지적/정서적 유형을 확인하는 자료를 가지고 보다 복잡한 관찰 과정으로 들어가 보자: 역할 연기 과정에서의 내담자와 상담자 양쪽 모두의 규명이 그것이다. 이 기술에서 즉각적인 능숙함을 기대하진 말라. 여러 실습을 거치면서, 차츰 기술이 나아질 것이다.

이 연습을 위해 셋 혹은 넷 정도의 집단이 필요한데 이는 세부상담 실습 과정과 유사하다.

1단계: 실습 집단 나누기

시작하기 전 비형식적으로 서로 친근해 질 수 있는 기회를 갖는다.

2단계: 집단 리더 뽑기

집단 리더의 역할은 집단 원들이 연습과정에서 구체적인 절차를 따르도록 확실히 하는 것이다. 경험이 적은 집단 구성원을 먼저 리더로서 활동하게 하는 것이 도움이 된다.

3단계: 실습 세션을 위해 역할 정하기

- **내담자.** 역할 내담자는 협조적이어야 하고, 화제에 대해 자유롭게 이야기하며 면담 진행자를 곤란하게 해서는 안 된다. 이후 실습 과정에서는 어려운 문제나 또는 어려운 내담자가 선택되는 것이 중요하다.
- **면담자.** 변남사는 위의 것 중(미리 면담자와 내담자가 동의한 것이라면 어떤 질문도 괜찮다) 하나를 선택해 질문하는데 선택된 화제 속으로 내담자를 끌어들여야 한다. 면담자는 조력이론이나 자신의 유형을 사용하는데 자유로워야 한다.
- **관찰자 1.** 첫 번째 관찰자가 다음 〈표 3-3〉의 피드백 양식을 완성하는데 내담자의 인지적/정서적 방식에 대한 관찰을 요약한다.
- **관찰자 2.** 두 번째 관찰자는 피드백 양식을 완성하는데 면담자의 인지적/정서적 유형에 대한 관찰을 요약한다.

4단계: 세션 계획하기

- 면담자와 내담자는 처음에 화제에 대해 동의해야 한다. 면담자는 내담자가 그들 자신의 면담하는 방식으로 말하게끔 조장하려고 할 것이다.
- 내담자들은 세션 내내 동의된 화제에 대해 자신들이 말하고자 하는 대로 생각

하고자 할 것이다.

- 두 관찰자는 피드백 방식을 확인하고 각각의 내담자, 면담자의 진술을 분류할 준비가 되어 있어야 한다. 내담자들의 핵심어들을 작성하는 것이 가능하다; 이는 토론 기간동안 면담을 재구성하는데 도움이 된다.

5단계: 면담하기(5분간)

면담자와 내담자가 화제에 대해 약 5분간 토론하는 동안 관찰자들은 각각의 진술을 따라가며 이를 분류한다. 녹음이나 녹화로 기록하는 것도 도움이 된다.

6단계: 즉시적인 피드백 제공, 노트 완성하기(5분간)

이는 매우 구조적인 과정이며 종종 과정을 진행시키고 토론할 즉각적인 필요가 발생할 수 있다. 특히 면담자가 내담자들에게 "이번 실습을 통해서 어떤 것을 경험했나?"와 같은 질문을 하는 것이 도움이 된다. 실습에 대한 진실하고 개인적 반응을 할 수 있는 시간을 당신 자신에게 허락해라.

면담자도 진행과정에 대해 생각할 동일한 기회를 지닌다. 내담자는 진행과정에 대한 개인적 반응에 대해 물어볼 수도 있다. 이런 역할의 변화는 모두에게 유익하다. 이 부분에서, 관찰자는 참가자가 통제할 수 있도록 한다. 당신의 분류와 노트작업을 이 때 완성하라.

7단계: 실습 세션 검토, 피드백 제공하기(15분간)

피드백을 주는 사람으로 하여금 피드백을 받게 하는 것도 중요하다. 그래서 면담자는 질문 없이 피드백을 받기 보다는 피드백에 대해 물어보는 사람이 되어야 한다. 피드백은 세부적이고 구체적이며 어떤 판단을 내려서는 안 된다("끔찍하군, 너는 ~했어야 했어" 등의 표현은 피한다). 면담의 강도에도 신경을 써라.

대부분의 사람들은 여러 유형으로 이야기하기 때문에 오로지 한 가지 발언에만 초점을 맞추면 내담자나 상담자의 인지적/정서적 유형의 분류가 쉽지 않을 것이다. 그래서 학습의 첫 단계에서는 시간을 가지고 각각의 유형이 가지는 가장 명확한 예를 파악할 수 있는 능력을 기르는데 만족해야 한다. 나중에 당신은 인지적/정서적 유형을 인식하고 이를 자동적으로 바꾸게 될 것이다.

일반화: 발달 평가 적용

많은 이론들이 책이나 워크숍에서 전문적인 상담/치료의 실행을 위해 고안된다. 대부분의 책들은 선반 한쪽에 방치된 채 사용되지 않다가 먼지만 가득한 채 결국 잊혀진다. 요점은 발달 평가의 개념들을 당신의 실제 생활과 규칙적인 면담 실행에 통합시킬 수 있느냐는 점이다.

'발달 평가 개념을 실제에 적용하기 위해'서는 당신의 실행에 책임이 있다. 사실 생각과 추상성은 여기 존재한다. 궁극적으로 중요한 것은 당신의 구체적인 실습과 행동이다. 다음의 것들은 이런 생각의 사용이 유용하다는 것을 보여주는 실제 행동들이다.

연습 6. 일상생활에서 사람들의 개인적 관찰

개인들의 인격적 관찰 발달 평가의 일반화에 유용한 첫 단계는 일상에서 경험하는 사람들을 관찰하는 것이다. 어떤 인지적/정서적 유형을 가지고 당신은 친구, 가족들과 이야기하는가? 어떤 인지적/정서적 유형으로 당신은 답하는가? 그들은 화제에 대해 한 가지 방식으로 혹은 여러 가지 방식으로 이야기하는가? 그들은 발달적 진보를 통해 옮겨가는가?(예를 들어 구체적인 것으로 시작해서 형식적이고 추상적인 것으로).

두 세 명의 사람들 간에 인지적/정서적 불일치가 일어나는 것을 본 적이 있는가? 문제를 해결하기 위한 구체적이고 형식적인 접근사이의 상당한 오해와 충돌을 보았을 것이다. 다음 주에는 최소한 하루에 한 사람을 관찰할 계획을 세워라. 때때로 당신 자신을 관찰하는 것도 망설이지 말라. 당신의 관찰을 〈표 3-3〉의 피드백 양식에 기록해라.

〈표 3-3〉 발달유형 평가 피드백 양식
지시: 첫째, 내담자나 면담자 발언의 핵심어들을 써라. 진행됨에 따라 실재 면담에 상당히 근접한 기록을 가지게 될 것이다. 하지만 당신의 평가가 다른 관찰자와 일치할 거라는 예상은 하지 말라. 가장 중요한 점은 면담이 재구성되기 위한 핵심단어를 찾아내는 것이다. 녹음/녹화를 사용한다면 이를 반복검토해서 보다 정확한 평가를 할 수 있다.

둘째, 내담자와 면담자 모두의 진술을 분류하라. 시간이 지나고 실습이 거듭되면 이런 관찰방법이 보다 쉬워지고 익숙하게 느껴질 것이다. 내담자에게 혹은 면담에서 사용된 발달 유형에 동그라미 하라.

1. S/M C F D/S____________________
2. S/M C F D/S____________________
3. S/M C F D/S____________________
4. S/M C F D/S____________________
5. S/M C F D/S____________________
6. S/M C F D/S____________________
7. S/M C F D/S____________________
8. S/M C F D/S____________________
9. S/M C F D/S____________________
10. S/M C F D/S____________________
11. S/M C F D/S____________________
12. S/M C F D/S____________________
13. S/M C F D/S____________________
14. S/M C F D/S____________________
15. S/M C F D/S____________________
16. S/M C F D/S____________________
17. S/M C F D/S____________________
18. S/M C F D/S____________________
19. S/M C F D/S____________________
20. S/M C F D/S____________________
21. S/M C F D/S____________________
22. S/M C F D/S____________________
23. S/M C F D/S____________________
24. S/M C F D/S____________________

연습 7. 가족, 집단, 조직 관찰하기

위와 동일한 방법과 형식에 따라 집단을 관찰하라. 가족, 집단, 조직 내에는 인지적/정서적 유형의 하나로 평가될 수 있는 일반적인 '톤(tone)'이 있을 것이다. 서로 다른 집단의 사람들은 집단의 상호작용에 대한 상이한 개념을 지니고 있을 것이다. 당신의 관찰을 〈표 3-3〉에 기록해라.

연습 8. 발달 평가를 면담에 적용하기

매일 매일 면담에서 내담자 한명에 주목해라. 내담자가 개념적으로 특별한 문제, 걱정, 화제에 접근하는 일반적인 유형 내에서의 인지적/정서적 유형의 일반적 평가를 내릴 수 있다는 것을 알게 될 것이다. 또한 내담자가 전형적으로 문제에 접근하는 유형에 주목하는 것도 배워야 한다. 내담자는 문제에 대해 생각하는 일반적이고 형식적인 접근을 취할지도 모른다. 하지만 당신에게는 때때로 구체적인 방식으로 전환할 수도 있다. 대부분의 내담자들은 기초적, 구체적 기술을 발전시킬 필요가 있다.

형식적이며 변증법적/체계적 영역 내에서 너무 추상적이어서 현실과의 접촉을 상실하는 경우도 있다. 다시 내담자의 인지적/정서적 유형을 평가할 수 있는 구체적인 사건을 제공해라.

____

____

____

포트폴리오 반영

연습 9. 발달적 평가에 대한 반영

이번 장에서 무엇을 배웠나? 이번 장에 대해서 어떤 생각이 들었나? 당신이 생각하는 핵심 포인트는 무엇인가? 당신의 생각을 여기에 기술하고 당신의 컴퓨터 포트폴리오 파일에 저장하라.

____

____

____

____

____

____

참고문헌

Cornford, F. (1982). *The republic of Plato*. London: Oxford. (Original work published 1941)

Goncalves, O., Ivey, A., & Langdell, S. (1988). The multilevel conception of intentionality: Implications for counselor training. *Counseling Psychology Quarterly,* 1(4), 377–387.

Hoffman, L.(1991). Developmental counseling for prekindergarten children: A preventive approach. *Elementary School Guidance & Counseling,* 26, 56–67.

Ivey, A. (2000). *Developmental therapy: Theory into practice.* North Amherst, MA: Microtraining. (Original work published 1986)

Ivey, A., & Ivey, M. (1990). Assessing and facilitating children's cognitive development: Developmental counseling and therapy in a case of child abuse. *Journal of Counseling and Development,* 68, 299–305.

Ivey, A., & Ivey, M. (2003). *Intentional interviewing and counseling: Facilitating development in a multicultural world* (5th ed.). Pacific Grove, CA: Brooks/Cole.

Jankowski, P. J. (1998). A developmental–constructivist framework for narractive therapy. *Family Therapy,* 25(2), 111–120.

Kenney, D., & Law, J. (1991). Developmental counseling and therapy with involuntary mid–life career changers. *Journal of Young Adulthood and Middle Age,* 3, 25–39.

Marszalek, J. (1999). The gay and lesbian affirmative development (GLAD) model: Testing the validity of an integrative model of gay identity development theory and Ivey's developmental counseling theraphy model. *Dissertation Abstracts International: Section B. The Sciences & Engineering,* 59(11–B), 6107.

Marszalek, J., & Cashwell, C. (1998). The gay and lesbian affirmative development (GLAD) model: Applying Ivey's developmental counseling therapy model to Cass' gay and lesbian identity development model.

Journal of Adult Development and Aging: Theory and Research, 1(1), 13-31.

Myers, J. E., Shoffner, M., & Briggs, M. (2002). Developmental counseling and therapy: An effective tool for understanding and counseling children. *The Professional School Counselor,* 5, 194-202.

Rigazio-DiGilio, S. (1989). *Developmental theory and therapy: A preliminary investigation of reliability and predictive validity using an inpatient depressive population.* Unpublished doctoral dissertation, University of Massachusetts, Amherst.

Rigazio-DiGilio, S., & Ivey, A. (1989). Developmental therapy and depressive disorders: Measuring cognitive levels through patient natural language. *Professional Psychology: Research and Practice,* 21(6), 470-475.

Strehorn, K. C. (1999). Examining services to postsecondary students with leearning disabilities through the use of Ivey's developmental counseling and therapy (DCT) model. *Dissertation Abstracts International: Section A. Humanities & Social Sciences,* 59(7-A), 2367.

Sue, D. W., Carter, R., Casas, J., Fouad, N., Ivey, A., Jensen, M., LaFromboise, T., Manese, J., Ponterotto, J., & Nuttall, E. (1996). *Multicultural competencies: Individual and organizational development.* Beverly Hills, CA: Sage.

연습 2의 해답

내담자의 인지적/정서적 유형 평가하기

1. S-감정에 의한 압도; 빈번한 화제 전환; 약간의 구체적 요소들
2. C-구체적 기술(묘사)
3. F-상대적으로 진보한 형식: 반복되는 패턴의 다양성 보기
4. D/S-체계적 작동과 복합적 관계적 관찰
5. S-직접적인 감각적 경험에 대한 강조; 다소의 구체성
6. C-분석 없는 기술(묘사)
7. F-패턴이나 전형적인(typical)것과 같은 형식적 사고의 특징을 나타내는 용어들
8. D/S-다중 관점적 사고; 체계를 작동시키는 능력

(마지막 부분의 네 개는 보다 복잡하며 다양한 유형들의 혼합이다.)

9. C, F-대부분의 응답들은 한 유형 이상으로 분류된다.

(이제 막 청소년기에 접어드는 아이들은 형식적사고와 구체적 사고의 혼합을 드러낸다.)

10. C-비록 여전히 SM에 머물더라도, 대화의 부분들은 구체적이다; "아빠는 언제나 이런 식이야."등은 유아기의 형식적 사고의 증거이다(대부분 어린 아이들은 부모들의 행위를 관찰하고 패턴을 명명할 수 있다.).
11. C, F-감정의 교착은 중요한 변화를 겪고자 하는 내담자들의 특징이다(우리의 치료목적은 형식적 방식에서 요구되는 패턴의 사고로 옮겨가기 전에 구체적 방식에서 시작해서 사물들을 명확히 하는 것이다.).
12. F-형식적 사고가 어떻게 전 조작적이며 문제인가에 대한 명확한 실례이다(사람과 패턴을 규정하는데 깊이 빠져든 사람들은 사건의 체계적 본질이나 구체적 변화를 볼 수 없다.).
13. S, C-우리가 확고하게 구체적이거나 형식적이더라도, 우리로 하여금 감각운동의 경험으로 가게 하는 사건들도 있다.
14. D/S-형식적으로 행동했지만, 이제는 변증법적 인식으로 변화했다.

제4장 : 발달 중재와 전략: 내담자의 인지적/정서적 발달을 촉진하기 위한 중재

본 장의 실습 목적

본 장의 개념들을 익히고 실습해봄으로써 다양한 유형의 내담자들에게 특정한 DCT 질문을 적용할 수 있으며 다른 상담/치료 이론에도 이를 적용 할 수 있다.

DCT에서는 발달 평가를 통해 특정한 상담전략을 계획할 수 있다. 내담자의 인지적/정서적 유형을 평가한 후 특정 기술과 전략을 사용하여 내담자의 개인적 성장과 변화를 도울 수 있다. DCT전략은 많은 내담자에게 매우 유용하다는 것을 깨닫게 될 것이다.

통합적 메타이론으로써 즉 상담/치료 이론들에 대한 이론으로써 DCT는 내담자의 인지적/정서적 패턴을 평가하고 내담자의 필요에 따라 상담/치료 이론을 선택할 수 있는 틀을 제공하며 선택한 이론에 대한 논리적 근거를 제시한다. 이러한 이론은 DCT평가를 통해 얻은 강점을 중심으로 선택할 것이다.

본 장에서 제시되는 지식과 개념에 대한 기술을 익힘으로써:

1. 면담 시 내담자의 인지적/정서적 발달을 도울 수 있는 특정 질문과 중재를 이용할 수 있다.
2. DCT의 시각으로 전통적인 상담/치료를 이해할 수 있다.
3. DCT 전략과 전통적인 이론을 내담자들의 문제에 적용할 수 있다.

서론: 면담 유형과 이론에 의해 영향을 받는 내담자의 반응

DCT이론의 기본적인 전제는 상담사/치료사의 행동과 사고가 내담자가 자신의 문제에 대해 생각하고 이야기하는 유형에 영향을 준다는 것이다. 얼마 전까지 상담사/치료사들은 자신들이 상담/치료에서 완전히 객관성을 유지할 수 있으며 내담자의 생각이나 행동에 영향을 주지 않는다고 생각하였다. 그러나 상담사/치료사가 내담자에 영향을 주지 않을 수가 없다. 당신이 내담자와 면담을 하는 것 자체가 내담자가 자신의 문제를 바라보는 시각에 영향을 주는 것이다. DCT는 상담/치료에서 상호영향에 대해 강조를 한다. 연구 결과를 보면 상담사/치료사가 지속적으로 강화를 해주는 주제에 대해 내담자가 이야기 한다는 것을 명확하게 볼 수 있다. 단일한 내담자인 글로리아에 대한 세 명의 상담자의 심리치료를 기술한 심리치료에 대한 세 가지 접근(Meara, Shannon, & Pepinsky, 1979)을 보면 알버트 엘리스(Albert Ellis), 프리츠 펄스(Fritz Pearls), 그리고 칼 로져스(Carl Rogers)가 나온다. 여기서 내담자가 상담자가 바뀔 때마다 상담자의 언어와 유사하게 말하는 것을 볼 수 있다. 치료적 대화에서 상담사/치료사와 내담자가 서로 영향을 주고 받으며 이 과정이 언어에서 나타난다는 것을 알 수 있다.

상이한 상담/치료 접근이 내담자가 자신의 문제를 지각하고 논의하는데 영향을 준다는 것이 명확하다. 이와 유사하게 면담 상황에서 상담사가 사용하는 질문과 경청기술은 내담자의 그 다음 이야기에 영향을 주며 궁극적으로 내담자가 자신의 문제에 대한 해결책을 찾는데 영향을 주게 된다.

본 장에서는 DCT에서 사용하는 특정 질문 전략을 탐색해 볼 것이다.

횡단적/종단적 발달을 위한 질문과 전략

DCT는 내담자가 자신의 인지적/정서적 틀 내에서 자신의 문제를 이야기 하는데 도움을 줄 수 있도록 특정한 발달적 질문과 전략을 개발하였다. 그러나 항상 내담자가 익숙한 영역에서만 문제를 다루는 것은 적절하지 않다. 예를 들어 자신의 문제를 구체적 유형으로만 보는 내담자는 형식적 유형으로 볼 수 있게 되면 더 도움을 받을 것이고 과도하게 주지화 시키는 경향이 있는 내담자의 경우는 감각 운동적 유형으로 자신에게 일어난 사건들을 경험하는 것이 더 도움이 된다. 상담/치료의 과제는 내담자가 익숙한 유형에서 문제를 충분하게 다룬 뒤(횡단적 발달) 새로운 의식 유형으로 볼 수 있도록 돕는 것이다.

횡단적 발달

개인과 가족은 튼튼한 발달적 기초가 형성되지 않으면 성장할 수 없다. DCT는 내담자가 자신의 주된 인지적/정서적 유형 내에시 자신의 문제를 이해하는 것이 중요하다고 강조하고 있다. 즉, 일단은 내담자의 유형에 면담자가 맞춘 다음에, 내담자가 자신을 새롭게 볼 수 있도록 도전하는 것이 효과적이다.

종단적 발달

종단적 발달은 자신이 익숙한 유형에서 더 복잡한 사고의 유형으로 '위로' 움직이는 것과 기초를 더 단단하게 만들기 위해 '아래로' 움직이는 것을 말한다. 항상 위로 가는 것이 더 좋은 것은 아니다. 종단적 발달은 자신이 시작한 곳에서 시작하여 다른 수준이나 유형으로 자신의 발달적 가능성을 확대시키는 것을 말한다. 많은 경우 이러한 확장은 감각 운동적 사고나 구체적 사고 유형에서 시작하여 순차적으로 형식적, 또는 변증법적 경향으로 나아가는 것을 말한다.

이러한 움직임을 돕기 위해 DCT에서는 특정한 질문을 활용 한다(표 4-1과 부록 3

참조). DCT의 질문에 대해 질문 자체가 면담자가 제시하는 것이고 내담자로부터 나온 것이 아니며 질문들이 면담과정을 통제하는데 사용될 수 있다는 비판을 받는다. 그러나 DCT 질문들은 자신의 문제를 개인적 경험에서 이야기 할 수 있고 이를 새로운 시각으로 볼 수 있도록 도와준다.

〈표 4-1〉 발달 전략 질문 순서

문제의 제시	"오늘 무엇에 대해 이야기하고 싶습니까?" "가족을 생각하면 어떤 생각이나 감정이 일어나나요?" 50에서 100개의 단어정도로 구성된 이야기를 들은 후, 내담자의 인지적/정서적 수준을 전반적으로 평가해 보라. 평가 시 질문, 격려, 감정의 반영, 바꾸어 말하기 등을 사용하며 내담자의 이야기에 많은 영향을 주지 않도록 노력하라. 내담자가 이야기 하는 대로 받아들이고 내담자가 더 많은 이야기를 하기 전에 중요한 정보와 감정을 요약하라.
감각 운동적/ 기초적	"그 상황에 대해 떠오르는 한 시각적 이미지가 있나요?" "뭐가 보이나요? 뭐가 들리나요? 무슨 감정이 느껴지나요?" "그 이미지를 생각할 때 몸에 느껴지는 것이 있나요?" 이때 그 순간 느껴지는 경험에 초점을 맞춘다. 이 단계에 대한 질문이 끝나면 전체적인 내용을 요약하라. 그리고 마지막으로 이 모든 경험에서 어떤 것이 당신에게 두드러지는가?라고 질문한다.
구체적/상황적	"그 상황이나 문제에 대한 구체적 예를 제시해 보세요." "그 상황에서의 감정에 대해 말해 볼 수 있나요?" 그 사건에 대한 순차적인 기술을 듣는다. 후기 구체적 조작 유형의 내담자라면 인과적 논리를 제시하는지 자세히 듣는다. "그가 무슨 행동을 했나요?" "그 전에 무슨 일이 있었나요?" "만약 그가 X와 같은 행동을 했다면 무슨 일이 일어났을까요?"그 다음 일련의 질문으로 넘어가기 전에 요약을 하라. 정서적 발달을 평가하기 위해 "어떤 느낌이 들었나요?" "당신이 X와 같은 느낌이 들은 이유는...." 같은 질문을 하라.
형식적/반영적	"이런 행동이 다른 상황에서도 일어나나요? 이런 행동이 당신의 패턴인가요? 다른 상황에서도 그런 감정이 드나요?" 반복되는 패턴에 대해 이야기 한다. "그런 일이 생겼을 때 당신은 스스로에게 어떻게 말을 했나요?" 감정을 반영하고 적절히 환언한다. 중요한 사실과 감정들에 대해 요약한다. "그 상황을 돌아볼 때 당신은 어떤 생각이 드나요?"
변증법적/ 체계적/ 통합적	시작하기 전 이전 단계들을 요약하고 내담자에게 "당신이 나에게 이야기한 모든 것을 통합해 보세요" "당신의 감정을 다르게 기술한다면 어떻게 변화 되겠는가?" 내담자의 내용을 요약하고 질문을 제시함으로써 내담자가 a. 현실이란 한 사람의 견해에서 결정되는 것이 아니라 서로 상호 구성하는 것임을 인식하게 된다.

b. 동일한 상황에 대해 상이한 관점이 존재한다는 것을 인식한다.
c. 현재 관점의 결함, 오류를 발견하게 된다.
d. 새로운 통찰력을 현실에 옮기게 된다.

더 복잡한 논리의 영역으로 들어섬에 따라서 상담 기법에 있어서 여러 개의 가능성이 생긴다. 그러나 이를 적용하기 전에 내담자의 이야기를 전체적으로 요약한 후 해야 한다.

통합: 당신이 저에게 말해준 것을 어떻게 통합할 수 있나요?
상호 구성: 어떤 규정(규칙)에 근거하여 작동을 했나요? 그런 규정이 어디서 나왔나요? 다른 가족원은 그 상황을 어떻게 볼까요?
다 관점: 다른 사람의 입장에서는 이를 어떻게 기술할 수 있을까요?
다른 관점을 적용하면 이를 어떻게 재구성 할 수 있나요?
탈구조 및 행동: 이 논리의 결함(결점), 오류를 찾을 수 있나요? 이 규정을 어떻게 변화시킬 수 있나요? 어떤 행동을 취해야 하나요?

특정한 질문과 함께 DCT는 감정의 반영, 바꾸어 말하기, 요약 그리고 격려와 같은 경청기술을 많이 사용하도록 권장한다. 높은 수준의 공감, 조력가의 진실성 그리고 내담자에 대한 존경심 없이는 DCT질문들은 의미를 상실한다. 질문들, 특히 감각 운동적 질문들은 매우 강력하여 내담자에게 큰 영향을 줄 수 있다. 때로는 내담자가 얻는 자아에 대한 통찰이 매우 받아들이기 힘든 것일 수도 있다. 그렇기 때문에 질문을 사용할 때 내담자의 필요에 따라 조심스럽게 제시되어야 하고 수퍼비전도 받아야 한다.

이러한 개념을 단순한 실습을 통해 살펴보자. 누구든 사랑하는 사람을 떠나보내거나, 익숙한 장소에서 멀어져야 했던 경험을 가지고 있을 것이다. 분리와 이별의 주제를 중심으로 하여 다음 일련의 질문에 답해보기 바란다. 이 질문들이 상담사/치료사 제시한다고 생각해 보자. 당신의 반응을 녹음해 보라. 먼저, 이별이나 분리의 경험과 관련된 발달 전환기에 대해 생각해 보고 이에 대한 자신의 반응을 쓰거나 녹음기에 녹음을 하라. 그런 후, 자신의 인지적/정서적 유형을 평가해 보라.

다음에 제시된 질문들은 상담/치료에서 새로운 것은 아니다. 효과적인 상담사/치료사들이 일반적으로 사용하는 것들이다. DCT의 강점은 이 일련의 질문들을 피아제의 인지 발달 이론에 맞추어 체계적으로 나열하였다는 것이다. 질문을 제시할 때 각 단계마다 한 두 개의 질문을 하기 보다는 한 단계에 대한 질문을 충분하게 한 다음 내담자가 이에 대한 이해를 한 다음, 다음 단계로 넘어가는 것이 효과적이다.

DCT 전략은 당신의 전략에 체계적으로 초점을 맞출 수 있도록 도와준다. 이 질문들을 통해 내담자가 반응을 하지 않는 부분을 인식할 수 있도록 도와줄 것이다. 또 내담자가 자신의 감정을 충분하게 경험하지 않을 경우, 자신에게 익숙한 유형에서 감정을 다룰 수 있도록 도와줄 수 있다.

다음 질문을 읽으면서 당신도 이에 대해 답해보고 일련의 질문들이 어떻게 다른 인지적/정서적 유형으로 생각하도록 돕는지 유의하면서 진행하기 바란다.

1. *초기 인지적/정서적 유형.* 이별이나 분리의 경험을 떠 올리면 어떤 생각이나 감정이 일어나나요? 발달 평가에 대해 배운 것을 기초로 하여 이별과 분리에 대해 당신은 어떤 유형으로 기술하였나요? 다음 중 하나에 동그라미 치고 그 이유에 대한 근거를 제시해 보라.

____

____

____

____

감각 운동적
구체적
형식적
변증법적/체계적
구체적 증거를 아래에 기록하라.

____

____

2. *감각 운동적.* 이별이나 분리 경험에 대해 생각해 볼 때 특정한 이미지가 떠오르나요? (자세할수록 좋다) 우리는 대부분 중요한 삶의 사건에 대해 중요한 한 가지 핵심 시각, 청각, 신체적 이미지를 간직하고 있다. 무엇이 보이는지 설명해 보라. 무엇이 들리는가? 무엇이 느껴지는가? 몸의 어디에 느껴지는가?

____

감각에 초점을 맞추는 것은 내담자가 자신의 과거 경험을 재현하는데 매우 중요하기 때문에 이러한 기법들은 조심스럽게 사용되어야 한다. 만약 내담자와 충분한 신뢰를 쌓았다면 이 단순한 질문들로 매우 강력한 감정들이 떠오르게 된다.

3. *구체적/상황적.* 중요한 사람이 떠났거나 당신이 떠나야 했던 경험에 대해 사례를 자세하게 제시 할 수 있나요? 이 분리의 경험에 대해 어떻게 느끼나요(느꼈나요)?

구체성은 상담에서 중요한 개념이다. 과도하게 추상적인 내담자를 도와주는 방법은 문제에 대해 자세하고 구체적인 예를 제시하도록 하는 것이다. 이러한 정보를 얻게 되면 그 문제에 대한 이해가 달라지게 된다. 이 단계를 발달시키려면 상담사/치료사가 내담자의 이야기와 사례를 경청해 주는 노력이 필요하다. 이 과정이 때로는 지루하게 느껴지지만 매우 중요하다.

4. *형식적/반영적.* 분리와 관련된 다른 상황에서도 이런 생각이나 감정이 일어나는가? 이러한 것이 패턴인가? 다른 경우에도 동일하게 느낀 적이 있는가? 이런 방식으로 그 사건을 보면 어떻게 느끼는가? 이 사건에 대한 당신의 반영적 생각은?

많은 상담자들은 형식적/반영적 유형을 선호한다. 대부분의 상담자들은 자아 이해와 사고와 행동의 반복적인 패턴에 강조를 두는 추상적인 개념의 세계에서 작용하기를 바란다. 이 유형의 내담자들이 세계에 대해 횡적인 성장을 하도록 돕는 것은 매우 유용하다. 이러한 사고를 하게 되면 내담자가 단일한 문제를 푸는 것이 아니라 패턴을 인식하게 되면 여러 개의 문제를 해결하게 된다.

5. *변증법적/체계적.* 다음 질문중 하나를 선택하라: (1) 자신의 삶을 돌아볼 때 어떤 사건이 가장 인상에 남는가? 당신이 알아온 것들을 어떻게 통합할 수 있겠는가? (2) 이것이 어디서 시작되었는가? 분리에 대한 당신의 생각과 느낌이 원 가족에서 나왔다고 생각이 드는가? (3) 당신에게 이별과 분리의 의미를 여러 가지 관점에서 이야기 해 보라. (4) 당신이 속한 사회, 경제적 지위나 문화적 배경이 당신의 생각에 어떤 영향을 주었다고 보는가?

____

____

____

____

변증법적/체계적 질문들은 우리가 사고 패턴을 생각하는데 도움이 되는 것이다. 이 유형에서 사용되는 질문들은 우리의 과거를 새로운 관점으로 통합하는데 도움을 준다. 이 과정을 통해 우리의 감정, 행동, 사고가 우리가 속한 더 큰 체계나 사회의 영향을 받았다는 것을 알게 된다. 이제 자아는 체계속의 자아, 관계속의 자아 그리고 지역사회(공동체) 속의 자아로 이해된다.

DCT 일련의 질문 적용: 가족, 아동, 청소년

가족과의 작업에서도 DCT 질문법은 매우 중요하다. 가족에게 DCT를 사용하는 경우, 다음과 같은 약간의 수정이 필요하다.

남편이 타인에 대한 배려가 부족하다고 하셨는데 구체적인 예를 들어 주시겠어요? (구체적)

그가 그런 행동을 했을 때 당신은 무엇을 보거나/ 느끼거나/ 들으셨나요? (감각 운동적)

이러한 일이 두 분의 패턴인가요?(형식적)

그런 규칙이 원 가족으로부터 나온 것인가요?(변증법적)

갈등이 있다고 하셨는데 가족 중 한 분이 그것에 대한 구체적인 예를 제시할 수 있습니까?(구체적)

여기 계시는 네 분이 그 갈등 상황에 대한 요약을 들은 후 특별히 떠오르는 이미지

가 있습니까?(감각 운동적)
이런 일이 가족에서 자주 일어나나요? 패턴이 있나요?(형식적)
이러한 패턴 기저에 가족 규칙이 있나요? 규칙이 있다면 그 규칙의 오류를 찾을 수 있나요?(변증법적)
가족의 인지적/정서적 유형이 사회 경제적 지위나 종교 그리고 지역적 성향과 어떤 관계가 있나요?(체계적)

아동이나 청소년과 작업할 경우, DCT를 대상에 맞도록 적용할 수 있다. 과도하게 흥분한 아동에게 감각적 경험 중 한 가지 요소에 명확하게 집중하면 아이가 차분해 지는 것을 볼 수 있다. 어린 아동의 경우, 자신의 방식으로 경험한 것들을 모두 이야기하고 나서야 비로소 순차적으로 이야기하게 된다.

좀 더 나이가 들은 아동이나 청소년의 경우, 후기 조작적 인과적 질문이 효과적일 수 있다("만일 애들이 놀릴 때 화를 내면 다른 애들이 어떤 행동을 하지?"). 그런 후 반영적 사고를 하도록 도와주는 초기 형식적 질문을 할 수도 있다("그런 일이 자주 일어나니? 다른 상황에서도 자주 화를 내니?"). 만약 충분한 시간을 가지고 적절하게 질문을 할 경우, 이 연령의 아이들이 자신과 자신의 행동에 대해 형식적 사고를 할 수 있게 된다.

위의 예에서 볼 수 있듯이 아동이나 청소년들에게 주어지는 질문이 성인에게 제시되는 질문과 유사하다. 여기서 중요한 것은 상담자가 매우 참을성을 가지고 천천히 감각 운동적 또는 구체적 기초를 쌓아가면서 형식적 사고로 옮기는 것이다. 효과적으로 가르치는 선생님들을 관찰하면 이와 동일한 과정을 적용하는 것을 볼 수 있다. 초등학교 중, 고등학교에서 성공적으로 아이들을 가르치기 위해서는 학습전략을 아이들의 인지적/정서적 유형에 맞추는 것을 말한다. DCT의 체계적 질문 전략은 어느 연령이든 어느 상황이든 적용 가능하다.

정서 발달의 촉진

인지 없는 정서 없고 정서 없는 인지 없다.

정서 발달은 인지 발달과 구분될 수 없다. DCT는 정서를 인지의 특별한 유형으로 생각한다. "무엇이 보입니까? 무슨 소리가 들리지요? 어떤 느낌이 드나요?"와 같은 질문들은 감각 운동적 정서와 인지적 경험을 자극한다. 감정을 신체감각과 연결시키는 것이 매우 유용하다. 대부분의 내담자들은 감정이 느껴지는 신체부위를 인식할 수 있다.

후기 감각 운동적 유형의 내담자들에게는 단순히 감정을 명명함으로써 감정을 반영하게 되어 매우 유용하다. 많은 경우, 감정은 좋거나 나쁘거나 둘 중 하나로 구분될 수 있다. 후기 구체적 유형의 내담자와 작업을 할 때 인과적 관계를 보는 것이 유용하다. 감정에 대한 인과적 반응이 내담자가 자신의 감정 경험의 근거를 이해하는데 도움이 된다.

형식적 유형의 내담자의 경우, 로져스의 내담자 중심 상담이 유용하다. 구체적 기법은 감정을 명확하게 하는데 도움이 되고 형식적 기법은 감정 자체를 재조명하는데 도움이 된다. 감정적 논리에 대한 추상적 형태의 기법은 상담사/치료사 훈련 교육과정에 많이 사용된다. 이러한 감정의 분석은 때로는 정서적이기 보다는 인지적인 과정이다. 감정 반영과정은 내담자와 상담사/치료사 모두가 정서 경험을 직접적으로 경험하는 것을 회피하는 방법으로 사용될 수도 있다. 그럼에도 불구하고 감정에 대한 분석적 접근은 치료과정의 중요한 부분이다. 내담자는 자신의 감정을 분석하는 것을 배우며 현재 자신의 행동 패턴이 과거 정서 경험과 관련되어 있다는 것을 인식하게 된다(표 4-2 참조).

〈표 4-2〉 감각 운동적 치료 접근: 신체 인식, 탐지 및 명명, 의미발견

신체 변화에 대한 인식은 면담 장면에서 현재 내담자에게 일어난 변화에 대한 매우 유용한 단서이다.

긍정적인 측면에 먼저 초점을 맞추라

상담사/치료사는 과도하게 문제만 강조하는 경우가 많다. DCT에서는 몸이 지니고 있는 긍정적 기억에 초점을 맞춘다. 몸이 지니고 있는 부정적 기억을 다루기 전에 부정적인 기억을 다룰 수 있는 힘을 확인해야 한다. 일단 긍정적인 기초를 찾은 후에 문제를 다룰 수 있다. 많은 경우, 강점을 통해 문제를 완화시키고 해결책을 제시하게 된다.

신체 인식

감정을 야기할 수 있는 사건을 떠 올릴 때, 신체에서 일어나는 미세한 감정의 변화에 주의를 기울여라. 모든 감정은 신체적 감각과 관련이 되어 있다(Freeman, 2003.). 상담사/치료사로부터 자신의 이러한 변화를 인식하는 것이 중요하다.

그러면 생각과 행동은 단지 마음에만 영향을 주는 것이 아니라 몸에도 영향을 준다는 것을 알게 될 것이다. 또, 내담자와 작업을 할 때 본인의 몸에 일어나는 변화에 주의를 기울여라. 특히 긍정적인 감정에 주의를 하라. 예를 들어 당신에게 힘이 되는 사람을 생각할 때 어떤 변화가 있는지 잘 살펴라.

탐지 및 명명

일단 신체의 특정 부분에서 감정을 탐지하게 되면, 그 감정을 명명하라. 예를 들면 당신을 많이 돌봐주었던 사람을 생각할 때 가슴이 따뜻하게 느껴질 수 있다. 또 상담 도중에 당신이 숨을 거의 쉬지 않고 있거나 손을 웅크리고 있다는 것을 의식할 수도 있다. 또한 내담자의 이야기가 너무 놀랍게 느껴져 숨을 쉬지 않았거나 화가 나서 주먹을 쥐고 있었다는 것을 알 수도 있다. 이 순간 자신이 느낀 감정에 이름을 붙여보라.

의미의 발견

당신의 신체에 느껴지는 감정에 초점을 맞추고 그것을 충분히 경험하라. 그런다음, 긴장을 풀고 어떤 생각이든 자유롭게 일어나도록 놔두어라. 그러면 현재 일어나는 변화에 근거를 인식할 수 있을 것이다. 예를 들어, 내담자에 대한 당신의 신체적 반응은 단순히 그 내담자에 의한 것이 아니라 과거 당신이 알았던 사람을 내담자가 떠 올리게 해서 반응이 일어났음을 인식할 것이다. 몸속에 간직되는 기억은 매우 강력하며 이에 대한 통찰을 통해 당신의 신체를 더 잘 이해할 수 있게 된다. 내담자와 작업하는 경우, 내담자 스스로가 의미를 찾도록 해야 한다. 상담사가 신체 반응을 명명하거나 분석하고 의미를 부과해서는 안 된다.

면담 시 주의 사항

- *윤리적 측면에서*

책임감 없이 상담자가 감각 운동 기법을 사용할 경우, 이는 내담자에 해가 될 수 있다. 예를 들어 잘못된 기억을 만들어 낼 수 있다. 따라서 이런 유형의 작업을 할 경우, 내담자가 충분히 참여할 수 있게 하고 내담자를 오인해서는 안 된다.

- *면담자 측면에서*

면담자가 자신의 신체적 반응에 주의를 기울이면 내담자에게 과잉 반응하는 것을 스스로 인식할 수 있게 되며 문제를 야기할 수 있는 역전이 상황을 인식하게 도와준다. 이러한 인식을 통해 상담사가 상담 진행 중 내담자의 감정을 더 깊게 이해할 수 있게 된다. 자신의 신체적 반응을 통해 그들에게 일어나는 반응을 감지하는 것이다. 즉, 자신의 신체가 내담자의 경험에 대한 거울이 되는 것이다.

- *내담자 측면에서*

내담자가 자신의 신체적 느낌을 인식하도록 교육할 수 있다. 많은 감정은 과거의 좋고 나쁜 경험과 관련이 되어 있다. 감정은 때로는 너무 벅차게 느낄 수 있지만 자신의 신체반응을 의식하게 되면 자신의 행동과 감정을 통제할 수 있게 된다. 또한 자신의 강점을 알게 되면 이를 유용하게 이용할 수 있다.

정서 발달에 대한 변증법적/체계적 접근이 가장 복잡하다. 감정에 대한 이 접근의 주된 목적은 정서 발달사의 맥락과 복잡성을 이해하는 것이다. 그러나 정서를 과도하게 분석하다 보면 추상성과 주지화에 빠질 우려가 있다. 변증법적 사고와 정서는 다른 인지적/정서적 유형을 더 전체적으로 통합하여 내담자가 감정과 경험을 반영하도록 돕는다.

다음과 같은 방법으로 내담자의 정서를 변증법적/체계적 방법으로 탐색할 수도 있다.

접근 1: 감정은 오랜 시간동안 발달한다.

당신의 이야기를 들어보니까 부모님에 대한 감정이 변화한 것 같군요. 이 변화에 대해 더 말해줄 수 있나요? 어린시절, 그리고 청소년기에 그리고 현재 어떤 감정을 가지고 있나요? 이러한 변화가 일어나기 전까지 어떤 사건들이 있었나요?

접근 2: 전이의 문제.

당신이 죄책감에 대해 이야기 할 때 나를 바라보며 표정이 미묘했는데 그 순간으로 돌아갈 수 있을까요? 그때 무슨 생각을 하고 있었나요?

접근 3: 가족 체계.

사람들의 생각과 감정은 가족 내에서 생겨나는데 당신의 가족에는 어떤 규칙들이 있나요? 특히 자랄 때 반복적으로 제시되었던 강력한 규칙이 있었나요? 가족 내에서 당신은 어떤 역할을 했나요? 당신의 가족은 할아버지, 할머니, 친척들 그리고 친구들과 어떻게 상호작용 했나요?

접근 4: 다문화성.

당신이 여성/남성, 불교인/기독교인, 서울사람/충청도 사람이라는 것이 현재 자신에 대한 느낌에 어떤 영향을 주었다고 생각하나요? 다른 배경에서 자랐다면 어떻게 달랐을까요? 당신은 지속적인 인종차별로 인해 고혈압과 편두통이 생겼다고 했는데 당신의 가족이 당신의 건강에 어떤 영향을 주었다고 생각이 드나요?

변증법적 접근을 통해 내담자는 감정적 경험을 좀더 큰 맥락속에서 이해할 수 있게 된다. 이러한 복잡한 과정은 매우 유용할 수 있지만 감각 운동 경험과 구체적 행동이 따르지 않으면 전체적으로 그 유용성이 떨어지게 된다.

DCT와 상담/치료 이론

〈그림 4-1〉에 인간 발달의 변화가 요약되어 있다.

네 개의 유형이 삶의 공간을 배경으로 원형적 움직임을 그리고 있다. 유능한 상담사/치료사는 내담자의 인지적/정서적 수준에서 적합한 접근을 통해 내담자의 발달을 확장한다.

〈그림 4-1〉의 발달 원형에서 발달의 핵심이 항상 처음으로 돌아간다는 것을 볼 수 있다. 발달에서 높은 수준에 이르는 것이 발달의 정점이 아니다. 새로운 발달 과제에 접할 때마다 항상 처음 단계로 다시 돌아가게 된다. 발달에는 끝이 없는 것이다. 각 인지적/정서적 유형은 인간 경험에 대해 새로운 깊이를 더하게 된다.

발달원형은 인간발달에 대한 새로운 관점을 제공한다. 이 그림을 보고 있으면 "원만한"이라는 단어가 생각난다. 만약 한 개인이나 가족이 발달적 가능성을 충분히 발휘하기 위해서는 감각 운동적 유형, 구체적 유형, 형식적 유형, 변증법적 유형의 인지적/정서적 이해에 대한 균형이 이루어져야 한다. 원형을 생각할 때 한쪽으로 치우친다면 공이 잘 굴러가지 못하는 것이다. 또 발달원형을 통해 내담자마다 상이한 이론적 접근이 필요하다는 것을 볼 수 있다. 예를 들어, 만약 내담자가 구체적이라면 형식적 내담자 중심 상담이 비효과적이며 행동적 접근이 더 효과적일 것이다. 발달원형은 상담/치료가 네 개의 기본적 유형으로 조직될 수 있다는 것을 보여준다.

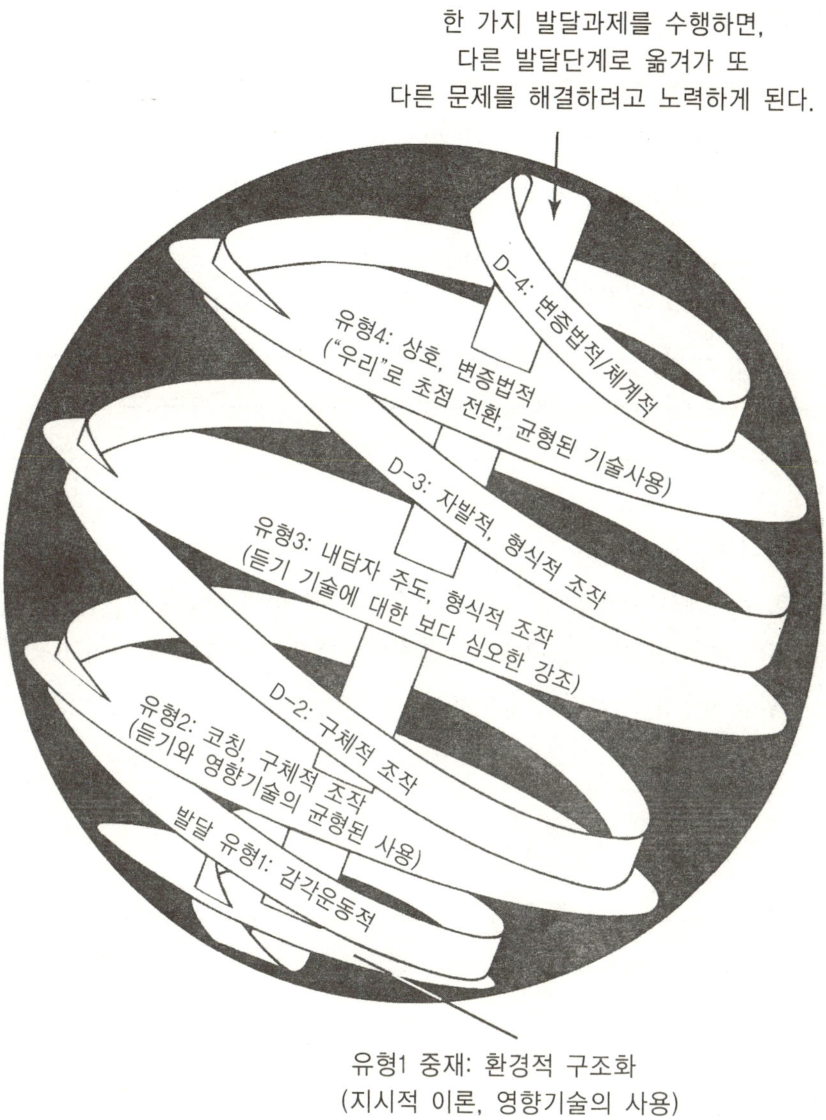

이론/적용의 예:

유형 1 : 신체 지향적 치료(참선, 약물, 운동, 요가) 그리고 지금-여기 전략들(이미지, 집중, 게슈탈트의 빈 의자 기법).

유형 2 : 구체적 나레티브/스토리 텔링 기법, 자기주장 훈련, 사고정지, 자동적 사고 척도, 기술훈련.

유형 3 : 위 기법에 대한 반영, 인간-중심 이론, 정신역동 이론, 인지 작업.

유형 4 : MCT, 여성주의적 치료, 세대간 가족치료, 지역사회에서의 사회활동.

〈그림 4-1〉 발달원형(Lois Grady)

감각 운동적 이론과 기법

이미지, 게슈탈트 기법들, 약물 치료 그리고 환경의 구조화가 감각 운동적 경향의 접근이며 신체에 초점을 두는 숨쉬기 기법, 이완요법, 영양요법, 운동요법이 신체에 초점을 두는 기법들이다. 신체작업은 정신적 및 신체적 건강에 모두 중요하다.

그 외의 이론, 기술, 기법들은?

____

____

____

구체적 이론과 기법

구체적 유형에서는 상담사가 코치의 역할을 주로 하며 사고정지, 자기주장 훈련, 생존 기술 훈련과 현실 치료, 구조적 문제해결 방법, 의사결정 상담 그리고 직업 배치 등의 기법을 사용한다. 후기 구체적 유형은 아들러(Adler)와 드라이커스(Dreikurs)의 논리적 결과 개념과 엘리스(Ellis)의 A-B-C 기법을 사용할 수 있다.

그 외의 이론, 기술, 기법들은?

____

____

____

형식적 이론과 기법

내담자의 사고가 성숙해감에 따라서 상담사/치료사들은 인지적, 내담자 중심, 정신역동, 의미 치료와 같은 형식적 형태의 치료 기법들을 사용하게 된다. 대부분의 내담자들은 구체적인 사고를 주로 하지만 많은 상담사/치료사들은 형식적 사고 유형을 하는 경향이 높다.

그 외의 이론, 기술, 기법들은?

____

____

변증법적 이론과 기법

이 유형을 사용하는 상담자와 내담자는 서로 함께 작업을 하게 된다. 내담자는 다양한 관점에서 정보를 모아 자신을 복잡한 체계 속에서 기능하는 개인으로 보게 된다. 여성주의적 상담은 이러한 기법의 여성 '병리'의 큰 부분이 여성차별적 사회의 결과라는 것을 내담자가 인식하도록 권장한다. 다문화적 상담과 많은 전통적인 가족 치료 이론도 이와 맥을 같이 한다. 체계적 차별과 억압의 문제를 해결하기 위해 지역사회에 대해 정의로운 행동을 취하는 것이 치료방법이 될 수 있다. 예를 들어 성폭행을 당한 여성의 경우, 여성 학대 방지를 위한 활동에 참여할 수 있다(Ivey & Collins, 2003). 정신 역동 치료에서 전이와 역전이의 문제를 다루는 것도 변증법적 치료의 한 유형이다.

그 외의 이론, 기술, 기법들은?

____

____

____

____

위의 방법을 적용할 때 다음과 같은 사항에 대해 항상 고려를 해야 한다.

상담사/치료사는 내담자에게 치료 방법을 맞추어야 하며 일단 내담자 유형에 상담/치료 유형을 맞춘 후에는 익숙하지 않은 유형을 적용하는 것이 유용할 수 있다. 또한 특정 이론에 대해 고정 관념을 가져서는 안 된다는 것이다. 내담자 중심이론은 자아패턴에 초점을 맞춘다는 측면에서 형식적 성격이 우세하다고 보이지만 로저스와 같은 성숙한 상담사/치료사가 사용하는 경우, 다양한 유형에 맞춘다는 것을 On Becoming a Person (Rogers, 1961, p.93)에서 발췌한 다음의 사례에서 볼 수 있다.

상담/치료 축어록		DCT 분석
오여사:	죄책감의 느낌은 아니에요. (운다)... 아직 뭐라 말할 수는 없지만....그냥 마음이 아파요.	여기서 오여사는 감정자체이며 자신과 감정이 분리되지 않는다. 이러한 감각 운동적 경험은 이와 같은 문제를 극복하는데 중요하다.
로저스:	음, 죄책감이 아니라 상처받은 느낌이라고요.	로저스는 내담자의 감정 경험에서 더 깊은 의미를 찾으려고 한다.
오여사:	... 과거에는 저도 그런 행동을 한 적이 있어 죄책감을 느낀 적이 있지만 근래에 부모들이 애들에게 "울지마" 라고 하는 것을 들으면 마음이 아파요... 왜 애들에게 울지말라고 하지... 애들 자신만이 자신에 대해 슬퍼할 수 있는데... 울게 놔두지... 제가 경험하는 것과 같아요.	의미반영으로 인해 내담자는 깊은 감정적 경험에서 멀어져서 자신보다는 타인에 대한 생각을 하게 되는 것을 볼 수 있다. 아직 울고 있지만 순식간에 형식적 사고로 옮겨가는 것을 볼 수 있다. 아동에 대한 비유를 통해 내담자도 어릴 때 자신의 감정을 표현할 수 없었다는 것을 알 수 있으며 이 비유가 얼마나 강력한지 알 수 있다.
로저스:	당신이 실제로는 자신을 위해 울고 있었다는 말이군요.	로저스는 감각 운동적 기반을 잃지 않으면서 형식적 관계성을 형성하고 있다.
오여사:	네, 하지만 우리 사회에서는 자기 동정심을 보이는 것을 잘 받아들이지 않는 것 같아요.	내담자는 형식적 조작 유형을 보이면서 변증법적/체계적 사고에 접근하고 있다. 여기 제시한 예는 내담자의 성장을 돕기 위해 다양한 수준에서 상담자가 작업하는 것을 보여주는 좋은 예이다.

내담자의 특정한 발달과제에 따라서 적합한 치료중재가 변화될 수 있다. 내담자들은 몇 개의 단어나 단순한 이론으로 설명하기에는 너무 복잡하다. 위의 사례에 대해서도 상담사/치료사에 따라서 다르게 접근할 수 있다. 예를 들어 펄스(Perls)와 같은 게슈탈트 치료사는 내담자가 감각 운동적 경험을 충분하게 경험하지 못하고 너무 빨리 지적인 일반화를 한다고 했을 것이다. 게스탈트 이론가들이나 인지적 행동주의가들 둘 다 인지적 성장 외에도 행동변화를 목표로 할 것이다.

임상에서 많은 이론가와 임상가들은 일정한 과정을 따른다. 효과적인 조력가들은 감각 운동적 경험에 근거하여 구체적 행동을 분석하고 경험의 패턴을 반영하는 경우가 많다. 효과적이지 못한 조력가들은 단일한 인지적/정서적 수준에서만 무의식적으로 작업한다. 그런 후, 내담자에게 변화가 없으면 내담자가 저항을 한다고 지적하게 된다. 본 장의 마지막 단계로 DCT와 다양한 조력 방법과 통합하는 방법을 살펴보겠다.

다양한 치료를 통한 내담자의 발달 유형 변화

이혼을 앞둔 내담자는 여러 가지 발달과제를 수행해야 한다. 이혼 전에 인지적/정서적 유형은 매우 복잡한 형식적이고 반영적일 수 있다. 이혼을 거치는 도중에 직장에서 매우 효율적으로 작업을 할 수도 있다. 그러나 이혼의 감정적이고 구체적인 측면을 다루는데 있어서는 기능이 마비될 수 있으며 다양한 관점으로 상황을 보는 것은 불가능 할 수도 있다. 다시 말하자면 이혼 중에 내담자는 전 조작적이 된다.

다음은 이혼을 거치는 사람 또는 오랜 관계를 끝내는 사람이 수행해야 하는 일련의 발달과제이다. 내담자가 각 과제를 수행하는데 필요한 인지적/정서적 유형에 동그라미를 치기 바란다.

감각 운동적 = S, 구체적 = C, 형식적 = F, 변증법적/체계적 = D/S

1. 변호사 찾기 S C F D/S
2. 새로운 집으로 이사하기 S C F D/S
3. 새로운 이웃과 사귀기 S C F D/S
4. 새로운 직업 찾기 S C F D/S
5. 슬픔과 울분을 순간순간 모두 경험하기 S C F D/S
6. 감소한 수입으로 살아가기 S C F D/S
7. 다가오는 데이트에 대한 불안 S C F D/S
8. 데이트 상대에게 별거에 대해 이야기하기 S C F D/S
9. 체육관에 가서 운동하기 S C F D/S
10. 건강하게 식사하기 S C F D/S
11. 건강한 식사를 즐기면서 먹기 S C F D/S
12. 긍정적 자아감 되찾기 S C F D/S
13. 원 가족 관계 맺기 S C F D/S

정답 – 1. C 2. C 3. D/S 4. C/F 5. S 6. F 7. S 8. C 9. S 10. F 11. S 12. F 13. D/S

이혼을 경험하는 사람이 위의 모든 과제를 성공적으로 수행하는 경우는 거의 없을 것이다. 어떤 과제는 직접적인 조언이나 의사결정능력을 요하는 것이고 다른 문제는 형식적인 유형이나 체계적 가족적 접근을 요한다. 이혼을 경험하는 사람은 깊은 감정을 충분히 경험해야 한다. 감각 운동적 유형의 내담자와 작업할 경우, 내담자가 감정에 벅차 할 것이다. 두 살 난 아이처럼 울고 떼를 쓰고 막무가내로 행동하는 것을 볼 수도 있다. 감각 운동적 경험을 충분히 느낄 수 있도록 도와주어야 한다.

구체적 조작을 하는데 있어서 내담자가 어려움을 겪을 수도 있다. 집이나 변호사를 구하고 재정적인 계획을 세우는데 구체적인 조언이 필요할 수 있다. 미래에 대한 계획을 항상 조심스럽게 세웠던 사람도 이혼을 하게 되면 이혼의 구체적인 사항들이 벅차다고 느끼는 경우가 많다. 이 상황에서는 직접적인 의사 결정 상담이 매우 유용하다.

만약 감각 운동적 경험과 구체적 유형이 충분히 발달했다면 이혼하는 내담자가 수직으로 움직여 행동과 사고의 반복적 패턴을 인식할 수 있을 것이다. 이혼의 경험은 자아 성찰의 경험을 유도하며 내담자 중심 상담과 정신역동상담이 유용할 수 있다. 그러나 내담자들은 이러한 분석을 통해 감정을 직접 경험하고 구체적 행동을 회피하는 수단으로 사용할 수 있다.

변증법적/체계적 유형의 내담자의 경우, 맥락의 영향에 대해 더 많이 인식하게 된다. 여성의 경우, 이혼을 성차별의 문제로 보고 남성중심 사회의 억압의 결과로 볼 수 있다.

이러한 내담자의 경우, 체계적 관점을 근거로 하는 가족치료나 여성주의적 상담을 통해 다양한 관점을 인식하도록 도와줄 수 있다.

내담자가 자신의 이혼이 가족대대로 내려온 완벽주의적 경향의 결과라고 봤을 때 변증법적/체계적 유형이 유용하게 적용될 수 있다. 또 정신분석에서 전이와 역전이 패턴에 대해 분석할 때 변증법적/체계적 사고가 필요하다. 정신분석에서 과거 관계에서 형성된 패턴이 현재 상담사의 관계에서 반복되고 있다는 것을 인식할 수 있다. 자신을 돌아보고 관계의 체계 내에서 자신의 위치를 객관적으로 볼 수 있는 능력은 매우 진보된 추상적 사고능력을 요하는 것이다. 정신역동 치료는 내담자의 언어능력과 추상적 사고 능력이 높아야 가능하다.

아무리 사고 능력이 뛰어나더라도 항상 더 배우고, 경험하고, 이해할 여지가 있다. 그러므로 가장 높은 변증법적 사고에 도달하게 되면 다시 시작으로 돌아가게 된다.

즉, 일단 복잡한 문제를 해결하게 되면 감각적 인식과 구체적 행동으로 회귀하게 된다.

본 장에서 제시한 다양한 치료 방안은 근래에 나타나는 절충주의적 조력 경향과 일치한다. DCT는 기존 조력 이론과 부합할 수 있으며 절충주의적 경향의 접근에 대한 이론적 근거를 마련한다.

요약

DCT에서는 횡적 발달과 종적 발달, 두 가지를 적절히 사용하도록 권장하기 때문에 다양한 이론과 기법을 통합할 수 있다.

상담과 치료 이론들은 네 개의 발달 유형으로 조직될 수 있다.

(1) 감각 운동적: 신체작업, 경험적 의식, 환경적 구조화이론은 감각 운동적 성장이 초점.

(2) 구체적/상황적: 스토리 텔링에서의 나레티브적 탐색, 자기주장훈련, 문제해결 접근 등.

(3) 형식적/반영적: 이전 기법들에 대한 반영, 인간 중심, 정신역동, 인지치료 등.

(4) 변증법적/체계적: 다문화 상담, 여성주의적 상담, 가족 상담, 사회적 정의 운동 등.

모든 치료 체계는 다양한 유형에 적용될 수 있다. 그러나 어떤 이론들은 특정 유형에 더 잘 맞다.

DCT는 각 발달 유형을 겨냥한 일련의 질문체계가 있다.

정서 발달은 인지발달과 분리될 수 없다.

인간경험은 매우 복잡해서 단일한 이론이 모든 사건을 기술하기에는 불충분하다.

이론의 적용 : 상담역량의 확장

자기-평가 연습

연습 1. 당신이 선호하는 이론과 전략은 어떤 것인가? 그리고 당신이 숙달한 것은 무엇인가?

당신의 조력 개념을 검토하라. 어떤 이론과 방법이 가장 도움이 되는가? 아래에 조력에 대한 당신의 개념을 분류하라. 다양한 발달 유형에 적당해 보이는 당신이 습득해온 특정한 기술과 이론에 밑줄을 그어라.

감각 운동적:____________________

____

____

구체적:____________________

____

____

형식적:____________________

____

____

변증법적/체계적:____________________

____

____

연습 2. 당신의 현재 이론적 임상적 강점을 반영하라.

모든 발달 유형으로 작업할 수 있는 자기 자신을 발견하는가? 아니면 어느 특정 유형에서 작업하는 것이 보다 편한가?

____

____

____

____

DCT 전략 규명하기

연습 3. 발달 전략 분류하기

이 실습은 당신이 지금-여기서의 면담에서 내담자의 발달 유형을 아는데 도움을 줄 것이다. 또한 당신이 자신의 질문과 중재에 대한 모니터링을 시작하도록 도울 것이다.

당신은 당신의 면담에서 어떤 발달 유형을 가장 자주 나타내는가? 만약 과거의 당신 작업의 기록을 담은 문서나 테이프를 가지고 있다면, 이것을 다시 보고 당신의 작업을 분류하라.

다문화 능력

연습 4. 성(Gender) 인식

여성운동 이래, 대부분의 여성들은 여성이 되는 것에 대한 의미부여에 매우 깊은 감각을 가지고 있다. 반면에 남성들은 성이 자신에게 부여하는 의미를 덜 인식한다. 권력의 주류에 속하는 대부분의 집단은 자기 자신에 대해 적은 인식을 가지고 있다.

자신에게 다음의 질문을 하고 동료와 함께 나누어라.

구체적인 나레티브나 이야기: 당신이 남성이나 여성으로써 스스로를 경험하게 된 것을 회상할 수 있는가? 그 회상을 위해 여기에 몇 단어만을 사용하라.

____

____

감각 운동적: 회상의 한 면을 선택하라. 당신은 무엇을 보고 있는가? 듣고 있는가? 느끼고 있는가?

____

____

형식적: 당신은 그 회상과 당신의 느낌을 반영할 수 있는가? 여기에 권력이나 통제와 연관된 어떤 것이 있는가?

____

____

변증법적/체계적: 당신의 성은 사회에서 어느 정도의 권력에 연관되어 있는가? 권력이나 권력의 부족이라는 관점에서 어떤 다른 다문화적 요소가 이 사건과 연관이 있는가? 당신이 사는 곳에서 일반적인 사회 체계가 이 모든 것에 어떻게 영향을 주는가?

____

____

면담 실습 연습

연습 5. 인지적/정서적 전략에서의 집단 실습

1단계: 실습 집단 나누기

시작하기 전 비형식적으로 각자 서로 친근해 질 수 있는 기회를 갖는다.

2단계: 집단 리더 뽑기

집단 리더의 역할은 집단 원들이 연습과정에서 구체적인 절차를 따르도록 확실히 하는 것이다.

3단계: 실습 세션을 위해 역할 정하기

- **내담자.** 역할 내담자는 협조적이어야 하고, 화제에 대해 자유롭게 이야기하며 면담 진행자를 곤란하게 해서는 안 된다.
- **면담자.** 면담자는 모든 유형의 발달전략 질문을 중간에 멈추지 않고 제시한다.
- **관찰자 1과 2.** 〈표 4-3〉을 보고 평가한다.

4단계: 세션 계획하기

- 먼저, 면담자와 내담자가 주제를 선택한다. 미루는 습관이라든지, 과거나 현재의 '인간관계에서의 갈등' 등.
- 내담자는 자신이 정한 주제에 대해 어떻게 이야기 할 것인지에 대해 생각해 본다.

5단계: 면담하기 (15분간)

6단계: 즉시적인 피드백 제공, 노트 완성하기(5분간)

- 내담자에게 "이 실습을 통해 인상 깊었던 것이 무엇입니까" 라고 묻는다.
- 내담자가 자신의 진솔한 반응을 제공할 수 있도록 돕는다.
- 면담자도 내담자와 동일하게 과정에 대해 돌아볼 수 있는 기회를 갖는다.
- 관찰자들은 내담자와 관찰자들의 반응을 지켜보고 면담노트를 완성한다.

7단계: 실습세션 검토, 피드백 제공하기(15~30분간)

피드백은 자세하고 구체적이며 판단적이지 않아야 한다. 면담 시 강점에 초점을 둔다.

〈표 4-3〉 각 유형 기준의 피드백 용지

1. 제시된 이슈 : 내담자가 자신의 문제를 어떻게 제시하는가?
해당하는 것 모두 표시하라 : _____S/M _____CO _____FO _____D/S
이러한 평가의 증거:

____

____

2. 감각 운동적. 다음을 성취했는가? 해당하는 것 모두 표시하라.
_____내담자가 이슈에 대한 상황에 대한 이미지(심상)를 설명할 수 있었다.
_____내담자는 심상을 감각적으로 기술(묘사)하였다.
_____사건과 관련된 감정에 대해 논의할 수 있었다.
_____내담자는 감정을 신체 부위에 배치할 수 있었다.
이러한 평가의 증거:

____

____

3. 구체적. 다음을 성취했는가? 해당하는 것 모두 표시하라.
_____내담자는 특정 사건/문제에 대한 특정 예를 기술하였다.
_____구체적 정보가 제시되었다.
_____순차적 인과적으로 제시되었다.
_____감정을 명명하였다.
이러한 평가의 증거:

____

____

4. 형식적. 다음을 성취했는가? 해당하는 것 모두 표시하라.
_____내담자는 서로 유사한 상황을 두 개 이상 제시 하였다.
_____내담자는 행동, 사고의 반복패턴을 인식하고, 자아와 상황에 대해 분석한다.
_____내담자는 상황에 걸쳐, 또는 자신에게 반복되는 감정의 패턴을 인식한다.
_____내담자는 후기 형식적 사고를 하여 패턴의 패턴을 분석할 수 있다.
이러한 평가의 증거:

____

____

5. 변증법적/체계적. 다음을 성취했는가? 해당하는 것 모두 표시하라.
_____내담자는 그 이전단계에서 제시된 정보를 통합하여 요약할 수 있었다.
_____내담자는 통합된 요약에 대한 다양한 관점을 제시할 수 있었다.
_____내담자는 상황에 대해 서로가 상호 기여했다는 것을 인식한다.
_____내담자는 자신의 패턴과 행동에 있어서 문제점을 직시할 수 있었다.
_____내담자는 문제를 수정하기 위한 행동을 계획하고 이를 따를 수 있었다.
_____감정을 여러 관점에서 논의할 수 있었다.
이러한 평가의 증거:

____
____

면담자가 이 면담에서 잘한 것은? 면담자의 강점을 자세히 기술하라.

____
____
____

면담자가 공감과 존중 그리고 따뜻한 시선으로 체계적 질문을 잘 이용했는가?

____
____
____

면담자가 내담자의 요구에 민감하게 반응 했는가?

____
____
____

일반화: 발달 질문 적용

연습 6. 일상 삶에서 타인과의 개인적 실습

발달 접근의 유용한 일반화를 향한 시작 단계는 일상사에서 접하는 사람과 이 기술을 실습하는 것이다. 친구나 가족이 당신에게 사건에 대해 이야기할 때, 그들은 어떤 인지적/정서적 유형을 사용하고 있는가? 어느 한 개인과 함께 질문을 통해 작업하면서 각 유형을 논의하라.

당신은 DCT를 사용할 때 아이들과의 의사소통이나 그들에 대한 당신의 이해와 능력이 향상된다는 것을 알게 될 것이다. 감각 운동적, 구체적 유형의 단순한 언어와 개념은 아이들과 의사소통하는데 기본이 된다. 실습과 함께 아이들은 형식적 패턴 사고에 이를 수 있다. 초기 청소년들은 형식적 패턴의 사고를 습득하는데 어른들의 격려가 도움이 된다.

이 연습에서 회상이 특히 중요하다. 다음 연습에서 감각 운동적 질문과 상상하기 절차는 눈물과 깊은 정서적 경험을 쉽게 불러 들일 수 있다. 이 기술들을 민감히 그리고 주의를 하면서 윤리적으로 사용하라.

이 경험에 대한 당신의 인상을 요약하라. 그리고 당신의 친구나 가족 구성원들로부터 피드백을 얻어라.

연습 7. 가족, 교실, 집단, 조직과 함께한 관찰과 실습

상호작용 속에서 집단을 관찰하라. 가족 구성원, 교사, 학생 그리고 집단 구성원들의 인지적/정서적 유형과 대화 유형에 주목하라. 지도자와 핵심 가족구성원은 이 집단에 어떤 영향력을 가지고 있는가?

위에서처럼 같은 방법과 형식을 사용하면서 교실, 집단, 커플 혹은 가족의 동의를 구하라. 당신이 면담의 목적을 실행하기 전에, 질문들을 보여주고 알게 하라. 질문을 순서대로 하고 다음을 기록하라.

(1) 집단과 집단 구성원들의 인지적/정서적 유형.

(2) 당신이 네 가지 유형 각각을 겪고 있을 때 일어났던 일(부록 3의 질문을 추가해도 됨).

다시 말하면, 각별히 민감해져라. 그리고 감각 운동적 상상하기를 둘러싼 윤리적 전문적 사건을 인식하라. 당신의 관찰을 기록하라. 그리고 이 집단 구성원들로부터 피드백을 얻어라.

연습 8. 엄격한 검사: 면담

만약 당신이 자신의 면담 유형과 이론에 대한 최신 녹음기록이나 녹화기록을 찾을 수 있다면 가장 도움이 될 것이다. 이 기록을 들어보고 자신과 내담자를 발달 유형에 의거하여 분류하라. 당신 질문의 발달 유형과 당신 내담자가 이에 반응하는 유형을 각별히 주목하라.

당신의 이론적 기원은 무엇이었는가? 그것은 주로 구체적, 형식적, 감각 운동적 혹은 변증법적 중 어느 것이었는가? 의심할 여지없이, 선택에 대한 당신의 이론과 관계없이, 당신은 당신의 내담자와 함께 몇몇 발달 유형에서 기능을 다한다. 위 사건을 논하라. 그리고 다수의 유형을 사용한 자신의 작업의 특정 예를 보여라.

최종적으로, 상담/치료에서 한 내담자에게 이 장에서 나온 기술들을 주의 깊게 채택하라. 당신이 개념적이고 실용적인 발달 모델의 가치와 좀더 친숙해질수록, 당신 스스로 당신의 면담에서 이 개념을 사용하는 것을 발견하게 될 것이다.

포트폴리오 반영

연습 9. 발달 전략의 반영과 면담

이 장에서 당신에게 어떤 것이 눈에 띄는가? 당신은 이 연습에서 어떤 느낌을 받았나? 그리고 당신이 이 면담에서 이것들을 사용할 것인가? 이 장에서 당신이 기억하기 원하는 주요점은 무엇인가? 당신의 생각을 아래 빈 칼럼과 당신의 포트폴리오 폴더에 기록하라.

참고문헌

Carkhuff, R. (2000). *The art of helping* (8th ed.). Amherst, MA: Human Resources Development Press.

Dubbert, P. (2002). Physical activity and exercise: Recent advances and current challenges. *Journal of Counseling and Clinical Psychology,* 70, 526-536.

Egan, G. (2002). *The skilled helper* (7th ed.). Pacific Grove, CA: Brooks/Cole.

Freeman, J. (2003, May). The four steps to emotional literacy. *Natural Awakenings,* 51, 57.

Ivey, A. (2000). *Developmental therapy:* Theory into practice. North Amherst, MA: Microtraining Associates. (Orginal work published 1986)

Ivey, A., & Collins, N. (2003). Social justice: A long-term challenge for counseling psychology. *The counseling Psychologist,* 20, 3-11.

Ivey, A., & Ivey, M. (2003). *Intentional interviewing and counseling: Facilitating development in a multicultural world* (5th ed.). Pacific Grove, CA: Brooks/Cole.

Meara, N., Shannon, J., & Pepinsky, H. (1979). Comparisons of stylistic complexity of the language of counselor and client across three theoretical orientations. *Journal of Counseling Psychology,* 26, 181-189.

Rogers, C. (1961). *On becoming a person.* Boston: Houghton Mifflin.

제5장 : 치료계획의 발달

DCT와 상담/치료의 이론들

본 장의 실습 목적

본 장의 개념들을 익히고 실습해봄으로써 다양한 내담자들의 발달욕구가 충족되도록 치료유형을 전환할 수 있게 될 것이다. 또한 다양한 상담/치료 이론을 이해하게 되며 치료계획에 DCT 발달개념을 통합시키게 될 것이다.

본 장에서는 DCT가 치료계획안에서 어떻게 사용되는가를 살펴볼 것이다. 서로 다른 이론에서 도출되는 많은 방법들은 체계적으로 한 명의 내담자나 가족에게 사용될 수 있다. 네트워크 치료모델은 한 가지 혹은 네 가지 이상의 인지적/정서적 형태를 활용하는 내담자를 돕기 위한 것이다. 당신은 내담자들의 필요에 적합한 상담/치료이론들을 발견하게 될 것이다.

우리 각각은 다양한 상호작용의 그물망내의 지역사회 속에서 존재한다. DCT는 상담/치료에 있어서 통합적인 메타이론이다. 독자적인 이론이지만 또한 전통적 이론을 통합하는 틀을 제공한다. 첫째 세력인 심리역동(psychodynamic), 둘째 세력인 인지-행동(cognitive-behavioral), 셋째 세력인 실존적-인본적(existential-humanistic) 이론을 인식하고 있고 이의 활용도 권장한다. 게다가 최근의 네 번째 힘인 다문화 상담(MCT)은 효과적인 상담에 있어 핵심적 요소이다.

본 장에서 제시되는 지식과 개념에 대한 기술을 익힘으로써:

1. DCT의 통합적 접근이 상담/치료에 대한 주요 이론 및 실제적 접근과 어떻게 연관되어 있는가를 확인할 것이다.
2. 내담자의 인지적/정서적 필요에 가장 적합한 접근을 통해 다양한 이론과 전략에 대한 융통성 있는 치료계획을 계획할 수 있다.
3. 아동학대(방치) 사례에 대한 고찰을 통해 통합적 치료계획에 대해 세심해 질 수 있다. 단계적 치료계획모델이 필요하다.
4. 규칙적인 계획의 부분으로 유형-전환(shift) 상담이론을 이해하고 활용하게 될 것이다. 일반적 목적은 당신의 인지적/정서적 유형을 내담자에게 맞추고 치료의 전략을 변형시켜 변화하는 내담자의 필요와 어울리게 하는 것이다.

서론: 절충주의와 통합이론

당신은 상담/치료에 대한 여러 이론을 접하게 될 것이다. 대부분의 상담프로그램들은 학생들에게 폭넓은 연구를 요구한다. 하지만 누구도 이론, 연구, 임상적 경험의 거대한 실체를 모두 알 수는 없다. 그러나 자신의 상담/치료에 대한 이론적 접근을 정리할 필요가 있다. 절충주의 방법은 많은 사람들이 선호하는 접근으로 자신의 독특한 상담이론을 유지하면서도 다양한 이론을 통합하는데 도움을 준다. 절충적 접근을 자주 사용할수록, 좀더 조직적으로 활용할 수 있다. 본 장은 상담/치료의 이론을 효과적으로 통합할 수 있도록 도와준다.

또한 본 장에서 당신은 DCT가 기존의 이론과 전략을 어떻게 조직하는가를 보게 될 것이다. 어떤 전략들은 특히 감각 운동적 발달을 촉진시키는 반면 다른 것들은 형식적 반영을 이용해 자신들을 감각운동적 측면을 확장하는데 유용하다. 또, 어떤 전략은 내담자에게 영향을 미치는 조직의 인식을 형성하기도 한다. 많은 상담이론들이 다양한 수준의 발달을 촉진하지만 모든 수준의 발달을 활성화시키는 이론은 없다.

당신이 자신의 절충적이고 통합적인 상담/치료이론을 발달해 나감에 따라, 네 가지 인지적/정서적 형태에 도달할 수 있는 다양한 이론을 숙지할 것을 권장한다. 이는 당신에게 익숙하지 않은 핵심 이론의 사용을 요구할 수도 있다. 하지만 DCT는 당신이 다양한 상담기법을 선택할 수 있는 통합적 틀을 제공할 수 있다. 이 장의 주요 목적은 당신이 이론을 발전시켜서 내담자들이 인지적 그리고 정서적으로 성장하게 하는데 있다.

DCT와 상담/치료의 4대 주요 이론

메타이론으로서의 DCT는 인간성 변화에 대한 다양한 접근을 지지하고 통합할 수 있다-때로 다양한 이론들이 서로 상충하는 것처럼 보이기도 하나 절충적/메타이론적 접근은 조직적인 내담자 치료 계획들을 가능하게 한다.

다양한 인지적/정서적 형태에 대한 이론적 전략들

많은 이론들이 인지적/정서적 형태에 대해 상이한 측면을 강조한다. 게슈탈드 이론의 펄스(Perls)는 감각운동의 신체인식에 대해 강조한 최초의 인물 중 한 명이다. 행동 심리학과 행동의 조절은 대부분 구체적이고 관찰 가능한 치료의 측면에 초점을 둔다. 로저스(Rogers)의 개인 중심적 상담과 심리역동 접근은 대부분의 경우 인성 변화의 형식적 작동측면에 초점을 둔다. 여성주의 치료와 MCT는 종종 치료에서의 변증법적/체계적 측면을 강조한다. 어떻게 사람은 체제와 환경에 영향을 받는가? 마지막의 두 가지 접근은 지역사회 내의 개인 행동에 영향을 주는 사회적 요인을 강조하는 보완적 개인 치료이다. 예를 들어 강간 피해자에게 캠퍼스의 안전을 위해 노력하라고 격려하는 접근을 할 것이다.

모든 이론과 전략에는 나름의 가치와 진실이 있다. 내담자에게 가장 적합한 것을 선택하는 것이 치료자의 임무이다. 예를 들면 만약 치료자 자신이 인지적 관점에서 작업을 하고 내담자가 인식의 유형을 이해하는데 도움이 필요하다면 치료자가 내담자와 함께 자동적 사고 평가(Automatic Thoughts Inventory)를 실시할 수도 있다. 하지만 내담자가 이에 응답하지 않는다면 당신은 아마도 다른 전략을 사용할 것이다. 예를 들면 알버트 앨리스(Albert Ellis)의 "ABCDEF" 분석 같은 것을 사용할 수 있다. 반면 당신은 대화와 친밀한 접근을 통해서 원하는 정보를 획득할 수도 있고 많은 전략들이 사용 가능하다. 만약 처음 시도한 접근이 결과를 도출하지 못한다면 우선 내담자의 유형에 맞추어 시작한 뒤 당신의 전략을 내담자의 필요에 맞게 변화시켜야 한다.

〈표 5-1〉 각 DCT 유형에 상응하는 전략들의 예

우세하게 감각 운동적/기초적인 전략	신체작업-침술, 마사지, 요가 카타르시스 운동-걷기, 뛰기, 수영 현재, 처한 장소에서의 감정에 집중하기 지금-여기 활동(게슈탈트치료) 상상하기 약물치료 명상 심리 역동적 자유 연상 이완훈련
우세하게 구체적/상황적인 전략	주장 훈련 행동관찰과 기록 단기 치료(Brief therapy) 인지적 자동적 사고 챠트 위기 중재 의사결정과 문제-해결 상담 위계적 불안의 체계적 둔감법 나레티브와 스토리 텔링 심리교육 기술 훈련 현실 치료 엘리스의 "ABCDEF"분석 사고 중지

참조 : 우세하게 〈Predominantly〉란 단어를 주의하자. 한 가지 차원이 한 전략에서 우세할 수 있다면 다른 많은 것들은 다차원적이거나 한 가지 인지적/정서적 유형 이상에 영향을 미칠 수 있다. 게다가, 심상과 같은 감각 운동적 전략에는 종종 이미지와 함께 결합된 이야기의 구체적인 토론이 뒤따른다. 그 다음에는 이미지와 이야기에 대한 형식적 반영과 이미지와 관련된 조직 및 환경적 문제들을 확인하는 과정이 뒤따르기도 한다.

우세하게 형식적/반영적인 전략	Adlerian 치료-초기 회상 독서치료 인지치료 꿈 분석 의미치료 나레티브, 이야기 반영 인간 중심 치료 정신역동 치료 합리정서행동치료
우세하게 변증법적/체계적 전략	사회정의에 대한 옹호 지역사회 혹은 이웃 활동 지역사회 지노그램 가족 꿈 분석 가족 지노그램 혹은 차트 다문화상담(MCT)
모든 네 가지 유형에 적용되는 이론과 전략들	의식-형성 집단 DCT 여성주의 치료 다문화상담(MCT) 자조집단(AA, ACOA, 섭식장애) 외상 치료(만약 그것이 사람에게 체계적 효과를 미친다면)

〈표 5-1〉은 각각의 DCT 인지적/정서적 유형에서의 다양한 전략을 보여주고 있다. 이것이 포괄적인 리스트는 아니며 치료자가 원하는 것을 표 아래에 첨가할 수도 있다. 치료자가 생각하는 우세한 인지적/정서적 형식들과 함께 리스트에서 개념들을 조화시킨다면 전략에 관한 좋은 작업이 될 수 있다. 많은 전략들은 한 유형 이상에서 효과적일 수 있다.

이론 혹은 전략	우세한 인지적/정서적 유형

DCT와 주요이론들

알버트 엘리스(1999)는 아마도 인지-행동(REBT) 전통에서 가장 중요한 인물일 것이다. 그는 어떻게 DCT가 REBT와 연관이 있으며 의미적으로 다른 이론들과도 관련이 있는지의 핵심을 요약했다. 그는 정서(REBT의 E)는 감각 운동적 인지적/정서적 형식을 드러낸다고 강조한다. 구체적인 행동의 자아(REBT의 B)는 선형적이고 특정한 내담자의 이성을 통해 인도된다. 이러한 발견에 대한 합리적 반영의 R은 인지적 변화의 핵심이다. 형식적-조작적 사고는 REBT의 핵심이다. 하지만 변증법적/체계적 이슈에서 엘리스는 아래와 같이 언급한다(1999, p.2).

> (DCT)...는 개인들이나 집단적 체제가 정보로 나아가는 하나의 방식이라고 정의될 수 있다. 이 정보를 사용함에 있어서, 개인들과 가족들은 그들이 영향을 받아 왔던 방식을 관찰할 수 있고 또한 그들이 거주하는 보다 넓은 사회문화적 환경에 영향을 미칠 수도 있다. 또한 이러한 우세한 관점에서 세상을 바라본다는 것은 서로 다른 환경 속에서 마치 그들이 상호작용 한다고 믿어왔던 가정과 규칙에 대해 도전하고 반성하게 만든다.

Ellis의 REBT는 DCT의 네 유형 중 처음의 3가지를 사용하며, 네 번째의 중요성-변증법적/체계적 사고와 행동-을 고려한다. Ellis의 개념들은 전통적으로 중요한 이론적 체계들이 DCT의 통합적 접근과의 연관성을 보여준다는 점에서 중요하다.

DCT 통합 메타이론은 모든 상담/치료에 내재하는 구조적 차원에 초점을 둔다. 정보과정과 인지적/정서적 유형이 그것이다. 당신은 대부분의 정신역동, 인지-행동, 그리고 실존적-인본적 치료들이 세 가지 유형(감각 운동적, 구체적, 형식적)의 둘 혹은 그 이상을 사용한다는 것을 알 수 있다. 하지만 이 이론들의 전략과 내담자들에 대한 접근방식은 각기 다르다. 반면 여성주의와 MCT는 변증법적/체계적인 접근을 하는 주요한 이론적 체계들의 예들이다. DCT와 마찬가지로, 여성주의 치료와 MCT 또한 넓은 기반을 둔 치료접근으로 전통심리학의 첫째, 둘째, 셋째 세력의 심리학을 통합하고자 노력한다.

인지 치료 또한 처음의 세 가지 유형을 포괄하고 있지만 감각 운동차원에 대한 관심은 적다(Beck, 1976, 1995). 인지 치료 상담가들은 종종 내담자의 구체적인 이야기에서 출발하며 그 뒤에 이야기의 감각적 이미지에 대해 묻는다. 물론 그들은 '감각 운동적'이란 용어를 사용하지 않으며, 치료상의 중재를 위해서 이 영역을 사용하지 않는다. 하지만 이러한 이미지들은 종종 인지적 치료에서의 감정적 기반이다. 말할 필요도 없이, 인지적 치료의 대부분은 사고와 느낌에 대한 반성과 숙고를 기반으로 한다. 그러나 인지적 치료는 변증법적/체계적 문제에는 거의 관심을 가지지 않는다.

다른 누구보다 로저스(Rogers)는 상담/치료영역에서 상호관계의 중요성을 제기했다. 그 작동의 기본 모드는 세 번째 유형(형식적-조작적/반영적)에 해당한다. 감정의 반영이라는 단어에 주목해보면, 이것은 게스탈트 치료의 감각 운동적 강조와는 매우 다르다. 하지만 로저스의 즉시성과 지금-여기 상호작용에 대한 강조는 종종 감각적 경험으로 이끌기도 한다. 아마도 유능한 인간 중심 상담가와 그렇지 않은 상담가와의 차이점은 경험된 감정의 기초를 끌어내는 능력에 좌우된다. 로저스의 상담이론에서 중요한 부분인 직접 경험 없이 감정을 느낄 수는 없다.

로저스는 타인의 입장에서 세상을 볼 수 있는 공감능력에 대한 명쾌한 이해를 가능하게 해주었다. DCT는 이러한 공감능력에 대해 단지 개인을 이해하는 것만으로는 불충분하다는 점을 강조한다. 보다 완벽한 감정이입을 통한 이해는 내담자의 인지적/정서적 유형에 적합한 말을 통해 소통이 가능하다고 하였다. 따라서 구체적 유형의 내담자는 구체적인 감정이입의 표현으로부터 도움을 받을 수 있고, 보다 추상적인 유형의 내담자는 감정의 형식적/반영적 유형이 더 만족스럽게 느껴질 수 있다. 내담자와 함께 함에 있어서도 역시 인지적/정서적 유형의 조화가 필요하다.

정신역동의 개념은 아들러, 프로이트, 융 등 여러 학자들을 포함한다. 전통적인 분석적 치료는 주로 형식적/반영적이다. 그렇기 때문에 많은 시간을 요구한다. 보다 현대적 접근방법 중 하나인 정신역동 이론가 Bruce Taub Bynum(1992, 1999)은 정서적 감각운동의 기반에 대한 강한 강조와 함께 네 가지 유형을 포함시키고자 노력했다. 그는 우리의 경험과 연관된 가족 제도와 문화적 이슈에 대해 논하였다. 구체적이고 선형적인 토론은 비록 강조되지 않더라도 과정의 일부다.

아들러의 개인 심리학의 가치와 철학은 DCT와 많이 일치한다. 이 이론은 모든 네 가지 유형을 유사한 방법으로 통합시켜 다루지만, DCT는 아들러 상담기법을 심화시킬 수 있다. 하지만 다른 이론적 관점과 사람들 사이에서 포용되어야 하는 이 새로운 유형인 DCT를 충분히 이해한 아들러 학자는 거의 없다. 감각 운동적, 구체적, 형식적, 변증법적 유형은 생활 유형 진단과 초기 회상들의 해석과 연관된 실행에서 발견되며, 결혼과 가족 상담, 보다 확대하면 부모와 교사 상담 및 자문에서도 그렇다. 더 나아가 아들러(Adler)와 드라이커스(Dreikurs)는 개인의 책임 증진과 사회적 평등에 의한 억압의 종결을 증진시킨 선구자들이다.

MCT는 많은 부분에서 변증법적/체계적 전략을 강조한다. MCT내의 많은 인지적/정서적 이론들이 있는데 그 하나가 일본의 나이칸(Naikan) 요법으로 감각 운동적과 반영적 경향이 강하다. 또, 자아 시스템과 의식의 성장을 강조하는 여성주의 이론, 문화적 정체성이론과 명상을 포함한 미국 인디언들의 네트워크 치료, 그리고 다양한 시스템과 아프리칸, 아시안, 라틴인, 문화에서 추출된 전통적 치료과정 등이 있다. MCT의 이론과 실행에 관한 실제적 특징들에 관해서는 Ivey, D'Andrea, Ivey, Simek-Morgon(2002)을 참고하라.

DCT, 건강, 웰니스

건강문제가 상담/심리치료에서 대두하기 시작하였으며, 감각 운동적 접근이 치료의 기본적 부분으로 인식되고 있다. 미국 심리학 학회(APA)는 건강에 대한 특별한 시리즈를 내놓았는데 그중 하나가 "만약 당신이 단 한 가지만 할 수 있다면 운동을 하라"라는 것이다. 심리학자들은 심각한 우울증을 겪고 있던 내담자들이 운동을 한 후 6개월 후의 다른 비교집단에 비해 약 50% 정도 회복한다는 것을 발견했다.

30년 전에 아이비는(1973) 우울증 내담자에게 있어서 정신과 입원환자들에게 이완훈련이 가치 있는 치료라는 것을 발견했다. 우울증을 치료하는데 감각운동적 접근은 더 중요하다. 내담자를 움직이게 하는 걷기, 수영, 체육관에서의 운동 등은 몸을 움직이게 하고 보다 많은 산소를 필요로 하게 되어 우울해지기가 훨씬 어렵게 된다. 〈표 5-2〉는 신체적, 육체적 건강을 위한 치료 계획을 포함하는 다수의 전략을 보여준다. 또한 명상은 약물치료 만큼이나 중요하다.

매사추세츠 종합 병원의 케네스 민네이커(Kenneth Minaker) 박사는 노년기에 건강하게 지내기 위한 방법을 제안하였다. 아래 〈표 5-2〉에서 각각의 리스트는 개인이 통제할 수 있는 행동들이다. 물론 노화에 있어서는 유전적 특징이 핵심적이지만 우리가 아는 것 이상으로 우리는 많은 것을 할 수 있다. 건강하게 노화하기 위한 비법은 생각보다 훨씬 가능하다. 그렇기 때문에 연구결과인 〈표 5-2〉에서 각각의 항목은 상담/치료에 매우 유용하게 활용될 수 있다. 장기적 상담 치료에서 신체적 건강 이슈는 포함되어야 하는 주제가 되고 있다.

〈표 5-2〉 성공적이고 건강한 노화에 기여할 수 있는 10가지
연구결과 건강하고 성공적인 노화에 필수인 것은 다음과 같다(Minaker, 2003). 1. 7-8시간 밤에 잠을 자라(너무 많거나 너무 부족한 수면은 건강에 해롭다). 2. 체중을 조절하라. 3. 운동을 하라. 4. 술을 절제하라. 5. 흡연하지 말라. 6. 아침식사를 하라. 7. 스낵류는 가급적 먹지 말라. 8. 교육에 힘써라. 9. 사회적 유대 관계에 힘써라. 10. 낙천적이고 즐거운 마음을 가져라.

분노관리는 건강자원의 중요한 요소이다. 화를 잘 내는 사람은 심장마비의 위험이 더 크며 급한 성질 또한 심장질환의 원인이 된다. 〈표 5-1〉에서 인지적 행동 전략은 건강 문제에 대한 폭넓은 다양성에 관심이 있는 내담자들에게 도움을 줄 수 있다. 건강에 대한 연구에서 민네이커(Minaker)의 리스트는 구체적이고 행동적인 전략(체계적 체중관리, 금연, 절제된 음주)을 사용한다.

'분노적 사고와 심장위험'이라는 논문은 구체적이고 형식적인 문제(Smith, 2003)를 다루고 있다. 바쁘게 살아가는 'A형 타입'의 많은 내담자들은 심장질환을 지니고 있는데, 오래살기 위해서는 인지적/정서적인 변화를 수용해야 한다. 인간중심의 상담이나 정신역동의 치료는 새로운 관점에서 내담자들로 하여금 자신들의 문제점을 발견하도록 도와줄 수 있다. 〈표 5-2〉에서 보이는 것처럼 가족제도와 사회적 원조는 건강에 매우 중요하다. 톰슨과 캐슬로우, 쇼트, 윅코프가 제기한 예에서 알 수 있듯이, 자포자기적이고 자신의 삶을 남용했던 아프리카계 미국 여성들은 가족과 친구들로부터 사회적 보조를 받음에 따라 보다 자기 효용적으로 변화하였고, 보다 적은 위험에 노출되게 되었다. 이는 관계 속에서의 자아와 지역사회 속에서의 개인측면이라는 점을 생각할 때 더 선명해진다.

〈표 5-2〉는 신체를 관리하는데 다각적으로 접근해야 하는 중요성을 보여준다. 이런 폭넓은 접근은 치료적 이론에서 더 중요하게 다루어져야 한다. 감각 운동적, 구체적, 형식적 그리고 변증법적/체계적 작업을 더 나은 삶을 영위하는데 필요하며, 보다 나은 정신 건강을 가능하게 할 것이다.

DCT 이론적 통합 :사례

베트남 퇴역군인인 마이클은 외상을 극복한 구체적 유형을 가진 내담자이다.

> 마이클은 전투에 대한 너무도 생생한 기억에 대해 고통을 호소하며 상담을 받게 되었다. 그는 자신이 마치 영화속에 있는 것 같다고 설명했다. 밤중에 식은땀과 함께 무작위적 이미지들이 자신의 구체적 경험과 함께 그의 마음속에 동반되면서 작동한 것이다.
>
> 마이클을 위한 치료에서 베트남 전쟁에 대한 구체적이고 선형적인 기억들에 대해 이야기하고, 형식적/반영적 사고를 이용하여 경험에 대해 이야기를 하였다. 엘리스/벡(Ellis/Beck)의 반영적 인지행동 치료가 때론 첨가되었고 감각적 이미지 전략도 사용되었다. 감각 운동적 이완훈련과 명상은 마이클의 거센 재경험(Flashbacks)을 진정시키는데 도움을 주었다.
>
> 하지만 변증법적/체계적 기법이 실제로 적용되기 전에는 치료가 충분하지 않았다. 전쟁에 대한 그의 반응은 단순히 그의 책임만이라기 보다 개인의 경험을 넘어선 체계적 문제와도 관련이 있다. 마이클은 베트남 참전 용사모임에 참여해서 그들과 경험을 공유함으로써 격려 받을 수 있게 되었다. 마이클이 사회적 맥락에서 자신의 개인적 문제를 볼 수 있게 되면서 인지적 치료, 상상, 주장 훈련과 같은 전통적 기법들에 대해서도 효과적으로 반응하게 되었다. 사회적 맥락을 배제한 통합적 치료는 마이클에게 효과가 없었을 것이다.

포괄적인 치료계획은 마이클에게서 그랬던 것처럼 각자에게 맞는 조력을 제공하는 것으로 시작한다. 당신이 모든 이론과 기법의 전문가가 되기를 기대하지는 않는다. 하지만 당신은 네 가지 유형의 차원에 대한 약간의 경험을 가져야 한다. 때때로 당신의 중재는 내담자에게 잘 수용되지 않을 수도 있다. 예를 들자면 당신은 구체적인 스토리 텔링에서부터 자동적 사고 쓰기, 역할 놀이(구체적이고 감각운동적인 차원 모두) 혹은 또 다른 전략으로 전환할 수 있어야 한다. 구체적인 유형으로 내담자를 확장시키는 데는 여러 가지 방법이 있다. 다양한 방법으로 내담자들이 문제를 살펴볼 수 있도록 여러 방법을 익히는 것이 필요하다.

네트워크 치료

미국 원주민의 심리학에 관한 선구자이자 창시자인 캐롤린 애트니브(Carolyn Attneave)는 1969년에 네트워크 치료를 개념화하였다. 네트워크 치료의 지지자들은 개인과 그들의 가족들이 일대일 상담이나 가족 상담을 통해 만족할 만큼 효과를 보지 못하고 있음을 지적하였다. 보다 의미 있는 변화를 위해서 그들은 더 넓은 사회적 지지 체제가 대가족과 지역사회 그리고 가능하다면 더 넓은 사회적 문제를 다루어 주어야 한다고 믿는다.

미국 인디언 문화와 가족생활에서의 많은 특징들은 보다 통합된 상담기법이 유용하다. 라프롬보이즈와 로우(LaFromboise & Low, 1989, p.121)는 이러한 측면을 언급하였다;

> 전통적으로 인디언들은 상호 도움과 애정의 강한 결합과 양육을 지지하는 관계망속에서 살아간다. 많은 부족들이 여전히 집합적으로 상호 의존적이며 가족 구성원들은 자신들 뿐만 아니라 그들이 속한 씨족과 부족에도 책임을 지닌다. Lakota Sioux들은 tiospaye라는 단어를 전통적인 지역사회 삶의 방식을 묘사하는데 사용하는데, 이는 개개인의 복지가 확대된 가족에서도 책임이 있음을 의미하는 것이다. 인디언 아이들의 문제는 지역사회 전체의 문제로 인식된다. 가족, 친척, 친구들은 모두 아이들의 행동을 지켜보고 그들을 고립 속에서 끌어내고 집단 활동 속으로 통합시킨다.

전통적 서구의 치료는 너무도 빈번하게 고립 속에서 개인과 가족을 변화하려고 한다. 보다 새롭고 생태학적인 조력방법은 대가족과 조력전문가들의 전체 지역사회 네트워크가 의미 있고 지속적인 변화를 위해 필요하다는 인식을 가지고 사례 관리기법(case management techniques)을 사용한다. 물론 이것은 DCT 구조내에서의 변증법적/체계적 부분을 나타낸다.

예를 들어 알코올중독 여성과 그들의 가족을 연구(치료)함에 있어서, 네트워크 치료사들은 그 여자와 직계가족, 대가족(부모, 조부모, 형제자매), 그리고 여성의 고용주와 동료들을 모두 포함시킬 것이다. 그 뒤에는 지역 술집의 소유주, 경찰, 이웃, 지역 사회근로자, 개인, 가족 치료사, 교구의 목사와 같은 핵심 인물들도 두 시간 혹은 그 이상의 과정에 참여될 수 있다. 여기서 우리는 모든 변증법적/체계적 네트워크 체제에서 가능한 모든 개인들이 문제를 해결하기 위해 호출되고 있음을 볼 수 있다.

네트워크 치료사는 가족의 문제를 검토하고 알코올 중독의 문제를 풀기 위해 지역사회와의 만남을 통해 문제를 본질적으로 해결하려고 한다. 예상한 것처럼 술집 주인은 이 여성에게 술을 파는 것을 중지하라는 사회적 압력을 받을 것이며, 사회봉사국은 이전에 거부했던 아동보호 서비스를 제공해야 할 것이다. 가족들은 자녀에 대한 보다 강한 통제를 권유받을 것이다. 네트워크 치료에서 이러한 결정의 과정은 계층적이거나 이론과 직결하는 것이 아니라 집단 합의에 의해 발생하는 것이다.

네트워크 치료의 과정은 종종 알코올 중독의 문제가 가족만의 문제가 아니라 알코올 중독의 행동을 허용하고 지지하는 지역사회에도 존재하고 있다는 점을 드러낸다. 네트워크 치료에서는 서구 전통 심리치료와는 다르게 행동의 변화를 위해서는 개인에게만 책임이 있다는 점을 인정하지 않는다.

DCT는 상호의존(개인과 체제 사이의 변화 균형)이 개인주의 보다 더욱 현실적인 치료의 목표임을 제안한다. 이것이 개인의 중요성을 훼손하는 것은 아니다. 그보다는 세상과의 관계속에서 개인을 주시하기 위한 것이다. 개인의 전체적 상황이 치료의 한 부분이 되었기 때문에 개인은 사실상 보다 특별한 존재가 되고 있다. 사람들이 살아가는 보다 넓은 상황을 보는데 실패한다면 우리의 특수성도 상실하고 말 것이다.

아동학대의 사례: DCT와 네트워크 치료

어떻게 DCT의 인지적/정서적 유형에 대한 강조가 실제적 사례에서 네트워크 치료와 통합 될 수 있는가? 아동 학대에 대한 복잡하고 복합적인 예를 통해 이것이 어떻게 가능한지 살펴보기로 하자. 이 섹션을 읽어가면서 아동에 대한 학대와 방치는 누구도 쉽게 답할 수 없는 중요한 문제임을 기억해야 한다. 만약 우리가 의미 있는 변화를 시도한다면 DCT와 네트워크 치료는 우리가 내담자들을 대할 때 필요한 중요한 기회를 제공한다.

호소문제.

안토니 마르시아노가 학교 상담실에 두 번째로 왔을 때 그는 9세의 3학년 학생이었는데 그의 선생님은 그가 산만하고, 운동장에서 자주 싸우며 교실에서의 백일몽을 자주 꾼다고 지적했다. 안토니의 시험성적은 평균적인 학습능력을 지니고 있음을 보여주었지만 동료들보다는 성취도가 약간 떨어지고 있었다. 그는 이혼한 엄마와 14살의 형과 함께 학교 근처에서 살고 있었다.

안토니의 부모는 모두 이탈리아 출신으로 몇년 전 이혼한 상태였다. 그의 아버지는 번화가 근처로 이사를 했고 안토니의 엄마는 동네 매장에서 일을 하였다. 자동차 정비공인 엄마의 남자친구는 일년 전부터 함께 살고 있었다.

과거 상담의 경험.

안토니는 유치원을 다닐 때부터 상담을 받아왔다. 그는 매우 주의력이 산만했고 그의 선생은 그가 주의집중력장애(ADD)라고 생각했다. 교사의 평가를 수용하기에 앞서서, 상담자는 교실을 방문했다. 교실을 방문한 상담자는 그 교사의 평가를 확인할 수 있었다. 안토니는 자신의 자리에 앉아 있지 않은 채 끊임없이 교사와 다른 친구들을 방해하고 있었다. 하지만 때때로 주의를 집중하기도 했다.

상담을 시작하기에 앞서, 상담자는 안토니의 엄마를 만나서 안토니에 대한 이야기를 나누었다. 면담을 시작하고 난 직후 젊은 엄마는 울음을 터트린 후 자신의 힘들었던 이혼생활에 대해 털어놓았다. 엄마의 동의 하에 상담자는 부적절한 행동을 보이는 학생들을 위한 행동관리 프로그램에 안토니를 의뢰하기로 결정했다. 상담자는 안토니의 엄마가 자신의 문제를 해결할 수 있도록 지역 정신건강 치료 상담자에게 의뢰하였고 부모 교육 프로그램에도 참여시켰다. 안토니의 아버지나 엄마의 남자친구는 치료계획에 전혀 참여하지 않았다.

안토니에게는 개인상담이 시도됐는데 그는 말이 많은 아이가 아니어서, 성과가 느리고 힘들었다. 안토니가 게임을 하거나 쉬운 퍼즐을 풀거나 미술 작업을 할 때는 감정의 접근이 이루어지기도 했다. 안토니는 독서치료에서 특별한 반응을 보였는데, 상담자가 이혼에 대한 이야기를 읽어줄 때는 미술 작업과 짝을 지어 진행되었다. 심리교육 수업활동, 교육적 게임 그리고 구조화된 문제 해결작업은 안토니가 또래 친구들과의 관계개선을 위해 추가되었다. 또한 상담자는 안토니와 같은 이혼 부모의 경험을 공유한 아이들을 위한 '이혼가정 집단' 활동을 매주 실시하였다. 비록 안토니는 말을 많이 하지는 않았지만 친구들의 이야기에 주의를 기울였다.

지역 내에서 가족 상담사/치료사가 가능하지 않은 것은 아쉬운 일이었다. 가족치료 상담자들은 안토니가 겪는 어려움이 부모의 이혼에 기인한 것인지, 아니면 현재 엄마와의 관계에 기인한 것인지를 탐색할 수 있었을 것이다. 안토니의 부모들이 가족 상담자와 함께 안토니를 위해서 노력했으면 좋았을 것이다. 이는 상담자로 하여금 가족 내 상호작용 시스템을 관찰하는 것을 가능케 했을 것이다. 엄마와 그녀의 두 자녀에게도 상담치료의 작업은 유익했을 것이다. 하지만 첫 번째 치료에서 가족치료 상담자가 지역사회 내에 존재하지 않았다.

DCT에 근거한 감각적 운동, 구체적 치료테크닉은 안토니의 문제 행동을 개선시킬 수 있는 근거를 제공하였다. 교사와의 상담, 심리교육 수업 중재, 안토니 엄마를 치료에 의뢰하는 것 등은 변증법적/체계적 중재를 나타낸다. 치료적 변화를 위한 로저스(Rogers)의 필요 충분 조건인 진실성, 무조건 수용, 신뢰성은 상담초기에 중요한 것들이다. 치료에 대한 네트워크와 DCT 접근의 결합은 변화가 일어나고 지속되려면 다중적 중재가 필요하다는 것을 보여준다.

이 치료를 통해 안토니는 초등학교 2학년까지의 학교생활을 하는데 도움을 받았다. 그는 친구들의 도움을 받아 평균적 학생으로서의 학업과 태도를 습득했다. 하지만 3학년때 문제가 다시 드러났다. 이때에는 네트워크/DCT 접근법이 안토니의 치료를 위해 사용되었다.

안토니에 대한 두 번째 치료가 시행되면서 싸움과 산만함, 학업 미성취 등의 발견된 문제에 대한 특별한 관심이 주어져야 한다는 점이 명백해졌다. 아이들에게 단일 중재 프로그램은 실패하기 쉽다.

DCT/네트워크 치료법의 시행은 다양한 단계와 사례들이 접근과정에서 시행되어야 함을 보여준다.

1단계: 치료를 위한 긍정적 기반 구축하기

웰니스 개념으로부터 상담자는 우선 안토니의 강점, 장점을 고려해 보았다. 상담자는 첫 회기를 준비하면서 안토니의 긍정적 측면을 찾았다. 그는 활기 있고 원기 왕성했다. 또한 사랑스럽고 미소가 귀여웠다; 비록 친구들과 때때로 학교에서 문제를 일으키긴 했지만 안토니는 친구들과의 우정을 유지했다.

초기, 부모의 이혼동안 안토니는 문제가 있었으나, 최근의 분노조절까지는 다소 회복된 듯 보였다. 또한 엄마도 문제를 해결하기 위해 협조적인 태도를 보였다. 안토니는 관심에 긍정적으로 반응하였고 자신이 원하는 것을 얻기 위해서는 어떠한 방법이라도 사용했을 것처럼 보였다.

안토니와 그의 가족을 위한 지역사회의 지원은 치료를 위한 긍정적 기반이 될 수 있었다. 상담자의 개인적 힘과 지식 또한 내담자에게 긍정적인 요소로 작동할 수 있다. 상담자 자신이 내담자의 회복을 위한 긍정적 자원임을 잊어서는 안 된다.

2단계: 상담사/치료사에게 영향을 미칠 수 있는 핵심 관계 이슈 파악하기.

내담자들은 그들이 받은 대우대로 상담자(또는 사람들)에게 대한다. 안토니의 성격은 전형적으로 충동적이고 관심을 요구하는 유형이다. 이것은 보다 반영적이고 때때로 수동적인 상담사/치료사들의 성격과 대조될 수 있다.

주어진 강점, 장점이 있다 하더라도 안토니와 작업한다는 것이 쉬운 것은 아니라는 것을 상담자는 알고 있었다. 상담자는 어렸을 때 안토니와 같이 충동적인 아이가 자신을 쫓아와 막대기를 휘두르던 경험이 있다. 그녀는 한숨을 지으며 자신에게 말했다. "안토니는 옛날에 나를 괴롭히고 겁을 주던 제임스는 아니지. 둘을 혼동해선 안 돼." 이러한 자신의 과거 감정을 이해한 후에야 치료중재는 효과를 보기 시작했다. 과거 자신의 감정에 대한 확인을, 자신의 감정에 대한 검증을 통해서 안토니와 같은 충동적인 아이를 치료하는 것이 유용하다는 것을 발견했다. 이는 그녀로 하여금 보다 일치된 관계를 형성하는데 도움이 되었다.

많은 상담사/치료사들은 이처럼 억압된 감정을 분출하는 유아, 사춘기 시기의 아이들과 어른들을 어려워한다. 당신이 이러한 처지라면, 〈표 5-3〉에서 제시하는 자기검증 기법을 사용해서 문제를 둘러싼 당신 자신의 감정과 발달상의 기록을 작업해보는 것이 유용할 것이다.

발달상 맹점(Developmental Blind Spot)을 발견하는 것이다.

〈표 5-3〉 발달상 맹점(Developmental Blind Spot) 발견하기

내담자가 면담의 현재-여기에서 자신들과 상담자를 관련시키는 방식이 그들이 살아온 삶의 역사와 그들이 겪어온 환경을 이해하는데 중요한 실마리가 된다. 바꿔 말하면 상담자로서의 당신이 내담자를 다루는 방식이 종종 당신 자신이 취급되어온 방식의 반영인 것이다. 라포, 관계성, 공감은 DCT 연습의 핵심이다.
아래의 자기-연구 학습은 상담자로서의 자신의 발달상 맹점을 발견하는 출발점이 될 것이다. 발달상 맹점은 효과적인 치료계획이나 공감을 방해할 수 있다.

1. 과거 당신이 특별히 힘들었던 개인이나 내담자를 설정해라.
   당신의 마음에 그 힘든 상황을 명백히 인식하라.

2. *감각 운동적 신체 감정.* 당신의 감정과 사고를 그 사람에게 집중해라. 마음을 편안히 한 후 당신 마음속에서 발생하는 선명한 시각적 이미지나 목소리를 찾도록 해라. 이미지와 소리들로부터, 현재 당신의 몸에서 일어나는 감정들에 주목해라. 그 감정들은 구체적으로 어느 몸의 부분에서 일어나고 있는가? 당신은 과거의 이러한 감각 운동적 이미지들이 어떻게 당신의 몸에 반응을 일으키는지 놀라게 될 것이다.

3. *긍정적 신체 감정.* 긍정적 관점에서 위의 과정을 반복하는 것이 중요하다.
   위의 사람은 어떤 긍정적인 자산이나 강점들을 소유하고 있는가(만약 없다면, 긍정적인 떨림을 일으키는 다른 사람을 선택하라)? 다시 긍정적 감정을 당신 몸에서 찾도록 하라.

4. *구체적인 나레티브.* 몸에 반응된 부정적인 감정으로 돌아가 보자. 세심한 주의를 통해 그것과 함께 머물러 보라. 과장해도 된다. 그것이 일어났던 실제의 상황을 선형적 형태로 표현해라. 무엇을 생각했는가? 그 이전에 무슨 일이 일어났는가?
   어떤 치명적인 사건이 있었나? 그 후에는? 원한다면 긍정적 신체 감정도 이와 같이 해보라.

5. *형식적 반영.* 당신에게 위와 같이 영향을 미친 다른 상황이나 이야기들, 혹은 사람들을 이와 같이 규명 할 수 있겠는가? 이런 사람들에 대한 당신 자신의 반응패턴이 있을 수 있다. 그들과 그러한 상황에 직면했을 때 당신 자신의 감정과 당신의 답변 방식에 대해 생각해 보라. 원한다면 긍정적 상황단계를 반복해도 좋다.

6. *변증법적/체계적 반영과 활동.* 당신의 생각과 감정은 어디에서 나왔는가? 특히 그것들은 당신의 가족과 주요 인물들 사이 관계의 어디서 형성되었는가? 특별한 가족 규칙이나 패턴이 존재했는가? 이러한 인물들과 상황에 대한 당신 가족의 태도는 어떠했는가? 미래에 그들을 보다 성공적으로 대면할 수 있는 당신의 발달사 강점들은 무엇인가? 현재 당신의 상담 중에서 이러한 정보들이 실제적으로 어떻게 사용되겠는가?

이 연습은 당신이 직면할 수 있는 상담/치료 과정에서 신체 감정을 인식하는 데 도움을 주기 위해 마련된 것이다. 당신은 각 내담자가 당신의 몸에 어떤 감정들을 발생시키는 것을 발견할 것이다. 이 신체적 인식은 힘든 내담자에 대한 이슈와 역전이의 문제를 돕는 유용한 도구가 될 것이다. 이제 당신은 당신의 몸에서 일어나는 특정한 감정을 알고 그것이 어디로부터 오는지 이해할 수 있다.
이러한 과정에서 당신은 무엇을 배웠는가?

안토니의 행동에 대한 자신의 감정에 대한 통찰을 이끌어내면서, 상담자는 자신에게 물어보았다. "나와 다른 사람들과의 관계를 통해서 나타나고 있는 안토니의 과거는 무엇인가? 첫 번째 논리적 가정은 안토니가 매우 공격적이고 충동적으로 양육되었다는 것이다. 예를 들어 엄마나, 아빠, 혹은 가족으로부터 그러한 성향을 물려받았을 가능성이 그것이다. 억압의 분출양상을 보이는 아이들의 가정에서 감정적, 육체적 학대는 드문 일이 아니기 때문이다.

물론 이와는 다른 설명도 가능하다. 혼자 아이를 길러야 하는 부모는 바빠서 자녀와 함께 할 시간이 많지 않았을 수도 있다. 충동적이고, 주의를 요하는 행동은 이러한 아이들이 부모의 관심을 얻기 위한 유일한 수단일 가능성이 많다. 혹은 감정분출적인 아이들은 대단히 엄격하게 통제되는 집안 환경에서 성장했을 수 있다. 이 경우 아이의 충동성은 엄격함에 대한 반작용으로 나타난다. 모든 상황에서 감정을 폭발시키거나 충동적인 아이들의 진정한 자아는 이면에 숨겨지거나 가족에 의해 붕괴된다. 자아의 결여, 욕구분출적인 아이들은 종종 타인의 영역을 침범하고 위반하게 된다.

상담가가 안토니의 행동이 관심을 필요로 하는 자연스러운 반응이라는 것을 생각한다면 상담자는 평가적 태도, 확고한 통제와 명확한 경계선을 긋는 관계성이 필요하다는 것을 가정하게 한다. 이것은 아이들을 개별화, 자율성, 분리로 이끈다. 하지만 아이의 참자아가 떠오르도록 애정과 지지가 있어야 한다. 개별성과 자율성의 성취는 애착과 유대의 견고한 기반 위에서 잘 이루어진다.

안토니를 돕기 위한 과정은 보다 자율적이고 관계적으로 나아가는데 초점을 두었다. 상호의존적 목적이 그것이었다. 각각의 문화에는 분리와 애착과제 사이의 균형을 유지하기 위한 나름대로의 접근 방식이 있다. 따라서 상담관계에 있어 '적당한 거리'는 상담자와 내담자의 문화적 배경에 의해서 적절하게 적용되어야 한다.

3단계: 다수의 이론을 사용해 DCT 치료조항(options)을 규명하기

아이들은 면담 초기에는 눈물을 보이다가 5분 후에는 즐겁게 야구 이야기를 하기도 할 것이며 선생에 대해 불평하다가 부모의 이혼을 걱정하기도 한다. 이러한 감각 운동적, 구체적, 형식적 유형의 혼재는 대부분의 아이들 그리고 어른들에게서 발견되는 현상이다. 이러한 복합적 영역에 대한 지침을 가지지 않는다면 당신은 방향을 잃게 되고 내담자도 또한 잃게 된다.

3학년의 안토니는 매우 구체적 유형일 것이라 예상했다. 안토니가 형식적인 측면을 보도록 돕는 것이 바람직할 지라도, 처음에는 보다 구조화되고 감각 운동적 접근이 필요할 것이다. 상담사는 안토니가 인지적 발달을 보임에 따라 다른 상담 유형을 바꿀 수 있다. 후기 구체적 유형으로 확장할 수 있는데 이는 "안토니, 만일 계속 이처럼 행동한다면, 그 결과는 ~일 것이다"라는 방식을 사용하는 것을 말한다.

〈표 5-4〉는 DCT 프레임에 근거해서 아이들의 평가와 치료 항목들을 나타낸 것이다(네트워크와 체계적 행동의 구조가 변증법적/체계적 유형에서 대부분 명백히 드러나기 시작한다는 것에 주목해라). 상담자는 신뢰감을 형성하고 개인적으로 안토니를 더 잘 알기 위해 두 회기를 할애했다. 처음 두 회기에서는 문제보다는 게임 놀이에 초점을 두었다. 이 기간 동안 상담자는 안토니의 긍정적인 강점을 강조하는데 비중을 두었다. 셋째, 또는 네 번째 회기에는 상담자는 아이들을 대상으로 개발된 DCT 질문지를 이용해 안토니의 문제를 다루었다. 이 기간 동안 안토니의 교실행동에 관해 안토니 선생과 면담을 했고 안토니의 엄마와는 그의 행동에 대한 토론이 이루어졌다.

내담자들은 자신의 문제와 발달 고민들을 여러 관점에서 말할 수 있으나 어린 아이들은 감각 운동적 또는 구체적 유형에 기인해 말한다. 몇몇 5, 6학년 아이들은 보다 형식적인 유형으로 말하기도 한다. 자신들의 문제를 후 형식적, 변증법적/체계적 유형으로 이야기 하는 것은 매우 적다. 많은 내담자들은 아이와 어른을 포함해서 자신의 문제를 둘 혹은 셋의 유형으로 이야기한다. 상담자의 과제는 특정한 문제에 대한 아이들의 인지 발달 유형을 평가하는 것이다. 그렇게 해야 아이들에게 맞는 적절한 중재를 발달적으로 구축할 수 있다.

〈표 5-4〉 네 유형의 발달 평가와 아동 치료 전략

감각 운동적 (경험의기초 및 요소는 무엇인가?)	*평가(Assessment):* 아이들은 화제를 계속 바꾸고 몽상적, 혹은 비이성적 생각을 드러내는 전형적인 모습을 표출한다. 아이들의 행동은 다음과 같은 패턴을 따른다. -주로 짧은 간격의 집중과 끊임없는 신체 움직임. *치료(Treatment):* 상담자는 내담자를 탐색하기 위해 견고한 구조를 제공할 필요가 있지만 동시에 임의적인 대화 요소들도 들어야 한다. 경청을 통해 상담자는 문제를 보다 더 잘 규명할 수 있다. 경청의 기술, 구조를 제공하기 위한 세심한 질문, 그리고 바꾸어 말하기, 요약하기 등이 유용하다. 필요시 방향이 제시되어야 한다. 치료는 놀이치료, 이완훈련과 호흡훈련, 교실에서의 행동구조화와 타임-아웃 등을 포함한다. 약물치료는 빈번한 논쟁의 여지에도 불구하고 아동치료에 흔하게 쓰이고 있다.
구체적 조작적 (상황 묘사는 무엇인가?)	*평가:* 대부분의 아이들은 매우 구체적으로 말한다. 그들은 질문에 대해 매우 짧은 답을 하거나(초기 구체적), 자신들의 경험 중 작은 세부사항에 대해서 끊임없이 떠들 수도 있다(중기 구체적). 아이들이 만일-그러면(if-then) 사고를 보일 때는 후기 구체적에 해당한다. *치료:* 조용한 아이들에게 적절하게 준비된 세심한 질문들은 구체적인 자료를 도출하는데 필수적이다. 말이 많은 아이에게 "구체적인 예를 말해보겠니?" 등의 질문은 구체적인 사례로 들어가는 전형적인 방법이다. 상담자는 직접적 행동과 구조화와 주의 깊은 청취를 병행해야 하는 코치가 되어야 한다. 아이들은 자신의 사고와 행동의 패턴을 조직하는데 도움을 필요로 한다. 행동기법, 의사소통기술훈련, 주장훈련, 특정한 문제와 이슈를 겨냥한 문제 해결 상담 등이 특히 유용하다. 인과적 사고의 문제를 다루는데 있어서는 아들러학파의 논리적 결과 접근과 글래써의 현실 치료가 유용할 것이다. 구체적 개념(친구집단, 이혼가정집단, 사회적 기술 집단)을 겨냥한 교실과 집단 프로그램은 특히 도움이 된다.
형식적 조작적 (어떤 사고와 행동의 패턴이 보이는가?)	*평가:* 특히 5, 6학년이 되면 아이들은 형식적-조작적 관련구조 속에서 자신들의 고민을 이야기할 수 있게 된다. 자신과 자신의 감정에 대해 가끔씩 심지어 타인의 관점에서 이야기하기도 한다("나는 그게 제인의 잘못이라 생각하는데 제인은 그게 내 잘못이래요." 혹은 후에 "내 친구의 감정도 생각했어야 한다고 생각해요"). 행동과 사고의 반복을 통해 공통성을 인식한 아이는 이제 형태적 사고로 나아간다. 이러한 사고의 유형은 3학년처럼 이른 시기에 나타날 수도 있다-대부분 선택된 문제에 한해서.

치료:

아이 자신과 상황에 대해 기술하는 것을 상담자가 돕는데 있어서, 다음과 같은 질문이 있다. "그게 언제나 그런 형태이니?", "다른 상황에서도 그런 일이 일어나니?" 만약 아이가 내재된 구조적 반복성을 인식한다면 그 아이는 형식적 사고의 신호를 보이는 것이다. 초보 상담자는 종종 어려움을 겪게 되는데 이는 치료의 과정에서 상담자보다는 컨설턴트로서의 역할이 더욱 요구되기 때문에 아이에게 보다 많은 힘을 허용해 버리게 된다. 많은 상담사와 선생들은 아이들의 구체적 유형에만 머무른다. 만약 보다 복잡한 형식적 사고패턴을 발달시키고자 한다면, 아이들은 그들 자신에 대해 도전받고 격려되어야 한다.

자아의 형식적-조작적 이론과 사고의 패턴 모드, 로제리언, 인지-행동 유형은 아이가 반응을 보인다면 유용하다. 자존감 워크숍, 우정 집단 등의 자아향상 프로그램은 자아와 관점을 형성하고 촉진하는데 도움이 된다. 마지막으로 폭 넓은 패턴의 행동과 사고를 겨냥한 의사결정 상담도 유용할 것이다.

변증법적/체계적 (시스템 속에서 어떻게 발달하는가? 이러한 모든 것들이 어떻게 통합되는가?)

평가:

대부분의 아이들과 어른들은 이 유형에서 세계를 인식하지 않는다. 아이들과 더불어 변증법적/체계적 사고는 여성들(주로 상위 학년에서)이 여성차별에 대해 심각하게 이야기를 할 때, 혹은 소수 민족 학생들이 개인적인 문제가 인종차별에 의한 것임을 인식할 때 명백해진다. 여기서 아이는 지식의 시스템을 작동시키고 있는 것이며 자신들이 어떻게 환경의 영향을 받는지 배우게 된다. 인식은 아이와 선생으로부터 더 큰 체계적 고려로 변화한다. 상담자로서 가족과 교실은 아이들에게 영향을 미치는 중요한 두 가지 체계이며 그들에게 보다 많은 관심을 기울여야 한다.

치료:

사례 관리기법은 변증법적 접근을 뒷받침한다. 개인, 집단, 가족, 학교, 그리고 지역사회의 중재를 연결하는 것이 그 열쇠이다. 체계적 사고는 가족 세션과 교실컨설턴트에서 분명해진다. 인종차별, 성차별, 강건 신체주의에 관한 문제를 개인적으로 혹은 집단 내에서 아이들이 다루도록 돕는다. 동료들과 함께 사례 발표회의를 하고 있다면 그것은 변증법적/체계적 기술을 활용하는 것이다. 가족 상담/치료, 치료를 위한 다른 가족 구성원의 연계, 사회적 봉사에서의 사례 연결 등이 체계적 행위를 예증한다. 또한 지역사회 발달 활동이 필수일 수도 있다. 예를 들면 지역사회 내에 심각한 고용문제나 인종문제, 혹은 다른 차별의 형태가 존재한다면, 상담자의 임무는 지역사회 활동 프로그램을 촉진하는 것이다.

4단계 : 치료계획을 위한 내담자/상담자 계약 만들기

아이들과 작업하는 상담자는 치료계획을 부모와 상의하고 그들을 치료과정에 포함하도록 하는 책임이 있다. 〈표 5-5〉 목록은 학교상담자의 서비스 목록이다. 이 목록은 모든 부모에게 가능해야 하고 내담자/상담자 계약을 할 때 사용할 수 있다.

〈표 5-5〉 학교 상담자가 제공하는 상담 서비스

아래의 활동은 학교 지도부에서 제공하는 것들이며 학부모들이 상담 과정과 목표를 알게 하기위해 마련되었다. 학교 상담사인 제인 스미스는 다음과 같은 서비스를 제공하고 있다. 부모들과 함께 스미스 여사는 그들 자녀들의 필요에 부합되는 상담 프로그램을 선택하게 된다.
자녀들을 위한 목표와 학교에서 자녀들에게 제공되기 바라는 것들을 아래에 써보라. 또한 자녀들이 원하는 것이 무엇인지도 써보라.

____
____
____
____
____

학교에서 제공하는 서비스는 아래와 같다. 당신의 자녀에게 필요한 것들을 표시해 보라.

_____*1. 행동 교실 자문.*

교육과정에 대해 보다 구조화된 접근이 학생들에게 유용하다. 학생에 대한 관찰과 교사의 자문으로 교실 내 보상 시스템의 구축이 가능하다. 이러한 프로그램들은 부모와 연결되고 구체적 프로그램이 각 부모와 협상된다면 보다 효과적이다.

_____*2. 기술 훈련.*

상담은 교육의 과정이며 따라시 아래의 기본직 기술을 당신의 자녀에세 개인적으로 혹은 집단적으로 가르치는 것이 가능하다.

_____이완 기술 _____우정(친구 맺기)의 기술
_____의사소통 기술 _____사회적 기술
_____문제 해결 기술 _____스트레스 관리 기술
_____갈등 관리 기술
_____다른 세부적 기술들:____________________________
____

_____*3. 집단 상담.*

어린 아이들은 종종 서로의 생각과 경험을 나누는 것이 도움이 된다. 구체적인 집단주제들은 다음과 같다.

_____우정집단
_____부모의 이혼이나 가족의 변화를 경험한 아이들 집단
_____분노 관리집단

_____이사 집단(다른 지역으로 이사하려는 아이들)
_____자존감 집단
_____다른 특별한 주제 집단:______________________________
____

_____*4. 개인 상담.*

개인 상담은 특정한 활동을 덜하지만 야기되는 특별한 구체적 목표와 함께 아래의 하나 또는 그이상의 것에 연관될 수 있다.

_____**문제 평가.** 종종 아이들의 문제는 부모나 학교 측에는 신비한 것이기도 하다. 현재의 상황을 탐색하여 종종 쉬운 해결책을 발견하거나 다른 이에게 연계를 하기도 한다. 면담은 비구조적이다.

_____**발달 상담.** 다양한 면담 기간동안 아이들에게 다양한 관점으로부터 문제를 발견하는데 도움이 되는 질문들이 던져진다. 예를 들어 아이가 운동장에서 어떤 문제가 있었다면 상담자는 운동장에서의 실제적인 사건을 탐색하려 한다. 아이가 그 상황을 어떻게 묘사하는지, 아이의 생각과 행동에서 주목할 만한 패턴이 있는지 그러한 행동이 어떻게 전개되는지 등을 조사하는 것이다. 상담 전에 학부모에게 세부적인 질문이 던져지고 검토된다.

_____**자아탐색.** 이는 주로 말 잘하는 아이들을 위한 것이다. 상담사는 자신과 타자에 대한 아이의 생각을 듣게 된다. 보다 나은 자아의 감각을 발전시키고 개인의 결정형성을 고무시키는 것이 그 목적이다.

_____**놀이와 활동 상담.** 대부분 개인 상담 과정에서 아이들에게 놀이가 진행된다. 게임으로부터 감정과 문제 해결을 위해 고안된 상담 놀이 등이 포함된다. 아이의 사고 과정과 문제를 보다 충분히 이해하기 위한 상담기법 등이 포함된다. 때때로, 놀이와 활동상담이 사용할 수 있는 유일한 접근법이 될 수도 있다.

_____**지지상담.** 아이가 집에서 위기(부모의 이혼, 죽음)를 경험할 수 있다. 그때 상담자와 매주 또는 2주에 한번씩의 체크는 도움이 된다.

_____*5. 자문, 연계, 부모의 관여.*

_____**부모자문.** 당신의 아이가 학교에서 문제가 있음을 알거나, 자녀들이 본인의 완전한 잠재력을 획득하지 못한다는 것을 인식했을 때 학교 지도소는 문제해결을 위한 시작의 공간이 된다. 부모가 많은 정보를 가져야 하는 것이 중요하며, 당신이 자녀를 위한 정보의 제공을 통해서 상담자는 이를 획득한다.

_____**부모 교육과 상담.** 양육방법과 자녀지도의 과정 중에 개인 혹은 집단 과정이 제공된다. 때때로 자녀의 사회적, 학문적 발전을 촉진하기 위해 모든 가족이 참석하는 가족 모임이 열린다.

_____**지역사회 연계.** 상담자는 자신들을 위한 도움에 관심이 있는 가족과 아이들을 위한 재정, 고용, 의료, 사회적 활동, 심리적지원 봉사들에 관한 완전한 자료를 지녀야 한다.

____**개인 지도 계획(IEP)으로의 연계.** 상담자는 종종 학업과 사회적 어려움을 겪는 아이들 연계의 첫 단계이다. 개인지도계획은 특별 교사 지원, 치료적 교육, 의료 및 정신과적 지원, 그 밖의 다른 서비스를 포함하는 특별 봉사를 당신의 자녀를 위해 마련한다.

____**기타 다른 서비스:** ________________________________

확실히 상담사/치료사는 내담자의 권리와 그들이 제공할 기법에 대한 진술문을 내담자에게 제공해야 한다. 〈표 5-5〉의 정보는 내담자 권리에 대한 보충자료이다.

상담사는 안토니의 엄마와 아이의 문제에 대해 의논했다. 문제에 대한 엄마의 반응은 형식적 조작기 유형이었고 그것은 상담과정을 지지하고 참가할 수 있다는 것을 나타내는 것이었다(즉 그녀는 안토니의 문제를 반영할 수 있었다). 어떤 가정은 구체적 유형으로 반응하고, 하나 또는 둘의 구체적 문제에 응답하는 것이 가능할 것이다. 가끔 상담자는 감각 운동적 유형에 있는 가정의 부모를 만날 것이고, 문제를 이해하고 규명하는 것까지도 가능하지 않을 것이다. 내담자/상담사 계약은 인지발달 유형이 변함에 따라 변화해야 한다.

상담사는 안토니의 엄마에게 상담사가 제공할 서비스의 목록을 제공했다. 상호 협의의 과정을 통해 상담사와 안토니의 엄마는 교실에서의 행동관리 프로그램, 자존감 집단에 참여, 아이의 문제를 보다 완전히 이해하는데 필요한 평가와 발달 상담의 참여에 대해 의논하였다. 이는 아래와 같이 간단히 요약된다.

> 3주에 걸친 안토니의 상담과정에서 주요 목표는 (1) 교실과 운동장에서 행동을 향상시키기, (2) 안토니의 행동이 더욱 악화된 이유를 보다 솔직하게 조사해보기 (3) 가능한 한 안토니와 함께 상담의 목적을 생각해 보고 계획 과정에 그를 포함시키기.

이러한 목표를 달성하기 위해 상담자가 사용할 방법들이 첨가되었다.

5단계: 개인 치료를 유연하게 진행하기

처음 두 번의 회기는 계획과 예상대로 진행되었다. 안토니 또한 상담의 목표를 받아들였다. 놀이를 하고 교실에서 해방되어 기뻐하기도 했지만 자신과 자신의 문제에 대해 이야기 할 만큼 개방적이지는 않았다. 상담자는 따뜻한 애정과 인정을 통해 안토니의 올바른 사회적 행동에 대한 보상을 주었다. 의사소통 능력도 진전되는 것처럼 보였다. 세 번째 회기는 같은 방식으로 계속되었다. 상담하는 동안 안토니는 조용히 입을 다물고 있었다. 말하고 싶은 것이 있냐는 물음에 안토니는 게임 할 것을 요청했다. 상담사는 감정을 다루기 위한 보드 게임을 제안했다. 안토니는 지루한 듯 보였다. 올해에 학교 생활 중 가장 좋았던 것이 무엇이었냐는 질문에 대부분 아이들처럼 그는 '휴교'라고 말했지만 우울해보였다.

그 다음 주에 안토니는 학교에서 싸움을 했고 교실에서 반항적 행동으로 여러 번 문제를 일으켰다. 특히 심했던 싸움 후에, 교사는 그를 상담자에게 보냈다.

상담자는 시비를 판단하려는 접근 대신 그날 운동장에서 일어난 일을 말해줄 수 있는지 물었다. 안토니도 처음에는 그런 상황 하에서 화가 난 사람의 전형적 모습을 보여주었다. "내 잘못이 아니예요. 걔가 먼저 날 때렸어요." 이야기를 듣고 재구성하는 가운데 보다 단편적이고 구체적인 싸움의 광경이 도출되었다. 격려 끝에 안토니는 천천히 마지막 싸움에 대해 구체적인 상황을 설명하기에 이르렀다.

이 과정에서 중요한 점은 상세한 구체적 상황에 속하는 아이의 말을 듣기 원하는 상담자의 의도이다. 대부분의 구체적인 아이들처럼, 안토니는 종종 주제를 바꾸었으며 구체적인 묘사뿐만 아니라 감각운동적 요소들도 가지고 있었다. 상담 전체에 있어서 싸움이라는 주요 화제에 초점을 유지하는 것 못지않게 신뢰의 적절한 기반을 발전시키는 것도 중요하다. 숙련된 바꾸어 말하기, 감정의 반영, 요약하기는 감각운동성을 발전시키고 구체적 기반의 이해를 위한 핵심적인 면담의 기술이다.

상담사가 이야기를 듣게 되면서 처음 세 회기를 통해 형성된 신뢰의 가치는 명백하다. 상담자는 감각 운동적 작용에 기반을 둔 상담에 초점을 맞춘다. 하지만 새로운 틀(DCT 체계적 질문 과정)도 사용된다.

다음은 상담 회기의 핵심 부분에 대한 요약이다.

상담자: 친구를 때리기 전에 뭘 보았지? 지금도 그 애가 보이니?

안토니: 그 애의 붉은 얼굴이 보여요. 그 애가 헐떡거리며 소리치고 있어요.

상담자: 지금 너의 몸은 어떤 걸 느끼지?

안토니: 역겨워서 토할 것 같아요.

상담자: 전에도 그런 느낌이 든 적이 있니?

안토니: 댄(엄마의 남자친구)이 지난 주에 술에 취해서 들어와 개를 벽에 던지고 저를 때렸을 때도 그랬어요.

학대를 발견하게 하는 일련의 질문들은 다음과 같은 요소를 내포한다. (1) 운동장에서 일어난 싸움과 분쟁을 유도하는 평범한 사건들을 수용하고 경청하기 (2) 이러한 사건들을 구체적이고 단편적인 흐름으로 조직하기 (3) 다른 상황에서도 같은 감정이 발생했을 것이라는 기대에 기반을 둔 자유연상법으로 보고, 듣고, 느낀 것에 강조를 둔 감각 운동적 유형으로 돌아가기. 여기서 상담자는 패턴을 기대하되 상태를 유도하여 아이로 하여금 정보를 말하게 한다. 견고한 감각운동과 구체적인 토대에 기반을 둔 상담은 유아기 인지의 복합성을 이해하고자 하는데 특히 중요하다(이는 현재 장애의 발달 기원을 발견하는데 도움을 줄 수 있는 사춘기 아이들과 어른들에게도 유용하다).

공격적이고 충동적으로 행동하는 많은 아이들은 자신들의 발달 단계나 또는 현재의 문제를 반영하고 있다. 안토니와 같은 아이들은 부모의 부재나 학대에 대한 두려움과 좌절, 분노를 표현할 수 없다. 그들은 다른 이들에게 공격할 성향을 지니고 있다. 이와 유사하게 학대적인 개인들은 주로 중요한 정신적 외상의 발달사를 가지고 있으며, 자신들의 학대적 행동을 통해 그들 자신의 문제발달사를 재연한다.

안토니의 근본적인 문제를 밝힌 후에 치료는 보다 많은 감각운동의 감정과 유사한 상황들을 찾아내고 반복되는 사건들, 즉 집에서의 외상 반복과 엄마의 남자친구에게 표출하지 못한 분노가 운동장에서 다른 아이들에게 가해지는 형식적 패턴을 찾아내는 것이다. 이런 작업의 형태는 시간이 걸리며 주로 학교 상담사에 의해서 완전하게 해결될 수 없는 것이다; 다른 사람과의 연계가 필요하고 여기에서 상담사의 역할은 지지 상담, 집단 작업, 교실자문을 제공하면서 다양한 치료서비스를 연결하는 발달 사례 관리자(developmental case manager)가 되는 것이다.

6단계: 네트워크 관여를 통해 개인 치료 확대하기

학대문제를 발견함에 있어서, 상담자는 사회복지과(Division of Social Services)에 통보한 후 아이의 엄마와도 접촉했다. 그녀는 멍든 눈을 화장으로 가린 채 나타났다. 힘겨운 듯 천천히 걸어오는 그녀는 매우 지쳐 보였지만 간신히 아들에 관한 이야기에 집중할 수 있었다. 상담자는 안토니에 대한 학대 사실에 관해 이야기했다. 어머니는 울음을 터뜨리며 “그 남자는 아이 뿐만 아니라 나도 때렸지만 지금은 떠났어요!”라고 말했다. 이 경우는 다른 많은 학대의 경우보다 어떤 면에서 보다 쉬웠다. 이들은 자신들의 고통을 숨기려 하지 않았기 때문이다. 어떤 엄마들은 이런 상황에서 자신의 남자친구를 감싸면서 안토니를 상담에서 떼어 놓으려고 시도하며 학교에 더 큰 압력을 행사하려 하는 경우도 있다.

학대의 경우 시스템과 네트워크 중재는 필수적이다. 안토니에게 개인 상담은 효과를 볼 수 있지만, 가정에서의 상황이 변하지 않고 교실에서의 지원이 이루어지지 않는다면, 정상적인 발달과정을 다시 재개할 수 있는 기회는 약화되고 만다. 이런 경우, 아동을 위한 서비스가 필요하고 안토니를 위한 아동 치료사가 차출된다. 안토니의 엄마는 지역 정신 건강 센터에서 시행하는 개인 상담에 참여하게 되었다. 가족의 핵심 인물들이 자신들의 삶을 통제하지 못한다면 아이에게 행해지는 치료는 성과를 얻지 못한다. 안토니의 형 또한 엄마의 남자친구로부터 학대를 받은 사실을 면담도중 털어놓았다. 형을 위한 개인적 상담도 마련되었다. 여러 기관들이 이제 이들의 치료를 담당하게 되었다. 문제는 사라지는 것이 아니며, 여러 차례 아이들과 그들의 부모가 다시 상담가의 도움을 필요로 할 것이라는 점을 기억해야 한다. 당신은 폭넓은 치료계획을 당신 스스로 계획해야 한다는 사실도 알아야 한다.

이 시점에서 가족 치료가 준비되었다. 많은 문제점들을 내포한 가족의 경우에 있어서, 개별 성원들의 치료과정에는 언제나 많은 충돌의 가능성이 있다. 이때 가족 네트워크 모임이 치료를 중재하는데 도움이 되며 이들로 하여금 가족 성원들의 목표를 확신시키는데 일조한다. '비밀 없이 만나기'가 이러한 만남의 한 표어가 된다. 문제를 숨기기보다는 가족들 사이의 문제에 대한 솔직한 이야기가 중요한 것이다. 아이를 포함한 전 가족구성원이 치료계획에 참여한다.

가족미팅에서 학교상담자와 가족문제 상담심리학자, 아동국 대리자 등이 안토니, 안토니의 형, 그리고 엄마를 만났다. 가능했다면 안토니의 아빠와 엄마의 남자친구도 참석했을 것이다. 더 많은 사실들이 이 과정에서 드러났고 가족 세 명 모두 개인 치료와 가족 치료를 희망했다. 엄마는 특히 안토니의 학업성취에서의 어려움과 친구의 부재에 대해 보다 특별한 관심을 요청했다. 또한 이러한 어려움에 대해 안토니 자신도 도움받기를 희망했다.

이 사례의 경우 안토니 담임선생과의 자문이 중요했다. 선생님도 이 당시 안토니의 문제를 다루는데 있어서 조언자가 필요했는데, 왜냐하면 선생님 자신이 이혼에 직면해 있었기 때문이다. 학교 상담자는 수업 관리 프로그램을 개발하는 것과 더불어 선생님과도 상담해야 했다. 고등학교 동료 상담 프로그램에서 나온 '빅브라더(비행소년의 남성지도원)'가 2주마다 방과 후 안토니를 만나겠다고 자원했다.

안토니의 엄마는 구체적 행동의 중재와 구체적 과제를 제공하는 지역 상담자와의 작업을 통해 자녀양육의 기술을 향상시키게 되었다. 상담사의 지도아래 엄마는 가족 체계가 아이에게 미치는 영향에 대해 이해하게 되었고 구타하는 남자를 선택했던 자신의 패턴에 대해서도 알게 되었다. 이를 통해 그녀는 폭력적인 남자와 자신의 관련성을 깨뜨릴 수 있게 되었다. 나중에 그녀는 남자들과 상호작용에서의 패턴을 추적할 수 있었다.

안토니는 지역 정신 건강 센터의 상담자들과 잘 맞지 않아, 상담받기를 거부했다. 엄마가 폭력적인 남자친구와 관계를 끝낸 후에 학교 상담자는 안토니를 장기적인 내담자로 보았다. 치료는 매주 행해지는 상담과 함께 자존감 향상 집단에 안토니를 참석시키는 것이었다. 9살 된 아이가 방임과 학대가 어떻게 본인의 행동을 일으키는지에 대해 알기를 바라는 것은 불가능한 일이다. 하지만 반복되는 패턴의 개념들은 상담자가 사건들을 개념화하고 상담과정을 계획하는데 도움이 되었다.

계속되는 개인 치료를 통해서 안토니의 엄마는 자기주장이 강해지고 상담자가 지도하는 양육 기술을 위한 집단 심리교육 프로그램에도 참석했다. 상담사의 지도아래 선생님도 학급 내 문제아동들에 대한 보다 나은 계획을 세울 수 있게 되었다.

상담/치료는 개인과 가족만을 중심으로 생각한다. 그러나 안토니와 같은 복합적 상황에 있어서, 전체 네트워크 서비스가 적절히 사용되지 않는다면 개인의 변화는 불가능하다. 이러한 경우 학교 상담자는 만족할 만한 결과를 얻기 위해 필요한 네트워크의 많은 부분을 조율해야 하는 '발달 사례 관리자'가 되어야 한다.

DCT와 네트워크 치료 모델을 청소년에게 적용하기

네트워크 모델은 특히 아동에게 적절하다. 아동의 환경이 변하지 않으면 그들 또한 변화를 기대하기 힘들다. 청소년들과 성인들에게 개인과 환경적 중재의 균형을 강조하는 네트워크 모델이 조금 부적절해 보일 수 있다. 이 '적절성의 결핍'은 청소년과 성인 개개인에게 변화의 책임을 묻는 북 아메리카 문화 내에 기반을 둔 개인성의 강조에서 나온 것이다. 하지만 네트워크/DCT 모델은 어른들에게도 동등하게 유용하며, 특히 아동과 초기 청소년들은 성인보다 더 '관계'속에 살기 때문에 Network/DCT 모델이 매우 적합하다. 라 프롬보이즈와 로우는 자신들의 체계적 네트워크 접근을 마약을 남용하는 미국 원주민 청소년들에게 어떻게 적용되는가를 기술하였다.

> 16세의 인디언 남자 마크는 평균지능의 소유자이며 1년 이상 자신의 억압된 감정을 분출하는 모습을 보였고 종종 학교를 결석함으로서 학업에서 뒤처지게 되었다. 마약을 하고 술을 마셨으며, 동료 학생들과 싸움을 벌이곤 했다. 지역 사회에서는 약간의 문제를 일으켰다. 그는 지난 10년 동안 외숙모, 외삼촌과 함께 지내왔다. 엄마는 만성 알코올 중독자였고 마크는 거의 그녀를 만나지 못했다. 마크의 생부에 대해서는 잘 알려진 바가 없다. 최근에 마크의 외삼촌은 일자리를 잃은 뒤 며칠동안 집에 들어오지 않았다. 심각해진 마크의 우울증을 걱정하기 시작한 학교 상담자가 마크를 연계하였다.

마크를 치료하기 위해서는 우선 가족들이 마크로 하여금 치료에 응하도록 돕는 것이 필요했다. 마크의 치료사는 마크가 보는 자신의 문제를 규명하고 상호신뢰를 구축하는 것이 중요하다고 강조했다. 이 사례에서 핵심적인 문화적, 개인적 이슈는 알코올 문제를 지닌 미국 원주민에 대한 부정적인 선입견이었다. 초기 중재 전략은 비합리적 신념, 행동 변화, 사회적 타당성에 중점을 두었다. 학교 문제는 마크의 선생들과 자문을 통해 접근되었다. 마크는 야구경기나 로데오, 전통집회, 축제와 같은 사회적 모임에 참가해서 미국 원주민으로서의 정체성을 재구축할 수 있도록 격려 받았다.

라 프롬보이즈와 로우는 초기 단계에서 핵심 가족들과 지역 사회의 지도자들도 네트워크 미팅에 참석하기를 원했다. 특히 여기서 주목해야 할 점은 개개인의 행동이 전체 사회의 모습을 반영한다는 미국 원주민들의 신념이었다. 마크나 그의 가족과 같은 내담자들을 위한 중재과정에서 중요한 점은 협동, 유대성, 상호의존 등이다. 이러한 치료의 목적은 개인차원의 자아실현이 아니라 가족과 지역사회 속에서 개인의 상호의존 실현이었다.

상호의존(관계 속에서의 자아)은 보다 생태학적으로 지향되는 상담/치료의 목적을 제공한다. 네트워크 모델은 사례 관리 접근으로 간주될 수 있다. 상담/치료 이론, 훈련은 자신의 사무실에서 종종 뛰어난 화술을 통해 내담자의 변화를 촉진하는 숙련된 치료사들의 통념에 관심을 두기도 한다. 비록 이러한 것들이 소수의 운좋은 치료사들에 해당하는 경우는 될 수 있지만, 대부분의 전문가들은 곧 치료사들의 노력이 가족과 지역 사회의 중재와 연관되지 않으면 효과를 보지 못한다는 것을 깨달았다. 더 나아가 심각한 문제를 다루기 위해서는 한 명 이상의 상담사/치료사가 필요하게 된다. 전문가들을 돕기 위한 치료 팀과 지역사회 네트워크는 점점 표준화 되어 가는 추세이다.

이제 구체적 사례를 통해 이러한 생각을 살펴보기로 하자.

유형-변환(Style-Shift) 상담을 사용한 성인사례

우선 내담자들에게 적절하게 사용할 수 있는 추가적 전략인 유형-변환 상담에 대해 알아보기로 하자. 그 다음 유형-변환 사례를 채택하여 구체적 치료 계획 개발에 있어 네트워크와 DCT방법을 적용해 보기로 하자.

유형-변환 상담 정의하기

유형-변환은 앤더슨(1981a, 1981b, 1998)이 치료 과정과 면담에 대한 발달적 접근에서 사용한 용어이다. 유형-변환 상담/치료는 DCT와 유사하며 5단계 과정을 포함한다.

1. 내담자의 일반적 발달 유형을 평가한다.
2. 그 유형에 적합한 조력 유형을 선택한다.
3. 내담자의 발달 과제를 규명하고 중재한다.
4. 대안적 활동을 평가하고 계획한다.
5. 필요시 내담자의 발달에 따라 유형을 변환한다.

앤디슨의 유형-변환 지표(Indicator)는 발달 평가 및 치료계획의 노입을 제공하기 위해 고안된 학습도구이다. 그 도구에는 8가지 사례가 나타나며 그 과제는 다음과 같다:

(1) 내담자의 발달 유형 규명하기.

(2) 선호도에 의한 네 가지 치료대안 등급 순위 매기기.

내담자들의 등급순위를 통해서 상담사/치료사들은 선호되는 유형과 유형의 효과성에 대한 점수를 얻는 것이 가능하다.

다음은 유형-변환 지표의 한 사례이다.

조지(Jorge), 25세, 실직.

조지는 10학년 때 낙제하여 학교를 그만둔 후 현재까지 착실하고 꾸준히 지역

건설 회사의 노동자로 일해 왔으나 업무 부족으로 일자리를 잃게 되었다. 처음에는 다른 일자리를 구하기 위해 열심히 노력했지만, 시간이 지나면 그는 더많은 시간을 집에서 보내게 되었고 최근에는 음주량이 많아졌고 밤늦게까지 밖에서 시간을 보내고 집에 돌아와 심야 쇼 프로그램을 시청했다.

당신은 지역 사회국에서 일하는 직업 상담사이다. 조지는 당신에게 찾아와서 일자리를 원하기 때문에 도움을 요청하였다. 그는 점점 자신의 앞날에 대해 자신감을 잃었으며 자신의 삶이 침체되어 가는 것을 느꼈다고 하였다. 그는 미래에 대한 구체적인 계획도 없고, 건설 일에도 지쳤으며, 자신의 그러한 미래에 대해 명확하게 인식하지 못하는 듯했다. 그는 자신과 타인 사이에 감정적 거리를 유지하는 거친 남자(macho)의 삶을 추구하는 듯했다.

이와 같은 자료를 보았을 때 조지는 어떤 인지-발달 유형인가? 다음의 유형 앞에 1부터 4까지 숫자로 순위를 매겨 보라.

_____감각 운동적　　　_____형식적

_____구체적　　　_____변증법적/체계적

제공된 자료로부터, 조지는 구체적 유형인 것으로 드러났다. 가장 중요한 문제는 역시 술이었다. 만약 술이 그의 지능을 방해하는 심각한 문제인데 그가 이것을 부인했다면, 그는 감각 운동적 유형으로 간주되었을 것이다. 형식적 유형과 변증법적/체계적 유형의 구분은 이보다 더 어렵다. 변증법적/체계적 유형의 치료에 있어서, 내담자와 상담사 사이에는 종종 상호성이 존재한다. 조지는 형식적 유형보다는 변증법적 유형에서 사고할 가능성이 높았다. 조지는 반영적이거나 자신과 자신 삶의 패턴에 대해 고민하는 타입은 아닌 것 같았다(어떤 발달과제에서는 형식적일 수 있다 하더라도). 유형-변환 지표는 그에게 2-1-4-3의 순서를 매겼다.

유형-변환 지표는 조지를 위해 다음의 네 가지 치료 선택권을 제시한다. 어떤 치료를 당신은 먼저 사용할 것인가?

A. 낮은 자존감에 대한 조지의 감정에 반응하기; 어떻게 이러한 감정들이 심각한 문제에서 발생하는지, 그것들이 새로운 일자리를 찾거나 계획을 세우는데 어떻게 영향을 미치는가를 알게 하는데 도움을 주기. 자신의 가치와 강점을 인식하는

데 도움을 주고 자신의 목표를 설정해서 원하는 위치에 도달하기 위해 격려한다. 자신의 생활유형에서 반복된 자멸적 측면과 대면하는 것을 도와준다.

B. 건설 회사를 소유하고 있으며 노동력을 필요로 하는 친구에게 연락하기. 이 친구는 미성숙한 젊은이를 다루는데 명성이 있으며 책임감 있고 숙련된 노동자가 되는 것을 도울 수 있는 자였다. 그는 개성과 직업 발달을 촉진시키기 위한 야간 훈련 과정을 가지고 있다.

C. 신뢰관계를 형성한 후에, 상대를 존중하면서 비생산적이고 자기 파괴적(음주)인 행동과 직면하게 하고, 이러한 문제를 얼마나 당신에게 솔직하게 말하기를 원하는지 확인한다. 스스로의 행동과 구직을 위한 세부적인 노력을 평가하는데 도움을 주어야 한다. 구직 면담에서 어떻게 자신을 호의적으로 표현해야 할 것인가를 깨닫기 위한 역할 놀이를 포함한다.

D. 허심탄회하게 그의 강점과 약점에 대해 토론한다. 그의 강점을 이용할 수 있는 유용한 조건을 조사하라. 그와의 상호관계를 유지하고 정보를 제공하며 당신의 경험을 공유하기 위해 노력하라. 직접적으로 영향을 주거나 돕기 위해 노력하기보다는 미래를 위한 아이디어를 만들어내기 위한 창의력이 필요하다.

위의 네 가지 치료 중에 당신은 행동 모드로 어떤 것을 가장 선호할 것인가? 다음 선택은 무엇인가? 세 번째는? 가장 선호하지 않는 치료는 무엇인가? 아래 빈 칸에 당신의 선택을 표시하라.

첫째______ 둘째______

셋째______ 넷째______

이 사례의 유형-변환 평가(evaluation)는 아래와 같다.

조지를 구체적 사고 유형으로 평가한 후, 첫 번째 유형-변환 방법은 코칭, 구체적-조작적의 접근을 먼저 시도할 것을 제안한다. 조지는 몇 가지의 발달 과제를 지니고 있다; 가장 명백한 문제는 일자리였으며 가장 중요한 것은 음주문제일 것이다. 그는 다른 가족문제를 지녔을 수도 있으며 인간 간에서의 기술 결함 등이 있을 수도 있다. DCT와 유형-변환 모델은 내담자의 구체적 테두리의 프레임에 참여할 것을 제안한다(위의 C). 또한 그의 사고 보다 이성적, 의식적, 연결적으로 변환되도록 돕기 위해 코칭의 기술을 사용해야 함을 제안한다. 구체적 행동 치료 대안들은 새로운 행동 패턴을 위해 시도하도록 돕는데 사용될 수 있다.

두 번째 방법은 감각 운동적 진단이 제시하는 환경적 구조화 접근일 것이다(위의 B). 여기서는 내담자에 대한 보다 큰 책임감이 필요하다. 술이 핵심적인 문제라는 것도 가정 된다. 예를 들어 당신이 조지가 알코올 치료 센터에 들어가도록 영향을 끼쳐서 커리어 계획에 참여토록 한다면 그때 당신은 그의 환경의 일부로써, 자기 파괴적 행동패턴을 중화시키는 집중력 있고 통제된 치료를 받을 수 있는 환경으로 그를 이끄는 촉매역할을 할 수 있다. 감각 운동적 유형에서 상담자는 내담자의 삶에 보다 직접적인 영향을 준다.

세 번째 방법은 위의 D로써 상호적, 창조적인 대화가 될 수 있다. 이는 만약 그가 당신을 '쿨'하다고 인식하고 열심히 노력하는 친구로 여긴다면 보다 넓은 범위로 작용될 수 있다. 하지만 그의 창조적 힘은 아직 인식되지 않았다. 브레인스토밍과 상호문제해결을 하기 전에 그는 미래에 대한 꿈을 가지기 시작하고 알코올에 대한 의존에서 벗어날 필요가 있었다.

가장 덜 선호되는 방법은 형식적-조작적 접근(A)을 사용해서 조지 스스로가 자신에 대해 검토, 탐색하고 이해하며 자신이 가진 대응책을 찾도록 돕는 방식일 것이다. 이것은 이상적으로 들리지만 그에 대한 정보는 조지가 이 방식의 강도를 감당할 만큼 발달상으로 강하지 못할 뿐 아니라, 그것의 감정적 강도를 수용하려 들지 않을 것이란 점을 지적한다.

구체적 코칭을 통한 상담이 성과를 거둔다면, 그의 발달 성숙도가 증가함에 따라 지도방식을 보다 형식적-조작적 자기 검토의 접근방식으로 변환할 수 있게 된다. 만약 그가 술을 더 마시게 된다면 치료방식을 보다 감각 운동적 접근으로 변환해야 될지 모른다. 더 나아가 젊은 성인의 발달과제에 있어서, 각각의 과제에 대해서 그가 서로 다른 인지적 유형을 작동할 수 있음을 예상할 수 있다. 융통성과 적응성은 앤더슨의 유형-변환 이론에 있어서 대표적 표어이다. 완전한 틀 구조를 지원하는 것은 상호적, 체계적 접근이며 그 속에서 내담자와 상담자는 개인뿐 아니라 가족과 환경에 대해 협력하게 된다.

사례 치료 계획 발달시키기

조지의 사례는 네트워크 치료 계획의 생성을 위한 구상을 제공한다. 비록 상담을 위한 전체적 초점은 그의 구체적 유형에 놓여 있겠지만, 완전한 치료를 위해서는 복합적인 인지-발달 유형 활동이 요구될 것이다. 조지와 같은 내담자에게 치료사 자신만의 접근 방법을 만들어내는 것이 도움이 될 수 있으며, 이때 DCT치료 계획 구상단계가 사용된다.

1. 치료를 위한 긍정적 기반 구축하기.

성공적인 치료계획을 수립하는데 도움이 되는 조지의 강점을 규명할 수 있는가? 주어진 짧은 사례를 통해서 당신이 예상할 수 있는 점들을 마련해야 한다. 치료사 자신이 알고 있는 사람 중에서 조지와 비슷한 사람을 떠올린 후 그의 특성을 당신의 기술에서 구체화하는 것이 도움이 될 것이다.

____

____

____

지역사회 가족, 동료, 직업 등과 같은 중요한 후원 체계와 환경 속에서 어떤 분명한 강점과 자원을 발견할 수 있는가?

____

____

____

2. 상담사/치료사에게 영향을 미칠 수 있는 핵심 관계 이슈 파악하기.

우선 당신은 조지와 같은 내담자에게 어떤 일반적 감정을 가지고 있는가? 그러한 사람들과 당신은 어떤 경험을 가지고 있는가? 당신의 몸에서는 어떤 감정들이 일어나는가? 당신 본인의 경험으로부터 어떤 장면이 마음속에 떠오르는가? 그러한 사건과 패턴들이 조지와 같은 사람과의 관계 속에서 당신에게 어떤 영향을 미치는가?

____

____

____

이런 지식으로부터, 당신은 조지에게 어떤 타입의 관계를 제공할 것인가? 애착과 분리, 자율성과 관계성의 균형에서 어떤 것이 가장 적절한가?

___

___

___

3. 당신이 고려할 치료 조항(options)을 규명하기.

조지가 직면하고 있는 핵심적 발달 과제는 무엇인가? 에릭슨의 인생단계와 헤일리(Haley)의 가족생활-주기 이론을 참고하는 것이 도움이 될 수 있다. 최소한 세 가지 핵심적 발달 과제와 고려해야 할 치료 조항을 작성해 보자. 네트워크 중재의 다양한 형태 가능성도 포함시키자.

발달 과제 1:___

___

___

발달 과제 2:___

___

___

발달 과제 3:___

___

___

이상적인 네트워크 치료 프로그램을 전개해야 한다. 거기에는 개인 상담과 치료뿐만 아니라 고용주, 지역사회, 자조집단, 이 밖의 다른 핵심적인 인물이나 집단이 포함되어야 한다. 이러한 중재를 어떻게 연결할 것인가?

___

___

___

조지는 어떤 문화, 인종, 민족, 종교집단에 속한다고 생각하는가? 조지의 집단을 규정하고 조지가 자신의 문화적 배경에 연결되어 있는지 당신의 치료계획을 검토하라. 그리고 나서 그가 다른 인종적 배경으로부터 왔다고 가정한다면 당신의 치료 계획은 어떻게 달라지는가?

4. 치료 계획을 위한 내담자/상담자 계약 만들기.

당신 자신이 생각하는 치료자–내담자의 계약을 만들라. 여기에 당신의 지식, 기술, 능력 등을 대략적으로 써라.

성공적인 치료는 어떠한 것들로 구성되어야 하는지 상담과 명확한 치료를 위한 목표를 써라.

치료계획은 치료사 자신의 지식과 능력에 기반을 두어야 한다. 위 치료에서의 한 가지 가치는 치료자가 우리 모두가 공유하는 인간의 한계에 대한 인식을 통해 겸손함을 얻었다는 것이다. 우선 우리가 무엇을 할 수 있는가를 규정한 뒤에 이를 보다 이상적인 치료 계획과 대조해야 한다. 또한 우리 자신의 제한된 기술에만 의존하기보다는, 내담자에게 문제에 대한 조언자로서, 상호적인 방법을 통해서 다른 조언자들과 함께 지도하는 것이다. 치료에서 네트워크 틀 구소를 이용한다는 것은 자신을 검사하고 약점을 인정하며 동료들과 함께 상호, 비 계층적 방법으로 일하는 것에 대한 선호를 필요로 한다. 또한 자신의 기술과 신념, 태도(모든 상담사/치료사들에게는 해당하지 않으나, 오랜 경력의 상담자들에게는)에 대한 반성의 능력도 필요하다.

요약

DCT는 한 이론이면서 또한 통합된 메타이론이다–다른 이론들에 관한 이론이다.

메타이론의 핵심은 모든 상담/치료 전략이 감각 운동적, 구체적, 형식적, 변증법적/체계적 범주 안에서 조직될 수 있다는 것이다. 내담자들은 자신의 기본적 유형과 어떠한 이론이 조화된다면 세부적인 그 이론의 작업을 통해서 자신들의 인지적/발달적 유형을 확대할 수 있다. 게슈탈트 치료 감각적 전략(예: 빈의자)을 거부하는 내담자들에게는 인지-행동적 전략(예: 긴장완화 훈련)이 적합할 수 있다. 그와 같이 다양한 이론적 접근을 통해서 당신은 전혀 달라 보이는 기술들을 결합시킬 수 있다.

대부분의 이론적 전략들은 구체적, 형식적 유형을 포함하는데 이들은 감각 운동적 유형에는 보다 적은 비중을 둔다. DCT에 있어서는 변증법적/체계적, 다문화적 구조가 중요하다.

권위 있는 인지-행동 이론가인 알버트 앨리스(Albert Ellis)는 이러한 것의 독특성을 강조했으며 다른 이론들도 이 가정에 대해 주목할 것을 강조했다. 동시에 우리는 DCT가 여성주의 이론과 다문화적 상담과 치료에서 중요한 접근 방식에 위치한다는 것을 알아야 한다.

미국 원주민 네트워크 치료는 치료과정에 있어서 변증법적/체계적 문제의 중요성을 이해하는데 중요한 기여를 한다.

특히 아이들을 다루는 데 있어서 치료의 한 부분으로 보다 넓은 가족과 환경문제가 끊임없이 고려되어야 한다는 점이 중요하다.

DCT 치료 계획을 개념화하기 위한 6가지 단계가 제시되었다:

(1) 치료를 위한 긍정적 기반 구축하기
(2) 상담사/치료사에게 영향을 미칠 수 있는 핵심 관계 이슈 파악하기
(3) 4 인지적/정서적 유형 내에서 다수의 이론을 적용해 DCT 치료 조항을 규명하기
(4) 치료계획을 위한 내담자/상담자 계약 만들기
(5) 개인 치료를 유연하게 진행하기
(6) 네트워크 관여를 통해 개인치료 확대하기

유형-변환 상담은 5가지 핵심 요소로 구성된다.:

(1) 내담자의 일반적 발달 유형 평가하기
(2) 그 유형에 적합한 조력 유형 선택하기
(3) 내담자의 발달 과제를 규명하고 중재하기(내담자는 다양한 발달 과제에서 여러 발달 유형에 있을 수 있다.)
(4) 대안적 활동을 평가하고 계획하기

(5) 필요시 내담자의 발달에 따라 유형을 변환하기

도전.

비록 네트워크에 기반을 둔 접근은 추천할 만한 것이지만, 때로 내담자들은 이러한 접근 앞에서 전문가들이라는 조직과 직면해 있는 것 같은 느낌을 느낄 수 있다. 이런 상황에서 개인이나 가족들은 인원에 압도되거나 치료 과정에 편안하게 참여할 수 없다고 느낀다. 치료자들에 대한 경외심 때문에 내담자들은 치료자들이 말하는 것대로 조용히 하거나 치료과정에서 빨리 떠나려 한다. 어떤 문화에서는 이러한 행동이 문화적으로 적절하게 인식되기도 한다. 하지만 문화와 상관없이, 개인의 주도권과 환경적 압박에서의 이성적인 균형이 성취되어야 한다. DCT의 지지자들은 개개인들의 상호의존과 그들의 환경이 이 균형을 성취하는데 있어서 중요한 기반이라고 주장한다.

연구문제.

주어진 네트워크 접근의 복잡성에 의거할 때, 전통적인 경험적 연구 방법이 쉽게 규명되는 것은 아니다. 하지만 개인 사례 연구계획은 치료 중이나 치료 전후에서 구축될 핵심데이터 측정에 쓰일 수 있다. 사례 연구 접근은 특히 행동에 대한 구체적인 목표와 태도 변화를 초기 치료 과정에서 구축할 때 유용하다. 다음 그 측정은 개인과 가족에 맞게 조정될 수 있다.

예를 들면 본 장에서 언급된 미국인 인디언인 마크에게 있어서 여러 측정들은 학교를 결석한 여러 날들, 폭력적 사건들이 일어난 시기, 법과의 충돌, 자아 개념 그리고 문화적 정체성 등으로 구성된다. 마크는 중재 평가를 위한 기준(criteria)에 대한 결정에 적극적으로 개입해야 한다. 그의 가족에 있어서 외삼촌의 일자리 복귀와 지역사회 구성원들에 대한 비형식적인 관찰은 측정되야 할 데이터가 될 수 있다.

이러한 사례와 같은 행동 연구 데이터는 치료 과정의 일부가 될 수 있으며 내담자 상태의 호전에 있어서 객관적인 지표를 제공한다. 어떤 임상 치료들은 치료 과정의 일부로서 행동 연구의 형태를 필요로 한다. 내담자들은 치료 과정 중 서로 협력하거나 치료의 목표를 위한 그들의 과정에 대해 충분히 알아야 한다. 행동 연구 계획은 치료 계약의 일부가 될 수 있으며 따라서 상담자와 치료사들을 보다 책임감 있게 만든다.

개인적인 훈련이나 지역 혹은 학교에서 활동하는 심리학자, 사회봉사자, 상담자로서 우리 자신의 일에 있어 보다 책임질 의무가 있다. 개인과 가족, 지역사회 내에서 우리의 중재를 체계적으로 평가하기 위한 방법을 통합하는 것은 우리들의 중요한 책임이다.

Kurt Lewin의 의견에 비추어서 특정한 연구형태가 준비되지 않은 상태에서는 치료나 상담 행위를 시행해서는 안 되며, 연구는 독립적으로 현실 세계에 존재할 수 없다. '연구 없는 행동 없고, 행동 없는 연구 없다.'

이론의 적용: 상담역량의 확장

자기-평가 연습

연습 1. 다수의 이론과 전략에 있어서 당신의 기술 평가하기.

이론과 전략을 나열한 〈표 5-1〉을 다시 살펴보자. 항목에 없는 사항들도 고려하라. 당신의 실습에 있어서 유용할 수 있는 전략들을 아래에 써라. 이미 적절했다고 생각하는 것들에 동그라미를 치고 나머지는 후에 사용할 계획으로 간주하라.

어떤 감각 운동적 전략?

____

____

어떤 구체적 전략?

____

____

어떤 형식적 전략?

____

____

어떤 변증법적/체계적 전략?

____

____

규명과 분류화 훈련

연습 2. 네트워크 치료 계획 만들기

조지의 사례를 이용하여 다양한 인지적/정서적 전략을 사용한 치료 계획을 수립해라.

어떤 감각 운동적 전략을 사용할 것인가?

어떤 구체적 전략?

어떤 형식적 전략?

어떤 변증법적/체계적 전략?

어떻게 유형-변환 실습을 이처럼 다양한 방법의 사용에 통합할 것인가?

다문화 능력 연습

연습 3. 문화적 정체성 개발과 치료 계획

치료사와 조지의 인종, 종교, 민족, 성, 나이, 성적 정체성이 다를 수 있다. 또한 신체적, 지적 핸디캡을 가질 수도 있다. 더 나아가 그는 소수민족 정체성 발달의 다섯 가지 유형 중 어느 곳에도 속할 수 있다. 이러한 각각의 상황들이 당신이 고려해야 할 네트워크의 본성을 변화시킨다. 상담 접근이 이러한 요소에 의해서 어떻게 변할 수 있는가? 계약 과정에서 이들은 어떤 영향력을 안겨주는가?

면담 실습 연습(소집단)

연습 4. 치료계획 나누기

소집단에 있어서는 조지와 같은 내담자를 위해 치료 계획을 나누어야 한다. 당신 계획의 유사점과 차이점을 인식해라. 당신을 포함해서, 집단 내 개개인에 대한 기술, 지식, 문화적 배경, 신념들이 어떻게 치료계획에 영향을 미치는가? 당신 자신의 발달사가 어떻게 면담과 치료계획에 대한 접근에 영향을 미칠 수 있는가?

연습 5. 내담자/상담자 계약에 있어서 세부적인 목표 만들기

다시 소집단 안에서 조지의 역할을 담당할 사람을 설정해라. 그에 대한 자문에 있어서, 치료방법과 목적을 위해 서면 계약을 만들어내라. 처음에 조지의 역할을 담당하는 사람이 25세의 형식적-조작적으로, 두 번째는 보다 구체적 유형으로 행동한다면 더 효과적이다. 이 두 가지 상황에서 언어는 어떻게 변하는가?

일반화: 네트워크 기술 적용

연습 6. 당신 자신의 면담으로 이동하기

단독 내담자나 가족에 있어서는 동료와 슈퍼바이저들의 자문 속에서 구체적인 치료단계를 밟으라. 내담자를 통해서 당신은 당신 자신과 관계에 대해 무엇을 배웠는가? 어떻게 당신은 네트워크 개념치료에 대해 응답할 것인가? 내담자를 돕는데 있어서 어떤 세부적인 기관이나 사람들로부터 당신은 정보를 얻게 되는가?

내담자와 함께 당신의 치료 계획을 검토하고, 상담/치료의 세부적인 목적을 결정한다. 어떻게 당신은 네트워크 개념의 치료를 사용하는가?

포트폴리오 반영하기

연습 7. 폭 넓은 네트워크 치료 계획에 넓게 기반을 둔 DCT의 통합적 메타 이론에 대한 당신의 반영

본 장으로부터 당신은 무엇을 알게 되었는가? 당신이 읽고 경험한 것으로부터 당신은 무엇을 느꼈는가? 본 장으로부터 얻은 핵심 요점은 무엇인가? 당신의 생각을 쓰고 포트폴리오 폴더를 추가하라.

참고문헌

Anderson, T. (1987a). *Style-shift counseling and developmental therapy with the style-shift indicator.* North Amherst, MA: Microtraining Associates.

Anderson, T. (1987b). *Style-shift indicator.* North Amherst, MA: Microtraining Associates.

Anderson, T. (1998). *Tranforming leadership.* Boca Raton, FL: CRC Press.

Attneave, C. (1969). Therapy in tribal settings and urban network interventions. Family Process, 8, 192-210.

Attneave, C. (1982). American Indian and Alaska Native families: Emigrants in their own homeland. In M. McGoldrick, J. Pearce, & J. Giorgano (Eds.), *Ethnicity and family therapy.* New York: Guilford.

Beck, A. (1976). *Cognitive therapy and the emotional disorders.* New York: International Universities Press.

Beck, J. (1995). *Cognitive therapy.* New York: Guilford.

Clack, A. J. (2002). *Early recollections: Theory and practice in counseling and psychotherapy.* New York: Brunner-Routledge.

DeAngelis, T. (2002, July/August). If you do just one thing, exercise. *Monitor on Psychology,* 49-51.

Deffenbacher, J. (in press). Psychosocial interventions: Anger disorders. In E. Coccaro (Ed.), *Aggression, assessment, and treatment.* New York: Marcel Dekker.

Dreikurs, R., & Grunwald, B. B., & Pepper, F.C. (1982). *Maintaining sanity in the classroom* (2nd ed.). New York: HarperCollins.

Dreikurs, R., & Soltz, V. (1999). *Children: The challenge.* New York: Plume. (Orginal work published 1964)

Eckstein, D., & Kern, R. (2002). *Psychological finger prints: Life style assessments and interventions.* Dubuque, IA: Kendall/Hunt.

Ellis, A. (1999, March). *A continuation of the dialogue on counseling in the postmodern era.* Presentation to the American Counseling Association Convention, San Diego.

Galanter, M. (1999). Network therapy. In P.J. Ott & R.E. Tarter (Eds.), *Sourcebook on substance abuse: Etiology, epidemmiology, assessment, and treatment* (pp. 264-271). Needham Heights, MA: Allyn & Bacon.

Galanter, M., & Brook, D. (2001). Network tharapy for addiction: Bringing family and peer support into office pratice. *International Journal of Group Psychotherapy,* 15(1), 101-122.

Ivey, A. (1973). Media therapy: Educational change planning for psychiatric patients. *Journal of counseling Psychology,* 20, 338-343.

Ivey, A., D'Andrea, M., Ivey, M., & Simek-Morgan, L. (2002). *Counseling and psychotherapy: A multicultural perspective.* Boston: Allyn & Bacon.

LaFromboise, T., & Lowe, K. (1989). Psychological interventions with American Indian adolescents. In J. Gibbs & L. Hwang (eds.), *Children of color.* SanFrancisco: Jossey-Bass.

Mckay, G. D., Mckay, J.L., Eckstein, D., & Maybell, S.A. (2001). *Raising respectful kids in a rude world.* Roseville, CA: Prima.

Minaker, K. (2003, March). *Myths and realities of aging.* Presentation at the Sarasota Massachusetts General Hospital Meeting, Sarasota, FL.

Myers, J. E. (1998). Bibliotherapy and DCT: Co-constructing the therapeutic metaphor. *Journal of Counseling and Development,* 76(3), 243-250.

Rigazio-DiGilio, S., Ivey, A., & Locke, D. (1997). Continuing the postmodern dialogue: Enhancing and contextualizing multiple voices. *Journal of Mental Health Counseling,* 19, 233-255.

Rogers, C. (1963). *On becoming a person.* Boston: Houghton Mifflin.

Smith, D. (2003, March). Angry thoughts, at risk hearts. *Monitor on Psychology,* 46-47.

Speck, R. (1998). Network therapy. Marriage and *Family Review,* 27(1), 51-69.

Speck, R., & Attneave, C. (1973). *Family process.* New York: Pantheon.

Sweeney, T. J. (1998). *Adlerian counseling: A practitioner's approach* (3rd ed.). Englewood Cliffs, NJ: Prentice Hall.

Taub-Bynum, B. (1992). *Family dreams: the intricate web.* Ithaca, NY: Haworth.

Taub-Bynum, B. (1999). *The Afrocentric unconscious.* New York: Teachers College Press.

Thompson, M., Kaslow, N., Short, L., & Wychoff, S. (2002). The mediating roles of perceived social support and resources in the self-efficacy-suicide attempts of relation among African American abused women. *Journal of Counsulting and Clinical Psychology,* 70, 942-949.

제3부

상담/치료 임상을 위한 DCT의 다양한 적용

제6장 :
초기 회상-
두 번째 변화(Second-Order Change)를 촉진하기 위해 초기 회상을 DCT에 적용하기

본 장의 실습 목적

본 장의 개념들을 익히고 실습해봄으로써

(a) 내담자를 위한 긍정적인 지지기반과

(b) 내담자가 자신의 과거와 현재의 관계를 이해하고 미래를 어떻게 해야 할지 돕는 방법으로써 초기회상에 대한 이론적/실제적인 아들러리안 접근의 사용이 가능하게 될 것이다.

이론적 기반의 이해와 중재로써 아들러학파 이론(Adler, 1927/1954)과 DCT(Ivey, 1986/2000; Ivey & Ivey, 2003)을 사용할 때, 초기회상은 개인의 행동과 감정 그리고 사고과정을 이끄는 삶에 대한 규칙을 밝히도록 도와준다. 또한 내담자에 의해 요구되는 변화를 일으키기 위한 방법들이 이런 접근들에서 나온다. 이 방법들은 내담자가 새로운 선택과 함께 더욱 더 긍정적인 감정의 경험을 하도록 돕는다. 본 장에서는 그 출발점으로 초기회상을 사용하는 방법들과 개념들에 대해 소개할 것이다.

본 장에서 제시되는 지식과 개념에 대한 기술을 익힘으로써:

1. 삶의 과제와 도전에 대처하는 암시(metaphors)를 세움에 있어서 아들러리안(adlerian)의 초기회상의 중요성을 탐색하게 될 것이다.
2. 반영과 실습을 통해 실제 삶에 본 장의 개념을 적용하고 포트폴리오 능력을 발달시킨다. DCT전략의 통합을 통해 아들러리안 초기회상에 특별한 관심을 두게 될 것이다.
3. 인간의 발달과 웰니스를 전체적으로 개념화하여 당대의 이론에 영향을 끼치는 의학적, 신체적 과학들의 단순화된 전략들을 피하게 될 것이다.

서론 : 초기 기억(EARLY MEMORIES)의 의미

시작하기에 앞서서, 아들러학파 이론의 주요 원칙을 복습하라. 특히 개인의 사적논리를 발견하는 것에 기초를 둔 사회적-목적적-분석적(socio-teleo-analytic)인 개념의 이해는, 이러한 방법들을 보다 더 긍정적으로 적용하고 조력을 위한 웰니스의 배경을 제공하도록 도와줄 것이다(Sweeney, 1998; Mosak & Dreikurs, 1973). 초기 기억은 긍정적인 자아평가와 삶의 과제를 행하는 것을 방해하는 감정, 행동, 주제를 포함할 수 있다. 전문가는 이러한 경험의 결과를 내담자가 극복하는 것을 도와주기 위해서 계획 없이 그러한 장애를 고의적으로 밝히지는 않을 것이다. 아들러학파와 DCT 접근의 조합은 숙련된 전문가가 효과적인 상담을 제공하는 방법을 가지고 있다는 것을 확신하도록 도와준다.

초기 기억은 현재와 미래의 반응(삶의 요구와 기회에 대해)에 관련된 풍부한 통찰을 제공한다(Clark, 2002; Sweeney, 1998). 그러나 대부분 사람들의 예상과는 반대로 과거는 미래의 행동을 결정하는 결정적 요소가 아니다. 오히려 미래에 대한 사람들의 기대가 현재 삶의 일상적인 행동에 대한 반응을 형성한다. 무슨 일이 일어날 것인가에 대한 예상은 우리가 일과 우정, 사랑과 자아, 그리고 정신적인 문제와 관계된 크고 작은 결정을 하는 선택에 영향을 미친다(Dreikurs, 1967, 1971).

역기능 상황에서 청년에게 적합했던 행동이 나중의 삶에서는 부적응적이 될 수 있다. 아들러리안과 DCT 방법은 모두 예전에 배운 그릇된 이성과 감정의 결속에서 자유롭도록 내담자를 도와주는 방법을 제공한다. 더 중요한 것은, 그것들은 내담자가 해방될 수 있다는 것을 보장하는 새로운 방법을 배우도록 돕는다는 것이다.

초기 회상(EARLY RECOLLETIONS)

초기 회상들은 우리 각자가 의미를 두는 암시(metaphor)이다(Clark, 2002; Sweeney, 1998; Ansbacher, 1969; Ansbacher & Ansbacher, 1956). 의미들은 자아와 삶과 타인에 대한 우리의 특별한 '편견을 가진 동감(biased apperceptions)' 이다. 그것들은 우리의 일상적인 행위와 감정을 이끄는 주제의 근원이 된다. 초기 회상과 DCT와의 통합은 더 만족스러운 삶을 탐색하는 것으로 개인들을 도와주기 위한 또 다른 대안을 제공한다.

발달상으로, 인류는 출생에 있어 모든 창조물 가운데 가장 의존적인 것 중 하나이다. 그들은 생존하기 위해서 반드시 보호를 받아야만 한다. 결론적으로, 타인의 초기 반응을 아는 것은 그들의 기대와 현재의 행동을 이해하는 가장 주된 근원이 될 것이다. 아이들은 초기 인상을 통해, 자신과 세상에 대한 지각을 관리하고 이해하기 위해 사용하는 삶의 규칙을 발달시킨다(Sweeney, 1995,1998). 이러한 초기 경험으로부터, 우리는 일상적 삶을 이끄는 무의식적 원칙의 한 부분이 되는 개인적인 사적논리(Private logic)를 발달시킨다.

아들러는 개인들은 개인 주변 환경이(예를 들어 삶은 위협적이다, 나는 부적격자다, 혹은 다른 이들은 나보다 더 뛰어나다) '마치' 절대적으로 사실인 것 '처럼' 행동한다고 믿는다. 사람이 가지는 어떤 생각들은 그들에게 더 명백하고 견고한 신념으로 묶여진다. 다른 생각들은 모호하지만 여전히 사람의 행위에 큰 영향을 준다. 아들러(1927/1954)는 허구적 개념으로 그런 모든 신념들을 언급하였다. DCT에서는 이것들의 대부분을 삶의 경험에서 선택된 '규칙'으로 설명한다. 이러한 허구적 개념들과 관련 있는 주제들은 초기회상의 조사를 포함하는 생활유형 평가를 통해 발견되어질 수 있다-내담자가 6, 8세 이전에 일어났던 것으로서 기억하는 특별한 사건들(감각 운동적, 구체적, 인지적, 정서적인 내용을 포함한). 자아 발견의 이런 과정은 내담자가 그들의 사적 논리와 동기들을 탐색하도록 해준다. 초기회상과 DCT 평가의 조합은 실제로 매우 효과적이다.

초기 회상 : 아들러학파 개인 심리학과 DCT의 통합

아들러학파의 이론은 현재 우리의 반응이 과거의 전체 발달과정과 어떻게 관련이 되는지를 보여주는데 특별히 도움을 준다. 우리는 과거를 통해 미래를 건설하고 많은 타인과의 관계도 설립한다. 프로이트는 부정적인 이슈와 병리학에 관심을 기울인 반면, 아들러는 현재에 과거의 강점들이 어떻게 사용될 수 있는지를 역설한다. 많은 이들이 그가 최초로 긍정적인 심리학을 역설했다는 것을 주장했다. 실제로 몇몇 아들러리안들은 아들러의 개념을 1980년대에 시작된 웰니스까지 확장을 했고 현재까지 그런 일을 지속하고 있다(Myer & Sweeney, in press; Myers, Sweeney & Witmer, 2000; Sweeney & Witmer, 1991; Sweeney & Witmer, 1992). 마찬가지로, DCT 역시 발달상의 관점에서 전 생애 동안 웰니스를 돕기 위해 시도한다. 그리고 DCT는 이론적인 틀과 평가와 중재를 위한 구조화된 방법론을 제공한다.

기본적인 개인 심리학(Individual Psychology:IP)은 내담자의 상태를 더욱 온전히 평가하고 이해하는 것을 도와줄 수 있는 초기 회상에 집중한다. 다음 연습에서 당신은 초기 회상을 검토할 것이다. 자신의 경험을 사용해서 이 연습을 훈련하라.

당신의 초기회상은 무엇인가? 당신은 현재 당신의 사고, 행동과 느낌에 이것들이 어떻게 영향을 미치는지 의아할 것이다. 어떤 사람들은 그들 초기 삶의 경험과의 연결에 어려움이 있다. 대부분의 경우 넓은 영역에서 시작하여 세부사항과 특별한 사건에 초점을 맞추도록 한다. 비유하자면 내담자들은 기억들을 캐비닛 속의 파일 서랍 안의 주제들처럼 저장하고 있다. 그들이 어린 시절의 집, 이웃, 형제, 게임, 애완동물 등 비슷한 연상 작용을 생각하게 함으로써 한 가지 기억이 다른 기억을 끌어 온다. 예를 들어 지금 즉시 '파일 서랍' 목록으로써 주제들 중 하나를 선택하고 무엇이 떠오르는지 살펴라. 기억의 사슬과 연상들이 떠오를 것이다.

당신의 최초의 개인적인 기억은 무엇인가? 무엇을 했고, 누구와 있었고, 어디에서, 어떤 소리와 장면과 색과 느낌을 가졌는지에 대한 모든 세부 사항을 누군가에게 말하는 것처럼 이야기로 써보라.

의미 있는 초기회상과 보고(레포트) 사이의 차이는 매우 중요하다. 많은 사람들은 일상적인 가족과 일반적인 초기 경험을 기억한다. 예를 들어, 한 개인은 매번 지난 여름에 그녀의 가족과 아이스크림을 만들어 먹은 것을 보고했다. 다른 이들은 술을 두고 한 가족 간의 끊임없는 논쟁을 기억했다. 또 다른 이들은 인종차별, 성차별, 동성애자에 대한 차별과 같은 것들의 중압감을 초기 경험으로 언급했다. DCT는 이러한 기억들의 형태들을 구체적인 것이라기보다 그들의 패턴적인 것을 표현하는 것으로써 형식적 조작의 예들이라고 부른다. 더 세부적임에도 불구하고, 이러한 기억의 형식적/패턴적 형태는 구체적 에피소드가 보고되지 않는 이상 하나의 회상과 혼동되지 않는다.

의미 있고 유용한 회상은 특별한 구체적인 사건이다. 예를 들어, 어떤 아이스크림-제작과정에서 내담자가 그 때 내담자의 조부모가 특히 중요한 무엇을 했는지에 대해 대단히 세부적으로 회상하는 것이다. 다른 이들은 술 취한 아버지에게 상처받았던 특별한 저녁에 있었던 일에 대해 언급할 것이다. 초기에 숨 막힐 듯한 사건을 경험한 내담자는 그것을 구체적으로 묘사할 것이다. 초기 회상은 너무 생생해서 쉽게 '현재-여기'로 가져올 수 있을 것이다. '현재-여기'로 가져와 직접적으로 표현하는 것은 매우 의미있고 효과적인 일이다.

부정적인 초기회상이 내담자의 문제와 고민을 이해하기 위해 중요하나 내담자가 긍정적이고 편한 회상으로부터 시작하도록 한다.

이러한 긍정적인 강점 기반 위에서, 그들은 나중에 힘든 기억들과 그들과 관계된 문제들을 더 효과적으로 다룰 수 있다. 술에 취한 아버지로 인해 끔찍했던 저녁을 기억하는 내담자에 대한 적합한 접근으로, 우리의 과제는 내담자가 살아남을 수 있도록 하는 강점과 자원들을 찾는 것이다. 이것들은 적당한 감정적 거리로 친구를 사귀는 것, 혹은 부모에 대한 좋은 것과 부정적인 면의 균형까지도 포함할 것이다. 중압감을 경험한 사람들은 또한 이러한 도전들을 대처하는 것을 용이하게 할 수 있는 긍정적인 초기회상을 가지고 있다. 각각의 경우에, 긍정적인 경험의 구체적이고 감각 운동적인 회상들은 상당히 도움이 될 것이다. 프랭클(Frankl, 1996/1959)은 단순히 생존하고 유지하는 것이 중요한 강점이라 했다.

다음 단계로써, 편하고, 조용한 장소에서 휴식하면서 어린 시절을 상상해보라. 긍정적 초기회상을 불러내라. 많은 사람들은 유년기의 '최초의' 기억을 생각할 수 있다. 다른 이들은 십대를 생각하면서 시작할 것이다. 그리고 나서 초등학교로 돌아가고 마지막으로 유년기로 돌아간다. 더 초기 회상일수록, 현재에 더욱 기초가 된다. 만약 당신이 부정적인 기억을 시작한다면, 긍정적 기억으로 나아가라. 구체적 사건들(형제 탄생, 죽음 등) 뿐만 아니라 이 회상이 몇 살때 발생했는지 생각하고 기록하는 것이 도움이 된다.

당신의 회상을 요약하라:

____

____

____

____

____

감각 운동적/구체적인 기억들은 가장 유용한 경향이 있는 반면 추상적/형식적인 기억은 내담자들이 그들의 경험과 거리를 두기 위해 자주 사용된다. 어떤 DCT 인지적/정서적 유형들이 당신의 기억들에 나타나는가? 그리고 그 유형에 대한 구체적 증거는 무엇인가?

감각 운동적, 지금-여기 유형의 증거(신체 느낌과 함께 과거를 현재로 가져오는 것을 찾아라):

____

____

____

____

____

구체적 유형의 증거(일어난 것의 세부사항에 중점을 둔 당신의 초기회상의 양상을 찾아라; 의미를 발견하기 위해 그것을 당신이 세부적으로, 연속적으로 묘사한다. 예를 들어, 특정한 행동의 결과들):

추상적, 형식적 혹은 변증법적/체계적 유형의 증거(경험의 패턴과 반영을 찾아라. 만약 당신이 자신이 이것을 하는 것을 발견한다면, 초기의 즉시적인 경험의 지금-여기의 회상으로 되돌리려고 시도하라.):

모든 회상은 현재의 행동, 느낌과 관련된 이해를 위한 잠재력을 가지고 있다. 당신은 이 연습을 통해 사회적(당신이 타인과 유대, 소속하는 방법), 목적적(당신의 현재 목적), 분석적(당신이 행동하는 대로 행동하게 하는 새로운 무의식적 이유를 발견하는 것) 설명을 발견할 것이다.

당신의 초기회상을 가능한 깊고 충분히 경험한 후에, 당신이 경험한 것에 대해 추상적인 반영을 하고 이곳에 주된 발견을 적어 보라.

사회적(socio)

목적적(teleo)

분석적(analytic)

당신이 초기회상을 검토할 때 주제와 패턴들은 행동을 이해하는 암시로써 중요하다. 이런 주제들은 자아 진술의 세 가지 형태를 검토할 때 명백해진다: 나는(I am)…, 타인은(other are)…, 그리고 삶은(life is)…, 첫 번째 진술은 우리의 실제 자아개념과 이상 자아개념 둘 모두를 포함한다. 예를 들어, 초기회상에 기초를 둔 우리의 자아 진술이 "나는 본성이 정중하다", "나는 작다." 혹은 "나는 정직하다."라고 한다면 이것들이 객관적으로 사실일 수도, 아닐 수도 있지만(예를 들어, 큰 사람이 작다고 생각하는 반면, 작은 사람은 작다고 못 느낄지도 모른다) 이것은 주관적 평가라는 것이다. 나는 정직해야만 한다. 혹은 나는 매우 작다와 같이 회상에서 빠지고 언급되지 않은 변경된 요소를 찾는 것이 중요하다.

이상 자아를 반영하는 진술을 찾을 때, 해야만 하는(그리고 해야 할) 것에 대한 진술의 언급을 찾는다. 예를 들어, "나는 열심히 일을 해야만 한다.", "나는 남자/여자이기 때문에 강해야만 한다."라는 것들이다. 가족, 문화적인 가치들과 가정 분위기는 이상 자아에 영향을 준다. 예를 들어, "당신이 성공하기 위해서는 좋은 교육을 받아야만 한다.", "승리하기 위해서 항상 일해야 한다.", "사랑은 모든 것을 치료한다.", "남자는 여자보다 중요하다." 등이다.

타인에 대한 지각과 관련된 진술을 볼 때, 일반적이고 구체적인 진술 모두 명백해질 것이다. 예를 들어, "타인은 일반적으로 친절하고 믿을만하다." 혹은 "타인은 예측할 수 없고 위험할 수 있다."(일반적 진술) "여자는 좋은 하인이다.", "남자는 강하다."(구체적 진술).

삶에 대한 신념 역시 일반적이고 구체적일 것이다. 예를 들어, "삶은 위험으로 가득 차 있다.", "삶은 굉장히 큰 서커스다." 혹은 "삶은 마주치는 것과의 도전이다."(일반적인 진술) "자연은 나와 같은 약한 이를 허락하지 않는다.", "매일은 나에게 새로운 기회이다."(구체적 진술)

나, 타인, 삶의 조합을 관찰함으로써, 당신은 아들러에 의해 정의된 것처럼 개인의 기초적 삶의 과제들과 어떻게 대면하는지에 대해서 유추 할 수 있다. 초기회상을 이해하고 해석하는 것에 대해 더 많이 배우기 위해 다음의 예를 공부하라.

초기회상과 해석의 예

초기회상.

몹시 더운 일요일 오후, 소다 캔을 얼음에 넣어야 하는데 아이들과 어른들은 각자 자신의 일에 빠져 있었던 것이 기억난다. 그때 나는 내가 소다 캔을 차갑게 하기로 결심했고 그래서 캔들을 얼음 박스에 넣기 시작했다. 내가 그 일을 끝낼 때까지 나를 아무도 보지 못했다. 내가 그렇게 함으로써 나는 내 자신이 자랑스러웠고 나중에 그들이 시원한 소다를 즐길 때, 나 역시 예전에 느끼지 못한 시원한 소다를 즐겼다(흐뭇한 미소).

해석.

우리는 이러한 회상으로부터 "타인이 그들의 일을 게을리 할 때, 나는 그 일이 이루어지기 위해 의지가 될 수 있다. 삶의 가장 큰 만족은 타인이 모를 때라도 일이 끝나는 것을 보는 것이다, 나는 타인의 기쁨에 공헌할 수 있고 하는 것을 즐긴다."와 같은 개인의 신념에 대한 가설을 세울 수 있다.

이러한 회상에 대한 더 많은 검토와 토의를 통해 발견되어진 가능한 삶의 규칙(아들러의 "허구적 개념") 혹은 자아 진술들은 다음과 같은 것을 포함 한다:

> 일을 끝낼 필요가 있을 때 타인에게 의존할 수 없다; 나는 스스로 그것을 해야 할 필요가 있다.
>
> 나에게 기쁨은 일(행동)하는 것이다.
>
> 타인을 위해 하는 것은 나를 위한 기쁨의 근원이다.
>
> 나는 책임감을 지녀야하며 다른 사람들이 좋은 기분을 느끼도록 도울 필요가 있다.

이러한 규칙들이 개인(타인에게도)에게 타당한 것처럼 보이는 반면, 이러한 신념은 시간에 따라 문제가 될 수 있다. 예를 들어, 오직 자신이 봉사할 때, 책임질 때의 경우에만 행복하게 되는 것이다. 자신이 '좋은 일'을 지나치게 많이 할 수 있고 그렇지 않다면 스스로에게 그리고 타인들에게 너무 많은 것을 기대할 수 있다.

우리가 여러 해를 거쳐 정리해온 것과 아들러와 드라이커스(Adler and Dreikurs)의 이론에 따르면, 개인은 그들이 새롭고 잠재적으로 예측하지 못한 상황(스트레스적)을 지각 할 때마다, 그들 자신, 타인들, 그리고 그들의 삶에 대한 그들의 최초 해석으로 돌아간다는 것이다. 변화를 이해하고 관리하기 위한 우리의 필요성은 새로운 상황에 대한 대처를 위한 근원으로써 이전 경험을 불러오는 것처럼 보인다.

초기 회상 전략의 진정한 숙달은 당신 스스로 그것을 전부 경험할 때까지는 발생하지 않을 것이다. 본 장 마지막에 실습 연습을 통해서, 당신은 서서히 이 중요한 전략을 터득하고 사용하는 것을 배울 수 있을 것이다. 긍정적인 틀로부터 당신이 그 모델을 경험하는 즉시, 당신은 부정적 초기회상을 탐색하기 위한 전략을 사용하는 것을 고려할 수 있을 것이다. 그러나, 긴장이 있는 초기회상과 작업할 시, 이런 징후가 보여질 때 당신이 신중히 시작하고 지도를 찾을 것을 강하게 추천한다(Clark, 2002). 우리는 내담자가 어려운 도전을 해결하도록 도와줄 강점으로써 초기회상으로부터 긍정적인 강점을 당신이 자주 언급할 것을 권한다. 문제에 중심을 두는 심리학과 질병보다는 긍정적인 심리학과 웰니스의 견지에서 생각하라.

초기 회상의 DCT 사용 : 웰니스 사례의 예

레쉬다는 38세의 흑인 여성으로 여섯 아이들 중 첫째이다. 그녀는 흑인 이웃이 주류를 이루는 남쪽의 큰 주요도시에서 원칙 주의적 종교의 믿음을 가진 어머니와 할머니에 의해 길러졌다. 영적인 것은 그녀 삶의 중요한 부분이다. 그녀는 세 아이의 엄마(19세의 딸, 17세의 아들, 15세의 딸)로 성년기 내내 일을 했고 남편은 셋째 아이가 태어나고 교통사고로 곧 죽었다. 그래서 그녀는 가족을 홀로 부양했고 자신의 사무직을 유지하기 위해 지역 사회 대학에 다녔으나 학위를 취득하지는 못했다.

그녀는 스트레스 때문에 종업원 보조 프로그램을 통해 도움을 구했다. 그녀의 현재 문제들은 일, 아이들, 어머니와의 관계이다. 일은 점점 그녀가 사용할 수 없는 컴퓨터 지식과 기술을 이용해야만 했다. 고용주가 그녀의 신용카드와 책들을 지불했지만 가족에 대한 책임은 더 많은 교육을 받는 것을 어렵게 했다. 그녀는 일하는데 피곤해지고 실수가 잦아졌다.

또한 아들이 그의 행동, 친구, 학교생활에 대해 거짓말하는 것 때문에 끊임없이 고민한다고 보고했다. 아들의 친구들이 꽤 괜찮다고 생각되는 반면, 때때로 비열한 밤의 행위들에 대해 걱정했다. 친구들 중에 싸우기 좋아하고 무기를 가지고 다니는 거친 아이들이 섞여 있을지도 모른다는 걱정을 했다. 그녀는 아들이 창문을 넘어 친구들을 만나러 가지 못하도록 늦게까지 안 자거나 밤 동안 깨어 있기 시작했다.

딸들은 성실히 생활했다; 첫째 딸은 재정지원을 받으면서 대학을 다니고 작은 딸은 학교에서 잘 생활했다. 이런 일들 모두로 레쉬다의 어머니가 그녀를 돕기 위해 그녀 집으로 이사하는 것이 논의되어졌고, 이사할 경우 어머니는 자신의 삶과 건강비용을 레쉬다가 감당할 것을 기대했다. 그러나 레쉬다의 예산은 현재의 의무를 위해 거의 충분하지 않았으며 이런것들에 대해 레쉬다가 어머니에게 주장적이 되는 것이 어려웠다.

사실, 레쉬다는 사람들의 의견이나 행위에 동의하지 않을 때 거의 아무 말도 하지 않았다. 아들은 그녀의 이런 점을 잘 아는 것처럼 보였고 그것을 이용하는 것처럼 보였다.

초기 회상과 DCT 평가

아들러리안 상담자처럼, 저자는 내담자가 어떻게 그들 최초의 발달 태도와 신념과 기대들이 어른으로서 그들의 행위와 감정을 형성하는지 발견하도록 돕기 위해 구체적 초기회상을 사용한다. 이 경우에, 레쉬다는 그녀의 최초 기억 중 하나를 밝혔다. 그녀가 6살 때 어머니가 그녀의 남동생과 함께 병원으로부터 집으로 돌아온 것을 기억했다. 그녀와 여동생은 문가에서 아버지가 안고 오는 새 남동생을 기다렸다. 그녀는 너무 기뻐서 팔짝 팔짝 뛰고 남동생을 안아보겠다고 부탁했다. 그러나 부모는 남동생을 겁나게 한다면서 그녀를 호되게 꾸짖었다. 그녀는 상처를 받고 결코 다시는 남동생을 안아보겠다고 부탁하지 않았다. 그녀는 마치 어제 일처럼 그 이야기를 할 때 감정적으로 흔들렸다.

내담자가 지금-여기에서 사건을 이야기하도록 하는 DCT 진행을 사용함으로써, 레쉬다는 눈을 감고 다시 장면을 떠올렸다. 그녀가 들은 것은, 차 문이 닫히고 그녀의 부모가 계단을 올라오는 것이었다. 그녀가 본 것은, 아버지가 그의 품에 요람에 넣은 꾸러미를 들고 있던 것과, 그녀의 어머니는 계단을 오르면서 아버지의 팔을 잡고 있는 것이었다. 레쉬다는 문을 열고 점프하면서 박수를 치고 아기를 잡았다. 아버지는 즉시 그녀로부터 아기를 빼앗았다; 동시에 어머니는 그녀의 팔을 때리고 등을 밀었다. 이 부분에서, 레쉬다는 물리적으로 의자에 주저앉고 꼿꼿한 자세로 굳어버렸다. 그녀가 어떻게 느꼈는지 물었을 때, 그녀는 놀라고, 상처 받고, 실망하고 그녀가 받은 질책에 대해 준비되지 않았었다고 대답했다. 그녀는 단지 남동생이 집에 온 것을 축하해주기를 원했을 뿐이었다. 그러나 아무도 주의 깊게 그녀를 걱정하고 그녀가 조심스러워 했다는 것을 믿는 것 같지 않았다. 그녀가 어떻게 느끼는지 아무도 돌보지 않았다는 것으로 그녀의 기억이 끝났다.

이러한 느낌들이 그녀의 몸 어디에 존재하고 있는지를 물었을 때, 그녀는 손과 가슴이라고 대답했다. 그녀의 손은 굳게 잡혀 있었고, 가슴을 말하면서 가슴으로 손을 옮겼다. 전체 이야기가 같은 어조, 단어와 긴장감으로 요약되었고 반영되었다. 레쉬다는 충분히 주의 깊고 반영의 정확성이 명백했다.

현 시나리오의 DCT평가

감각 운동적 경험으로 이끄는 상상에서 레쉬다에게 다음과 같이 물었다. 이전에 이와 같은 것을 경험한 적이 있는가? 그녀는 그렇다고 답하였다. 그러한 사건이 최근 엄마를 방문했을 때 일어났다고 했다. 레쉬다가 아들의 행동을 염려했고 어머니는 그녀의 양육이 너무 느슨하다고 공격했다. 그녀는 그 장면을 구체적, 선형적, 세부적으로 묘사하도록 요구 받았다. 구체적 묘사결과: 그녀의 어머니는 아무 코멘트 없이 개수대를 향해 일어났다. 처음에 그녀의 어머니는 아무 말이 없어 레쉬다는 더욱 더 아들에 대한 염려를 표현하며 흥분하고 있었는데 갑자기 어머니가 그녀의 팔을 잡고 흔들며 엄한 표정으로 레쉬다가 늘 확고한 부모가 아니었고 지금 아이들에게 느슨한 양육을 해온 결과를 보고 있다고 말했다.

다시 레쉬다는 의자에 똑바로 앉았고 손은 굳게 잡고 눈물을 흘렸다. 그 다음 어떻게 됐냐고 묻자 레쉬다는 곧 떠났고 어머니가 그녀에게 말한 것에 대해 무너지는 감정을 느꼈다고 말했다.

이 시점에서, 우리는 감각 운동적과 구체적인 두 관점으로부터 각 정황을 사실적으로 다시 요약한다. 그리고 레쉬다에게 형식적-조작적 유형을 이용하여, 그녀가 이런 두 상황에서 어떤 유사점들을 볼 수 있는지를 묻는다. 그녀는 어머니의 비난들은 난폭했고 각각의 경우에서 그것들은 그녀가 말하기 힘들 정도로 매우 깊게 상처받았다는 것을 깨달았다고 말했다. 각각의 경우에서 책임감 있게 행동하는 그녀의 능력감이 도전받았다. 그녀의 열정, 어떠한 감정 표현은 급속히 짓눌려져 있었다. 그녀는 전적으로 신체적, 정서적 경험에 의해 속박되어 있음을 느꼈다.

이런 사건들에서 그녀를 이끄는 규칙들을 물었을 때, 그녀는 대답했다: 첫 번째 규칙은 당신의 흥분 상태를 나누지 말라! 이고, 두 번째 규칙은 책임감 있게 하나 지지를 기대하지 말라! 이다. 그때 레쉬다는 그녀의 감정을 이런 식으로 만든 것은 꼭 그녀의 어머니는 아니었다고 말했다. 그녀는 직장에서 어머니만큼 그녀에게 거칠게 대한 사람이 없었는데도 '속박되어 있음'을 느낀다고 했다. 그녀는 비난과 그녀의 능력에 대한 도전을 예상한다. 이것은 다음 질문들(변증법적)을 가져왔다. 이런 규칙들은 어디에서 왔는가? 이런 규칙들은 현재 좋은 규칙들인가? 그들은 삶 대부분의 상황에서 좋은 규칙들인가?

레쉬다는 그녀의 부모님(특히 그녀의 어머니)과 표면적으로 관계없는 사건들의 연결이(직장에서 다른 곳에서 등) 그녀의 태도와 행동에 어떻게 영향을 미치는지에 대해 놀라움을 표현했다. 이것은 다른 상황에서는 그런 '규칙들'이 어떻게 유용하지 않은지를 볼 수 있다는 의미를 내포하는 것이다. 다음 질문은 모든 상황에서 그런 규칙 사용의 결과를 언급한다: 레쉬다, 이런 규칙들은 당신의 육체적 정서적 건강에 어떤 결과를 초래하는가? 대부분의 상황에서 그것들은 좋은 규칙인가? 그녀는 그런 규칙들이 특히 아들과 어머니의 도전을 다루면서 상당한 댓가를 가져온다고 결론내렸다.

면담과 DCT와 아들러리안 이론 체계들로, 우리는 레쉬다가 가족과 조직에서 책임감 있고, 유순하고, 불평 없는 사람으로서 그녀의 위치를 만들도록 자라왔음에 주목한다. 다른 모든 사람들이 행복할 때, 그녀는 그녀의 할 일을 했다고 생각했다. 그러나 모든 사람이 행복하지 못할 때, 심하게는 그들이 행복하지 않을 때, 그녀는 그것 역시 그녀의 책임이라고 느꼈다. 삶에 관한 그녀의 법칙들, 그녀의 위치를 만드는 그녀의 사적논리는 시험, 도전되지도 않았고, 근본적으로 문제 삼아지지도 않았다. 그녀는 이제 변화할 준비가 되었다.

상호-구성적 중재

이 시점에서 레쉬다에게 자신이 느끼고 행동하는 방법을 바꾸고 싶은지를 물었다. 그녀는 즉시 '그래요'라고 말했다. 이 과정을 돕기 위해, 레쉬다에게 그림 6-1과 그 구성요소의 기술어들(노안영외, 아들러 상담이론과 실제. 2005)을 사용하여 웰니스의 개념을 소개했다. 그녀는 웰니스 척도를 완성하고 가장 높은 점수와 낮은 점수로 평가된 것들에 대해 주목하도록 했다.

맥락(CONTEXTS):

안전(Local)
- 가족
- 이웃
- 지역사회

정책&법(Institutional)
- 교육
- 종교
- 정부
- 경제/산업

세계적 사건(Global)
- 정치
- 문화
- 전 세계적 사건
- 환경
- 메디아
- 지역사회

시간초점(Chronometrical)
- 영속적
- 긍정적
- 목적적

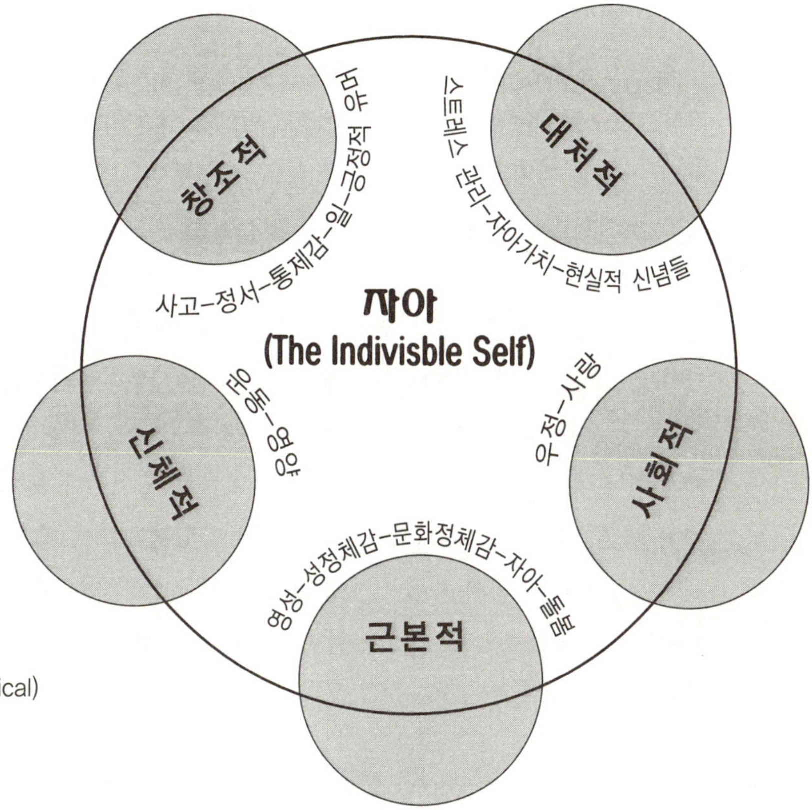

〈그림 6–1〉 분할할 수 없는 자아; 증거에 기초한 안녕모델(From The Indivisible Self: An Evidence Based Model of Wellness Copyright © T. J. Sweeney & J. E. Myers, 2003. Reprinted with permission)

웰니스 평가

인테이크(intake) 과정동안에 레쉬다는 웰니스의 5요소와 17구성 요소들에 근거한 웰니스 척도(다섯 가지 웰니스 척도; Myers & Sweeny, 1998)를 완성했다. 그녀의 가장 높은 점수들은 근본적 자아(영성, 문화정체감, 자아–돌봄)에 있었고 가장 낮은 점수들은 대처 자아(현실적 신념들, 스트레스 관리)와 창조적 자아(정서, 긍정적 유머)에 있었다.

놀랄 것도 없이, 그녀는 그녀의 현실적 신념들과 긍정적 유머를 제외하고 자신에 대해서 꽤 정확했다. 그녀는 자신이 '현실적'이라고 생각했다! 이런 항목들은 다른 이들을 기쁘게 하려는 욕구, 완벽한 능력, 상냥한 태도를 유지하기 위한 일반적인 자아-소멸과 관계된다. 일단 그녀는 평가에서 현실적 신념들 항목의 내용을 이해하고, 동의하며 웃었다. 그녀는 농담을 하거나 그녀 삶에서 많은 유머를 하지 않음에도 불구하고 스스로 '좋은' 유머 감각을 가지고 있다고 생각했다. 한 마디로 말하면, 그녀는 '좋은' 웃음을 즐기지만, 자주 웃지도 않고 그녀 주변 상황에서 유머를 찾으려 하지도 않고, 심지어 일간 신문의 만화도 읽지 않았다.

이 시점에서, 레쉬다에게 그녀가 먼저 초점을 맞추고 싶은 것이 무엇인지 물었다. 그녀는 '스트레스 관리'를 택했다. 내담자가 자신이 많이 관여하려는 행동들을 선택했을 때, 성공은 더욱 손쉽다. 또한 작은 단계로 큰 결과를 이끌 수 있고 전체론적 관점에서 한 분야에서의 성공은 다른 분야들에 이득이 될 것이다. 맨 먼저, 그녀는 이완을 위해 '버튼을 누르기(push button)' 기법을 실습했다: 그녀에게 그녀가 선택한 환경에서 이완된 안정과 평화를 상상할 수 있는지 물었다. 우리는 매우 구체적인 몇몇 내담자들에게 처음에 장난감 '크리켓 클리커(cricket clicker)'를 시각적 영상이나 감정 상태의 변경을 원할 때 누르는 버튼으로 사용하여 실습했다. 레쉬다의 경우, 그녀의 아들이 '말대꾸 할 때'(감정적으로 굉장히 스트레스를 주는 영상)이다. 여기서의 목표는 그녀 자신의 영상들, 결과적으로는 그녀의 감정들에 책임을 가지는 실습을 하는 것이다. 실습은 녹음됐고 그녀는 자신의 이완된 경험을 할 수 있을 때까지 그것을 계속했다.

또한 그녀의 스트레스 관리 실습의 일부분으로 운동 일과를 넣기 위해 매일 30분 혹은 그 이상 걷는 시간을 만들 수 있는지 물었다. 이를 더욱 효과적으로 만들기 위한 제안으로 친구를 초대하거나 때로 아이들 중 하나가 그녀와 함께 걷기도 했다. 놀랍게도, 아들까지도 그녀의 건강 향상을 위해 함께하는 것을 동의했다. 그들이 함께 보낸 시간은 그들 관계성에 있어 긍정적인 영향을 주었고 효과적이고 의미 있는 대화를 할 수 있는 새로운 길을 열었다.

그 후 개인 및 가족 상담은 그녀가 아이들과 함께 더 많은 대화, 존중, 그리고 협동을 할 수 있도록 도왔다. 레쉬다가 자신의 생각과 감정들을 조절하는 많은 감각들을 경험했기 때문에 그녀의 즐거운 반응 또한 향상되었다. 아들은 엄마의 자신감을 회복할 수 있도록 돕겠다고 했다. 그래서 그녀는 밤에 쉴 수 있었고, 일에서 그녀의 위치를 높일 수 있는 학위 프로그램을 완성하기 위해 학교로 돌아갈 수 있었다.

레쉬다와 어머니와의 관계는 때때로 다툼이 지속되었다. 그러나 레쉬다는 어머니가 자신에게 너무 끼여들거나 '자신의 단추를 누르도록 허용하지' 않겠다고 결심했다. 또한 레쉬다는 교회를 바꾸겠다고 결심했고, 어릴 때부터 함께 자라온 전통적 신념들로부터 다른 영적 신념근거의 필요성을 발견했다. 창조주와의 가까운 관계에 대한 열망은 주된 자극이었다. 한 마디로 말해서, 레쉬다는 자신이 생각하는 것, 느끼는 것, 행동하는 것을 담당하기 시작했고, 모든 문제에 대해 모든 이들이 그녀에게 동의하지 않아도 그것은 괜찮았다.

요약

초기 회상과 DCT 평가 및 중재는 실습을 위해 구체적 함축을 가진 상호보완적 이론들이다.

초기 회상의 아들러리안 사용은 아들러의 철학적 기초와 아들러학파의 심리학 둘 다에 대한 이해를 포함한다(Adler, 1827/1854; Dreikurs, 1967; Sweeney, 1998). DCT와 아들러학파 심리학은(중재에 대한 그들의 기본으로써), 개인뿐만 아니라 개인이 가족에 포함되어 존재하는 문화적 정황에 대해 관심을 가진다. 그들은 이론, 방법, 실습들을 서로 보완한다. 레쉬다의 경우에는 실습에서 DCT, 아들러리안, 웰니스 접근법이 혼합될 수 있는 여러 방법들을 보여준다.

초기 회상들은 일상생활 과제들의 대응을 형성하고 있는 미래에 대한 기대들을 드러낸다.

무엇이 일어날 것인가에 대한 예상은 우리가 일, 우정, 사랑, 자아 그리고 영적 일들에 대한 크고 작은 결심을 하는데 영향을 준다. 내담자들이 초기회상에 연관된 의미와 목적을 드러내도록 돕는 것은 그들의 익숙한 삶의 경험과 관계에 연관하여 새로운 선택, 새로운 행동 연습, 새로운 감정을 발견하도록 힘을 실어주는 것이다.

초기 회상들은 자신의 기대에 맞게 변하고 변경 될 수 있다.

아들러리안은 초기 회상들의 사용을 통해 첫-단계와 두 번째-단계 변화 사이를 구분한다. 일반적으로 상담이라 불리는 것은 첫-단계 변화, 예를 들어 내담자를 돕는 것은 일, 우정, 사랑, 자아, 그리고 영적인 것과 관계된 그들의 생활 과제들을 완성하기 위한 행동 수정을 돕는 것(Sweeney, 1998)을 언급한다. 그러나 심리치료는 초기 회상들의 테마, 정서, 내용들에 관한 현저한 변화의 두 번째-단계 변화에 기인한다.

그래서 아들러리안은 상담 결과와 심리 치료 결과를 구분하기 위해 행동 수정과 동기 수정(행동의 목적성)을 구분한다.

초기 회상들과 함께 DCT 평가 및 중재 전략을 사용함으로써, 내담자들은 일반적으로 그들이 자아, 타인들, 그리고 삶(생활)에서 가지는 잘못된 기대들을 더 빨리 드러낼 수 있도록 도울 수 있다.

초기 회상에서 발견된 비현실적인 기대들은("그것이 있었더라면, 항상 내가 했을 텐데"라든가 "내가 해야 할 것은 무엇이든지 최고로 할 수 있었는데") 스트레스, 정서적 혼란, 신체적 문제와 쉽게 관련되는 삶으로 이끄는 규칙들의 형태이다. DCT를 통해, 우리는 내담자들이 자신들 또는 타인에게 도움이 되지 않는 기대를 없애거나 완전히 바꾸도록 돕기 위해 그런 규칙들을 해체한다. 새로운 혹은 수정된 규칙은 더 나은 유연성과 더 적은 스트레스를 제공한다.

삶에 대한 신중한 안내 방향으로써의 웰니스는 내담자가 그들 자신의 관계, 일등에서 원하고 필요로 하는 것에 대한 새로운 해석을 만들 수 있게 한다.

아들러리안과 DCT 개념으로부터, 내담자는 그들의 삶을 통해 변화의 창조적 과정에 포함된다. 목적 있는 계획과 신중한 행동을 통해, 그들은 행동을 수정하는 것을 배울 수 있고, 심지어 그들의 가장 근본적인 생활 목표들을 새로운 방향으로 이끌 수 있다.

도전.

추상적인 초기 회상들은 단지 흥미 있는 이야기들이나 타인의 삶 속에서는 중요하지 않는 순간들처럼 보일 수도 있다. 도전은 회상 속에 있는 의미와 목적을 개인 삶의 현재와 예상되는 과제의 대응에 대한 이해에 연결하도록 돕는 것이다. 예를 들어, 당신은 당신의 초기 회상들 중 하나가 가진 의미를 당신이 최근상황에 어떻게 대응하고 있는가에 연결할 수 있다. 마찬가지로 어떻게 초기 회상들이 다른 이들과 연관을 가지고 있는지도 더욱 잘 볼 수 있을 것이다. 당신 자신의 기억들의 하나 또는 그 이상을 사용하는 DCT 평가에 참여함으로써, 당신은 초기 회상들과 현재 행동들, 그리고 예견된 미래 사이의 비교적 간단하지만 중요한 관계를 발견할 수 있을 것이다.

연구 문제

초기 회상들에 대한 연구는 충분하다(Clark, 2002). 그러나 상담/치료에 관한 초기 기억들의 유용성은 실천하는 이의 경험, 동향, 기술에 의존하는 것이 많기 때문에 비평의 주제로 남게 된다. 우리는 이런 비평의 대부분은 아들러리안과 DCT 접근법의 결합을 사용함으로써 개선될 수 있다고 믿는다. 그럼에도 불구하고, 그 이상의 연구에 의해 이런 타당성의 위치를 확인할 여지가 있다.

이런 접근법들과 그들의 방법에 대한 가치를 평가하기 위한 미래의 연구는 중재 전, 중에 내담자의 초기 회상들의 내용과 주제에 대한 질적 분석을 통합하여 잘 이루어질 것이다. 성공적인 상담은 또한 웰니스 방향에서 초기 회상의 변화들을 보여줄 것이다. 내담자들은 성공적인 중재 이후에 다른 내용과 감정을 가진 다른 사건들 혹은 같은 사건들을 기억할 것이다. 예를 들어, 이전에 그들을 혼자 두고, 외롭게 만들었다고 보고했던 것에 그 밖의 누군가가 나타나 그들을 돕는다. 심리치료는 중재 이전에 주목되어진 초기 회상들로부터 확실히 구별할 수 있는 초기 회상들의 결과를 가져올 수 있어야한다. 사실, 어떤 내담자들은 진실로 자기회상, 자아-보고서임이 확실한 그들의 음성으로 된 오디오테이프를 듣지 않고는 그들이 기록한 초기 회상들을 믿으려하지 않을 것이다.

이론의 적용 : 상담역량의 확장

자기-평가 연습

연습 1. DCT 관점에서 당신의 초기 회상들을 검토하기

아래 형식에 따라, DCT 질문 과정을 통해 당신의 최초 초기 회상들을 조사한다. 어떤 규칙들 혹은 기대들이 이 특정 경험 밑에 깔려 있는 것처럼 보이는가? 최근 생활 경험에서 이 규칙들의 확증을 찾아라(주목: 이 규칙들은 특히 매우 즐겁거나 혹은 스트레스가 많은 사건 속에서 가장 쉽게 찾아진다. 삶에 대한 욕구와 기대들이 충족되거나 도전되어지기 때문이다.).

a. 초기 회상—구체적, 축어적, 세부적 항목(8세 이전):

____

____

이 초기 회상들과 연관된 감정들:

당신 신체에서 느껴지는 감정의 구체적 위치와 형태:

b. 비슷한 신체경험을 가진 다른 사건을 상세히 기술하라.

c. 이 두 사건이 공통으로 가지고 있는 것은 무엇인가? 즉, 그들은 어떻게 비슷한가?

어떤 규칙들이 당신의 사고, 감정, 행동을 인도하는 것처럼 보여지는가?

____

____

____

____

____

이런 규칙들이 별로 도움이 되지 않는 때나 상황이 있는가? 어떤 면에서?

____

____

____

____

____

이런 규칙들의 기원은 무엇인가(예: 부모님, 선생님, 친구)? 그것들은 모두 혹은 대부분의 상황에서 좋은 규칙인가(예: 그것들은 교육적 또는 직업적 목표를 이루거나 지속적인 관계를 유지하는 것, 또는 개인의 건강에 어떻게 도움 혹은 방해가 되는가)? 그것들은 다른 사람과 함께 잘 지내는데 도움이 되는가?(예: 다른 사람들의 생각과 감정을 이해한다, 더 나은 관계 합의를 협상한다.) 그것들은 당신이 더 효과적으로 문제를 해결할 수 있도록 돕는가? 그것들은 당신 자신, 다른 사람들 그리고 삶에 대해 더 좋은 감정을 자주 가질 수 있도록 돕는가? 그것들은 당신이 부정적 감정들(예: 화, 죄책감, 실망, 상처)보다 더욱 긍정적인 감정들(예: 행복, 기쁨, 만족, 흡족 등)을 가지는데 도움을 주는가? 이런 질문들에 답하고 그 질문들의 의미를 숙고하는 것은 일, 우정, 사랑/가족, 자아, 정신적(영적) 발달에 대응하고 그것들로부터의 생활 도전들을 능가하기 위한 방법을 위한 새로운 통찰과 행동, 긍정적 감정들로 이끌 수 있다.

개인들이 일상생활에서 기능을 상당히 잘하는 한, 그들이 꾸며낸 생각들은 검토 없이 유지된다. 그들의 생각이 감정의 안정성을 유지함에 있어 도전되어 지거나 비효율적임이 증명되었을 때, 감정 위기가 발달된다(Sweeney, 1998). 이런 시기에, 내담자들은 상담이나 심리치료를 찾기 위해 마음이 열리게 된다. 변화에 대한 준비가 된 시기에는 "우리는 어디로 가고 있는가?"에 대한 이슈는 상담에서 찾는 초점과 결과에 매우 중요하다.

다문화 능력을 위한 연습

연습 2. 다른 문화와 배경을 지닌 사람들의 생활경험 이해하기

다른 성, 인종, 종교, 성적 경향을 지닌 한명 또는 그이상의 사람들과 면담을 하라. 그들에게 그들의 성, 인종, 종교, 성적 경향과 연관된 특정한 초기 회상을 인식하는지 물어보라. 위에서 제공한 형식을 사용하여, 아들러리안과 DCT 관점에서의 초기 회상을 조사해라.

____

____

____

____

____

면담 실습 연습

연습 3. 초기 회상들 해석하기

파트너나 아니면 실제내담자와 면담해라. 8세 이전에 일어난 최초의 회상을 물어보라. 둘이나 셋 정도의 기억을 아래 쓰고, 다음사항을 기록하였는지 확인하라 (1) 그 기억이 일어났었던 나이, (2) 현재 일어났다면 어떤 일이 벌어지는지, 그리고 (3) 그때 어떻게 느꼈는지.

그 사람이 보고 듣고 느낀 것을 음성녹음하는 것이 좋다. 내담자가 가능한 자세하고 구체적이도록 하라. 다음과 같은 질문을 하라: 그밖에 누가(만약 어떤 사람이 있다면) 당신의 초기 회상에 존재하는가? 누가 무엇을(만약 무엇이 있다면) 하고 있는지? 당신 주변에 어떤 것이 있는지? 여기에 이 사건을 기록해라. 그리고 그 일이 지금-여기에 일어나고 있는 것처럼 기록해라.

만약 그 사람이 기억을 기록하거나 타이핑하고 있다면, 그 이야기를 같은 순서, 세부사항, 용어를 사용해서 마치 지금 말하는 것처럼 기록하라고 요구해라. 이 느낌들이 특히 신체 어디에 위치하는지 물어보라.

하나 또는 그 이상의 회상들을 기록한 후, 내담자에게 추가질문을 하여 그것들을 연구해야 할 것이다. 이 회상에서,

당신은 능동적인가, 수동적인가?
당신은 관찰자인가, 참여자인가?
당신은 주는 쪽인가, 받는 쪽인가?
당신은 혼자인가, 다른 사람과 함께인가?
당신은 사람들이나 어떤 것, 혹은 어떤 생각을 걱정하는가?
당신은 다른 사람과의 관계에서 어떤 정서적, 신체적 위치에 있는가?
열등한가? 우등한가?
이 사건이나 결과는 어떤 느낌의 톤을 가지고 있는가?
당신은 다른 사람들과의 관계에서 어떤 감정에 의해 편안함을 느끼는가?
어떤 세부적인 것, 냄새, 소리, 색깔이 있는가?
스트레오 타입의 상급자, 하급자, 남자, 여자, 노인, 젊은이들은 그 자신들을 들어내는가?

만일 하나 이상의 초기회상을 사용된다면 테마와 포괄적인 패턴을 찾아라. 다음 문장을 완성시켜라.

나는_______________

타인들은_______________

삶(생활)은_______________

연습 4. 초기 회상 집단 실습

1단계 : 실습 집단을 나누어라.

2단계 : 리더를 선택해라.

3단계: 각 집단 구성원들이 성, 인종, 혹은 종교적/정신적 배경과 연관된 특정한 초기 회상들을 기억하게 하라.

4단계 : 이 회상이 어떻게 우리주위 세상에 대한 독특한 지각을 발달시키는데 도움을 주는지 논하라.

여기서 모든 각 개인은 그들의 반영을 발표할 시간을 가지며 집단의 다른 사람들로부터 피드백을 받는다. 피드백은 장점에 기반을 두어야 하고 긍정적이어야 한다.

일반화: 아들러학파 웰니스 개념의 적용

연습 5. 일상사에서의 실습과 관찰

다음 주 동안, 개인이 자기 자신 및 자신의 경험에 대해 이야기할 때 그들을 관찰하여라. 자신, 타인, 생활에 대한 핵심생활 테마를 묘사한 이야기를 들어라. 어떤 종류의 초기 회상이 그들의 자신과 타인생활에 대한 현재 믿음을 이끌어내었는지 상상해보라.

포트폴리오 반영

연습 6. 초기 회상과 웰니스의 반영

무엇이 본 장에서 당신에게 이해되지 않는가? 당신의 초기회상에 대한 연습에서 얻은 것은? 본 장에서 기억하길 원하는 핵심 포인트는? 당신의 생각을 포트폴리오 포트에 기록하라.

____

____

____

참고문헌

노안영, 강만철 공역(2005). 아들러 상담이론과 실제. 서울: 학지사

Adler, A. (1954). *Understanding human nature* (W.B. Wolf, Trans.). New York: Fawcett. (Original work published 1927)

Ansbacher, H. L. (Ed.). (1969). *The science of living: Alfred Adler.* Garden City, NY: Doubleday.

Ansbacher, H. L., & Ansbacher, R. R. (Eds.). (1956). *The individual psychology of Alfred Adler.* New York: Harper & Row.

Clack, A. J. (2002). *Early recollections:* Theory and practice in counseling and psychotherapy. New York: Brunner-Routledge.

Dreikurs, R. (1967). *Psychodynamics, psychotherapy, and counseling.* Chicago: Alfred Adler Institute.

Dreikurs, R. (1971). *Social equality: The challenge of today.* Chicago: Regnery.

Frankl, V. (1951). *Man's search for meaning.* New York: Pocket Books. (Original work published 1946)

Ivey, A. (2000). *Developmental therapy: Theory into practice.* North Amherst, MA: Microtraining Associates. (Orginal work published 1986)

Ivey, A., & Ivey, M. (2003). *Intentional interviewing and counseling: Facilitating development in a multicultural world (5th ed.).* Pacific Grove, CA: Brooks/Cole.

Mosak, H. H., & Dreikurs, R *(1967). The life task III, the fifth life task.* Individual Psychologist, 5(1), 16, 22.

Mosak, H. H., & Dreikurs, R. (1973). Adlerian psychotherapy. In R. Corsini(Ed.), *Current psychotherapies. Itasca,* IL: Peacock.

Myers, J. E., & Sweeney, T. J. (1998). *Five factor wellness inventory.* Greensboro, NC: Authors.

Myers, J. E., & Sweeney, T. J. (1998). (in press). The indivisible self: An evidence-based model of wellness. *Journal of Individual Psychology.*

Myers, J. E., Sweeney, T. J., & Witmer, J. M. (2000). Counseling for wellness: A holistic model for treatment planning. *Journal of Counseling and*

Development, 78, 251–266.

Sweeney, T. J. (1995). Adlerian theory. In D. Cappuzi & D. Gross(Eds.), *Counseling and psychotherapy*(pp. 171–206). Columbus, OH: Merrill.

Sweeney, T. J. (1998). *Adlerian counseling: A practitioner's approach (3rd ed.). Englewood Cliffs, NJ:* Prentice Hall.

Sweeney, T. J., & Witmer, J. M. (1991). Beyond social interest: Striving toward optimum health and wellness. *Individual Psychology,* 47(4), 527–540.

Witmer, J. M. & Sweeney, T. J. (1992). A holistic model for wellness and prevention over the lifespan. *Journal of Counseling and Development,* 71, 140–148.

제7장 : 가족 상담/치료에 DCT 적용

본 장의 실습 목적

본 장의 개념들을 익히고 실습해봄으로써 다양한 생활단계에 있는 가족을 이해하고 작업할 수 있을 것이고, 가족의 발달을 촉진시키기 위한 DCT 질문 전략을 적용할 수 있을 것이다.

가족과 체계의 이슈를 고려할 때 전 생애 발달과제는 더 복잡하다. 많은 발달과제와 가족 구성원의 욕구를 연결해야 하는 핵가족은 그 자체로 매우 복잡하다. 다른 요소들, 예를 들면 문화적 차이, 가족 형태의 차이, 우리의 콤플렉스의 영향, 공업화 후기의 사회는 복잡성을 더한다. DCT는 가족생활 주기를 결정하는데 도움을 주고 가족 체계화를 효과적으로 작업하기 위한 중요한 치료 도구이다.

가족 작업은 성격상 변증법적/체계적이다. 항상 관계와 체계의 이슈를 작업한다. 그러나 가족 상담 작업에 들어가면 여기서도 DCT의 감각 운동적, 구체적, 형식적 전략에 의지할 수 있다. 이번 장을 읽으면서, 변증법적/체계적 생각의 아이디어가 여기 제시된 모든 것에 기반이 된다는 점을 명심하라.

샌드라 리가지오-디글리오(Sandra Rigazio-DiGilio)는 DCT를 가족의 작업에 적용했다. 체계적 인지 발달 치료(Systemic Cognitive Developmental Theraphy: SCDT)라고 명명된 이 체계는 가족 조력과 가족의 과정에 대한 통합적 메타이론이다. 리가지오-디글리오(2002)의 이 작업에 대한 요약을 보라. 그리고 자신들이 속한 지역 지노그램을 이 아이디어로 확장시킨 리가지오-디글리오와 아이비(Ivey), 쿤클러(Kunkler), 그리고 오즈래디(O'Grady, 2004)의 요약을 보라. 본 장에서 첨가적인 정보를 읽기 위해서는, 다음의 것들이 유용할 것이다: Carlson and Kejos(2002), Gladding(2002), Carter and McGoldrick(1999), 그리고 Nichols and Schwartz(2001a, 2001b).

본 장에서 제시되는 지식과 개념에 대한 기술을 익힘으로써:

1. 가족생활 주기를 이해하게 되고 전 생애와 가족생활 주기 이론을 어떻게 실제에 통합되는지 이해하게 된다.
2. 가족의 발달과 웰니스를 촉진시키기 위해 DCT를 사용할 수 있다.
3. DCT를 가상과 실제의 가족생활 상황에 적용할 수 있다.

서론 : 가족 생활주기, 미묘한 균형

개인이 생활 주기를 통해 움직이는 것처럼, 가족 단위도 그렇다. 자아를 찾으려는 10대가 처음 무엇인가 시작하는 35세의 어머니와 중년의 위기를 맞은 43세의 아버지를 가질지도 모른다. 아버지는 쇠퇴해가는 신체적 능력을 가지고 생산성을 유지시키기 위한 삶의 문제에 직면해 있다. 어머니는 인생에서 처음으로 자신의 자아를 찾고 경쟁의 세계에 대한 감각을 얻기 시작했다. 자아 발전에 대한 10대의 스트레스는 가족의 스트레스로 인해 가중될 것이고, 가족 구성원 각자는 가능한 발전적인 방법으로 문제를 해결하기 위해 시도할 것이다.

개인은 전체로서의 가족과 깊이 연관되어 있다. 정체감을 발전시키는 것은 가족발달 단계, 가족 구성원 각자의 욕구, 전체로서의 가족 등과 깊게 연결되어 있다. 또한 각 가족구성원은 개인적 발달과제를 가지고 있다. 그리고 그것은 다른 가족들과 항상 조화를 이루는 것은 아니다. 더군다나 부모는 그들 자신의 발달 과제를 적절하게 작업 하지 않았을 수도 있고 자신들의 정체감 또는 신뢰감을 설립하지 않았을 수도 있다. 이 모든 요인들이 아이와 청소년의 발달 경로에 큰 영향을 준다.

가족생활 주기에 대한 첫 번째 이론은 Haley(1987, 1991, 1996)에 의해 개발되었다. 이 이론은 많은 가족들의 문제가 생활 주기에 있어 전환기 동안 발생한다고 지적한다; 예를 들어, 연인이 결혼(혹은 동거)할 때, 삶의 주요 유형을 조절해야 한다. 은퇴와 노년기를 통해 전환기는 계속된다.

〈그림 7-1〉에 나타난 가족 생활주기에 대한 DCT 접근은 Haley의 최초의 업적에 근거를 두고 있으나 첨가된 복잡성과 상호작용을 묘사하고 있다. 외부의 원은 가족생활 단계를 부모의 청장년 시절부터 결혼과 은퇴에 이르는 범위로 나타낸다. 내부원은 그 가족 내에서의 한 아이의 생활단계를 나타낸다. 아이의 탄생은 주요한 발달 전환기이다. 청장년이 집에서 분리되고 떠남에 따라 부모의 발달 과제는 변화와 상실에 적응하는 것이다. 아이가 결혼할 때, 부모도 아이들처럼 새로운 도전을 받으나 각자는 생활 주기에서 매우 다른 단계에 직면한다. 분리와 애착과제, 부모와 결혼한 아이들의 욕구는 매우 다르다.

이런 가족 생활단계는 각각 전환기와 관련된 특별한 문제를 야기한다. 당신의 모든 내담자에게서 발달 가족 문제를 찾기 위한 준비를 하라. 가족의 문제가 당신과 만나는 주된 이유는 아닐 것이지만, 가족 생활주기 문제는 종종 개인의 어려움을 악화시킨다. 혹은 가족 생활주기 내에 전환기가 가장 중요한 문제일 수도 있다.

가족생활의 각 단계는 주요한 분리와 애착의 과제를 가진다(그림 7-1 참조). 예를 들어, 아이가 집을 떠날 때, 부부는 아이들로부터 분리에 직면하게 될 뿐 아니라 부부가 서로 새로운 방법으로 다시 애착할 필요성도 직면한다. 종종 가족은 너무 밀착적이고 그 결과는 명확한 경계의 결핍을 가져온다. 그런 경우, 아이가 집을 떠날 때, 심각한 가족 위기의 방아쇠가 되기 쉽다. 만약 가족이 엄격한 경계로 지나치게 분리되고 탈 애착되어 있다면 부모는 이 시기에 서로에게 애착하는데 힘이 들것이다. 또한, 부부는 나이가 든 부모를 지지할 필요가 있다. 생활 주기에 있어 개인과 가족간의 적절한 의견 조율과 균형이 필요하다. 이런 문제들이 가족에게 영향을 미칠 뿐 아니라, 당신은 이런 문제에 직면한 많은 사람들과 상담을 하게 될 것이다.

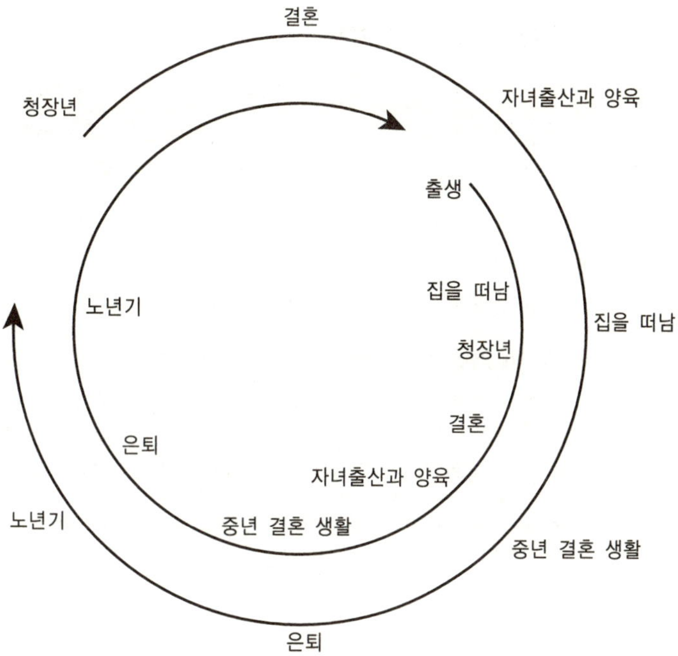

〈그림 7-1〉 가족 생활주기

외부의 원은 부모, 내부는 아이들, 분리와 애착의 필요성은 각자를 다양화 시킬 것이란 것을 명심해야 한다. 이혼, 죽음, 홀어머니(홀아버지), 문화적인 차이, 그리고 사회적인 주요 사건은 가족 생활주기의 본성을 바꾼다.

가족 생활주기에 대한 DCT 접근에서 은퇴와 노년기는 분리되는데 그 둘 사이의 발달과제는 매우 다르다. 은퇴 초기의 경우에는 자신이 성인이 된 아이들을 돌보거나 손자를 돌본다. 은퇴 후기와 노년기에는 건강의 악화와 배우자 상실, 그리고 누군가의 돌봄이 필요하다는 것을 발견한다.

생활 주기에 대한 의미와 내용은 문화와 가족의 형태에 따라 다양하다. 〈표 7-1〉은 가족의 생활 주기에 있어 다른 경험의 많은 가능성을 보여준다. 또한 20년 전보다 핵가족은 상호작용이 적다. 〈그림 7-1〉은 각각의 문화와 가족의 형태에 맞도록 수정되어야 한다.

〈표 7-1〉 분리와 애착에 대한 이슈와 가족 생활주기

아래 모델은 방대한 가족의 형태를 표현하지는 않으나 애착과 분리 이슈의 본성을 다양하게 만드는 공통된 이슈를 예시한다.

발달 단계	*애착/분리이슈와 발달 과제*
청장년	친구관계의 발달; 부모로부터 분리; 친구의 선택; 직업과 경력의 선택. 생활 단계의 다양성의 예(Example life-stage variations): 초기 임신은 어머니를 집에 다시 돌아오게 하며 새로운 애착 형태를 가져온다.
결혼	짝들과 애착 그리고 새로운 친구; 아이로써 부모로부터 더 분리하고 성인으로써 부모와 더 애착; 가정과 경력의 설립. 생활 단계의 다양성의 예: 동거, 게이 혹은 레즈비언.
출산과 양육	다년간 세운 부부 관계로부터 분리하여 아이에게 애착하고 동료 부모와 새로운 관계를 맺음; 아이가 학교를 다님에 따라 부모와 자식 사이에 많은 분리가 이루어진다; 일과 가정에 대한 책임과의 균형. 직업 위기의 가능성. 생활 단계의 다양성의 예: 결혼하기 전에 아이출산, 불임, 양자, 아이 없음
집을 떠남	학교 혹은 직장으로 아이가 떠남으로 부모로부터 분리; 결혼한 한 쌍으로서 재애착; 친구들과의 새로운 관계 형성. 생활 단계의 다양성의 예: 이혼, 이혼은 분리와 새로운 애착의 국면을 야기할 수 있다.
중년 결혼 생활	커플로서, 혹은 분리된 각 개인으로서 그들 자신을 설립하기 위한 기간; 종종 경제력의 최고조; 인생의 주요목표를 성취하지 못했다는 것을 알게 됨으로 인한 50대 중반의 위기; 나이든 부모와의 재 애착; 손자와의 애착. 생활 단계의 다양성의 예 : 그들의 부모와 아이들의 귀향.
은퇴	직업으로부터 분리, 한 쌍으로써 더욱 애착; 성인이 된 아이와 친구로서 재 애착. 생활 단계의 다양성의 예: 레저 시간 사용의 어려움, 건강과 재정 그리고 아이들과 손자들에 대한 걱정
노년기	죽음으로 인한 친구 혹은 배우자와의 분리; 병에 대한 관심 증가; 아이들에게 의존과 애착; 영적 애착이 더 중요하게 됨; 재정과 건강상의 어려움이 주가 된다. 생활 단계의 다양성의 예 : 90대 초반의 건강한 삶의 유형, 시력감퇴, 난청, 걷지 못함 등의 심각한 질병

전 생애와 가족 생활주기 이론의 통합

가족의 모든 구성원은 각자 전생애(lifespan) 문제를 가지고 있다. 물론, 남자와 여자가 다르다. 남자와 여자는 종종 결혼의 의미에 대해 다르게 생각한다. 특히 두 사람 중 한 사람이 다른 사람보다 나이가 많다면 16세 많은 남자와 결혼한 34세의 여자는 임신하고 아이를 키우길 원하는 반면 남자는 그렇지 않을 것이다. 그리고 나서, 아이가 집을 떠났을 때, 남편은 은퇴할 나이가 된 반면 아내는 그녀의 경력이 정점으로 가고 있을 것이다. 나이와 삶의 방식, 그리고 문화적인 배경의 차이는 광대한 도전과 상담/치료의 필요성을 생성할 것이다. 전 생애 이론과 애착과 분리의 과거 패턴은 가족 생활 주기에 큰 영향을 미친다.

가족은 또한 그들 자신 너머의 전 생애 영향을 받는다. 여기서 당신은 시간에 걸쳐 내려오는 세대간의 문제를 발견하게 될 것이다. 가족 지노그램 개발의 기초적인 출처는 맥골드릭, 걸슨과 쉘렌버거(McGoldrick, Gerson and Shellenberger, 1999)이다.

이 시점에서 당신이 특히 흥미를 가지고 있는 당신의 한 전 생애 발달 단계를 규명하는 것은 유용한 연습이다(예를 들어, 청소년 정체감 발달). 당신 자신의 개인적인 정체감을 발달시킴에 따라, 다른 가족 구성원은 그들 삶의 문제들과 투쟁하였을 것이다.

당신 부모에게 일어났던 일은 당신의 자아감과 자율성 능력에 피할 수 없는 영향을 미친다. 이런 발달의 중요 상황에서 이혼 혹은 부부의 부재 혹은 부모 중 한명의 죽음은 특별한 어려움일 수 있다. 때로 분리된 자의식을 설립할 필요성은 자신들의 문제와 싸우고 있는 가족 구성원의 필요성과 충돌할 것이다. 당신의 정체감의 작업에 있어 에릭슨의 어떤 발달 과제가 당신의 가족 구성원에게 부가되었나? 당신의 부모는 친밀성 혹은 생산성을 성취했나?

____

____

____

____

당신의 정체감 문제에 대한 개인적인 투쟁을 요약하라. 각 가족 구성원의 개인적 발달 필요는 당신이 정체감을 얻는 것과 어떠한 갈등을 일으켰고 현재의 당신이 된 것에 어떤 영향을 미쳤나?

당신 후기 삶의 사고, 감정, 행동의 형태에 영향을 준 초기 사건들을 떠올려 보아라. 이런 사건들로부터 지속된 당신의 현재 삶의 패턴은 무엇인가?

문화적, 성적 차이는 신뢰성, 자율성, 주도성, 근면성, 정체성에 대한 감각을 당신이 어떻게 발달시키는가에 영향을 준다. 당신의 성과 문화적인 차이는 이런 질적인 발달에 어떤 영향을 주었는가?

DCT와 가족 관점 : 사례 연구

가족 생활주기에서 가족의 곤란은 발달 구조 안에서 고려된다. 가족과 개인의 증상은 병리학의 신호로써 힘든 전환기나 미완성의 삶의 단계를 암시하는 것으로 여겨진다. DCT처럼 헤일리(1987, 1996)는 역기능적 행위와 인지를 미해결 발달 과제로 보며 대인관계 문제와 주변의 스트레스에 기인한 것으로 보지 않는다.

DCT 관점에서 상담/치료의 과정은 가족 발달과 유사하다. 치료과정은 가족 생활주기를 반영한다. 예를 들어 치료적으로 가족과의 작업은 결혼에서 신뢰가 본질적이며 약속이 중요한 것과 비교될 것이다. 짧은 시간동안, 치료사들은 거의 가족의 일원처럼 행동한다. 현재 존재하는 문제를 이해하고, 문제에 대해 작업하며 새로운 방법을 적용해 나간다. 가족이 발달하고 자람에 따라, 치료사들은 가족으로부터 분리된다. 치료의 주기는 가족 생활주기와 매우 평행하다. 다음의 목록에서 보이는 것과 같다(DeFranck-Lynch, 1986, p.56 인용).

가족 치료의 생활주기

1. 동참, 관여, 애착 그리고 평가	치료사들은 임시적인 가족 성원이 되어야 한다. 그러나 치료를 위한 거리와 경계선을 정의해야 한다.
2. 인지적, 행동적 중재	치료사들은 가족의 삶에 참여해야 하고, 가족에 의해 영향을 받고 영향을 줄 수 있어야 한다.
3. 통합, 견고한 변화, 분리와 종결	치료사와 가족은 분리되어야 한다. 발달 과정상의 새로운 관점을 그들에게 주어야 한다.

1단계 : 동참(joining)

상담사/치료사는 동참 과정에서 가족에게 적응해야 한다. 모든 가족 구성원은 그들이 상담/치료과정에서 가치있는 공헌을 하고 있다는 것을 느끼게 할 필요가 있다. 각 개인과 전체로서의 가족에게 개방적 질문을 함으로 상담사/치료사는 각각의 사람이 편안하게 느끼고 참여적이도록 할 수 있다. 이런 질문에 대한 대답들은 상담사/치료사에게 가족 각 구성원과 가족단위의 인지적/정서적 형태를 알 수 있도록 해준다.

다음 예는 짧은 시간 동안 어떻게 발달 유형을 평가하는지 보여준다. 치료사의 제안으로 카셋(Cachet) 가족 구성원들은 다음과 같이 자신들을 소개했다.

레이 : 내 억양에서 드러나듯이, 나는 프랑스계 캐나다 사람이다. 나의 부모는 몬트리올에서 이곳으로 왔다. 나는 첫째 아들이기 때문에 아버지의 사업인 오두막 건설을 하고 있다. 나는 집을 잘 만든다. 지금은 아프기 때문에 힘들다. 그러나 의사는 나에게 괜찮다고 말했다(구체적 우세).

스테파니 : 나 역시 프랑스계 캐나다 사람이다. 나 역시 같은 억양을 가지고 있다. 나는 리사의 어머니로 리사는 나의 유일한 아이이다. 나는 카르테지에서 거의 모든 인생을 살았다. 나의 언니는 가까운 곳에 산다(구체적

우세).

리사 : (움츠리면서 운다. 어머니가 그녀를 위해 말했다. 그러나 아이는 다시 질문을 받았다. 치료사는 어머니의 도움을 막았다.) 나는 여기에 있는 것을 원치 않는다. 왜 우리가 와야 하는가? 나는 내가 나쁘다는 것을 안다. 나도 좋아질 것이다(다시 울음). (감각 운동 우세).

이 가족 중재의 첫 번째 단계 목적은 조력자가 치료적 체계를 설립하기 위해 가족에게 동참하거나 소속하는 것이다. 문제에 대한 가족의 합의가 이루어지는 것이 중요하다. 이것은 모든 가족에게 "당신은 무엇이 변하기를 원하는가?"라는 질문으로 해결할 수 있다. 그리고 모두가 동의하는 답을 실행하는 것이다. 문제를 정의하는 과정은 상담사/치료사에게 가족이 어떻게 작동하는지, 규칙과 관점을 관찰할 기회를 준다.

그들이 문제에 대한 묘사를 함에 있어 인지적/정서적으로 다양할 것임에도 불구하고, 전체로써의 가족은 문제를 하나의 인지적/정서적 유형으로 정의할 것이다. 어떤 가족들은 혼란한 상태, 비논리적, 감각 운동적 유형으로 문제를 표현할 것이다. 그런 특성의 형태는 주로 혼란과 외상에서 발견된다. 형식적인 가족은 문제를 추상적으로 정의한다("우리는 문제를 어떻게 해결해야 하는지 배워야 할 필요가 있다." 혹은 "우리는 항상 문제를 피하는 것처럼 보인다."). 구체적인 유형을 사용하는 가족은 보통 해결이 필요한 문제나 구체적 사건을 묘사할 것이다("수지는 적절하게 먹는 것을 시작할 필요가 있다." 혹은 "존은 좌절했고 일을 할 수 없다."). 앞에서 언급한 것과 같이, 우세하게 구체적 유형의 가족은 구체적 유형으로 작업을 할 필요가 있다, 그리고 더 구체적으로 특성화된 가족은 더 큰 패턴으로 설명할 필요가 있다(그러나 구체적인 문제에 대해 다루어지고, 해결되고, 이해가 된 후에). 인지적/정서적 모든 흐름을 통해 가족을 맞출 필요는 없다.

카셋의 가족은 그들의 문제를 치료사에게 다음과 같이 묘사했다:

스테파니 : 나는 단지 내 딸이 잘 행동하기를 원한다. 그릇된 행동을 멈추고 아프지 않고, 매일 학교를 가고 좋은 성적을 받기를 바란다.

레이 : 맞다. 나는 이런 방해들로 귀찮아지기 싫다. 나는 상태가 더 나아져서 다시 직장으로 돌아가기를 원한다. 리사, 너는 당장 잘 행동해야 한

다. 잘 행동해야만 한다. 그것이 우리가 여기 있는 이유다.

스테파니 : 맞다. 리사. 치료사에게 무엇이 잘못되었는지 말해라. 우리는 학교에서 오는 편지를 계속 받고 있다.

리사 : 나는 모른다. 나는 이해할 수 없다. 나는 좋아지려고 시도한다. 나는 단지 계속 아플 뿐이다. 나는 이유를 알지 못한다. 나는 더 이상 아프기를 원하지 않는다(흐느끼며).

여기서 딸이 주로 감각 운동적 유형을 사용하는 것에 반해 부모의 권위는 구체적 유형이다. 전체로서 가족의 일반적인 인지적/정서적 유형은 구체적으로 보인다.

많은 가족들이 한 개인을 붙잡을 것이고, '규명된 내담자'가 문제에 대해 책임을 질 것이다. 그런 경우에 가족은 문제에 대해 선형적, 우연적 방법으로 가게 될 것이다. "그저 그렇게 변화한다면, 모든 것은 괜찮을 것이다." 가족 치료의 주요한 목표는 가족이 변증법적/체계적으로 움직이도록 돕는 것이다. 그것은, 문제에 대한 가족 구성원의 시야를 넓히고, 그들이 변화에 대해 더 많은 합의를 볼 수 있도록 한다. 만약 상담사/치료사의 지도와 지원으로, 가족을 체계로서 볼 수 있다면 가족 구성원은 그들의 상호 작용이 다른 이에게 어떤 영향을 미칠 것인지 알게 되고, 어떤 것이 문제를 악화시키고 완화시키는지를 알게 될 것이다.

〈표 7-2〉의 DCT 질문을 사용하면, 다른 관점들로부터 가족이 문제를 보도록 도울 수 있다. 가족의 응답은 상담사/치료사에게 각각의 인지적/정서적 유형 안에서 기능하는 가족의 능력을 파악 할 수 있도록 한다. 가족이 감정에 정복당하는가? 사건을 패턴에 의해 연결되어진 것 혹은 분리된 것으로써 보는가? 질문은 가족 내에서 이자 혹은 삼자에게 난처한 것인가? 상담사/치료사의 책임은 다른 가족 구성원의 도움 없이 이런 이자, 삼자의 토의와 질문에 대한 응답을 확신하는 것이다.

이런 질문을 통해서, 상담사/치료사는 각 인지적 유형에서 가족의 현실 감각에 대한 정보를 얻는다. 그리고 가족 구성원간의 상호작용을 촉진할 수 있다.

〈표 7-2〉 가족을 위한 DCT 질문 전략	
감각 운동적	• 지금 이 순간, 당신 둘은 몸에서 무엇을 느끼는가? • 사만다가 우는 것을 볼 때 무엇을 느끼는가? • 데릴에게 그가 말할 때 당신의 몸에서 어떤 변화가 일어나는지 말하라. • 지금 당신이 말한 "손상의 두려움".... 그것에 더 머무를 수 있는가? • 당신 둘 다 조용히 앉으세요. 방금 일어난 것에 각자의 반응이 무엇인지 쓰세요. • 당신이 그렇게 말했을 때 폴이 펄쩍 뛰는 것을 봤느냐? • 폴, 특별히 당신 부모가 말하는 것이 구체적으로 어떻게 들리는가? • 당신 각자는 서로에게 저녁 식사 시간에 무엇을 느끼는가?
구체적	• 어떻게 그 일이(현재의 문제-식욕이상, 행위, 싸움 등) 일어났는지 구체적인 예를 이야기 할 수 있는가? • 폴이 토하기 전에 무슨 일이 있었는지 부모에게 이야기 했는가? 그 이후에는 어떤 일이 있었는가? • 데릴과 사만다, 당신 둘은 사건에 대해 각자 서로에게 어떻게 이야기 하는가? • 마지막 구토가 있은 후 가족전체는 어떻게 느꼈는가?
형식적	• 당신들에게 이런 유형의 상호작용이 반복되는 패턴인가? • 얼마나 자주 일어나는가? 다양성은 무엇인가? • 당신 둘에게 그 패턴은 더 가까워짐을 주는가 아니면 더 멀어짐을 주는가? • 잠시 멈추고 이 세션에서 여기-지금 일어났던 것을 반영하라. 당신에게 무엇이 크게 떠오르는가?
변증법적/체계적	• 이것을 보라. 이 가족을 어떻게 묘사할 것인가? • 다른 관점에서 이 가족에 대해 이야기 할 수 있는가? • 이 가족은 어떤 형태의 규칙으로 작동하는가? • 그 규칙의 결점은 무엇인가? • 가족으로서 당신이 그 규칙을 함께 하는 것을 좋아하는가? • 당신 가족의 상호작용에서 종교적/민족적인 것은 어떤 역할을 하는가? • 당신은 당신 가족의 기원으로부터 어떻게 다르고 비슷한가?

카셋의 가족은 표준화된 인지적/정서적 발달 면담에 들어갔다(부록 3 참조). 이 과정은 약 한 시간이 소요되었다. 다음은 각 발달 유형 반응의 몇 가지 예이다.

감각운동적 탐색, 짧은 예 :

치료사 : 당신 둘은(부모) 딸의 혼란스러운 모습을 볼 때, 지금 어떻게 느껴지는가?

스테파니 : 나는 딸이 통제를 벗어났다고 생각한다. 그리고 그것은 나를 실망시

킨다. 나는 벼랑 끝에 있다. 어떻게 해야 할지 모르겠다. 나의 남편에 대해서도...(감정, 음정은 혼란, 슬픔)

레이 : 나는 아내가 그렇게 슬픈 것을 견딜 수가 없다. 또한 그녀가 화가 난 것을 보는 것이 부담이 된다(감정적으로 무딘).

치료사 : 지금 어떻게 느끼는지 서로 이야기 하라.

스테파니 : 알다시피 슬프고 화가 난다(목소리와 눈빛에서 화가 난 것이 보임).

레이 : 나는 당신이 이 상황을 통제할 수 있길 바란다(화남).

구체적 탐색, 짧은 예 :

치료사 : 나에게 리사의 병과 리사가 학교에 가는 것을 거부하는 것이 어떻게 일어나는지 예를 보여줄 수 있는가?

스테파니 : 리사가 밤에 아프기 시작했고, 잠드는 것을 힘들어 했다. 나는 그녀를 편하게 하려 했고 진정시키려고 노력했다. 그러나 실패했다. 아침에도 똑같은 상태였다. 나는 그녀를 학교에 가게 하려고 노력하고 간청했으나 대부분 그렇게 되지 못했다. 만약 내가 그녀가 학교를 가도록 설득하는 시간이 길어지거나 강요해서 학교에 가게 되면, 영락없이 학교에서 간호사가 날 부르고 그녀가 아프기 때문에 그녀를 집으로 데리고 가야 한다는 연락을 받는다.

레이 : 나는 그 모든 것을 지켜봤다. 아내는 더 강경해야 하고 통제력이 있어야 했다. 간청하는 것은 통하지 않는다. 둘 관계를 개선해야 한다. 그들은 보통 매우 가까웠다; 나는 그들 중 누구도 걱정할 필요가 없었다. 그땐 모든 것이 훨씬 편안했다.

스테파니 : 나는 당신이 제안한 것을 했다. 그러나 실패했다. 그녀는 최근 매우 고집이 세졌다(화남).

레이 : 당신은 정말로 규칙을 강요할 필요가 있다. 예전처럼(화남).

리사 : 나는 아침에 아프다. 난 집에 있기를 원한다. 그것은 밤에 시작된다. 나는 두통이 생기고 복통도 있다. 그러나 나는 아침까지 아무 것도 말하지 않는다. 나는 아침조차 먹을 수 없다. 학교 가는 것은 힘들다.

치료사는 리사의 행동 경로를 얻기 위해 후기 구체적 질문으로 이동했다. 스테파니는 집에서의 장면에 있어서 심장마비로부터 회복중임에도 불구하고 열심히 일하는 레이를 묘사했다. 그녀는 리사를 학교에 가도록 하기 위해 노력하는 반면, 리사는 침대에 머물기를 원했다. 그 경로는 또 다른 화의 교환으로 끝났다.

형식적인 탐색, 짧은 예 :

치료사 : 전에 이것과 비슷한 일이 있었는가?

스테파니 : 내가 소녀였을 때, 나는 결코 이런 식으로 행동하지 않았다. 나는 어머니의 말을 들었다. 그리고 아버지의 방식을 지켰다.

레이 : 나도 나 자신을 잘 돌봤다. 나는 아버지와 일을 하기 위해서 고등학교를 떠났다. 사실, 그 때 내가 그를 유일하게 보았던 시간이었다. 그는 항상 일하고 일했다. 우리는 결코 이런 문제가 없었다.

치료사 : 지금 당신 둘 사이에는 무슨 일이 일어나고 있는가?

레이 : 글쎄, 내가 아픈 이후, 주로 집에 있었고 그들 둘이 하는 것을 본다. 아내는 리사가 아내가 말하는 대로 했었다고 이야기 한다, 그러나 나는 그것을 보지 못하고 있다.

스테파니 : 레이, 당신은 휴식하는데 곤란을 가지고 있고 더 휴식이 필요하다. 리사와 내가 논쟁할 때 그는 휴식하는데 어려움을 가진다.

레이 : 맞다. 당신은 모든 것을 통제하지 못할 때 우울한 것 같다. 지금 가족에게 너무 많은 일이 일어나고 있다고 생각한다. 우리는 정상적이 될 필요가 있다.

스테파니 : 그래, 이렇게 계속되면 안된다(멈춤).... 레이는 아프다. 나는 우울하다. 그리고 리사는 학교에 가지 않는다.

집에서 레이의 새로운 현존은 리사의 증상과 스테파니의 우울증과 동시에 나타난 것으로 보인다. 가족은 문제를 상호 작용에 있어서 반복되는 패턴으로 보기 시작한다. 치료사는 레이가 그의 아버지가 지속적으로 일하던 패턴을 계속하고 있다는 것을 알아챘다.

변증법적/체계적, 짧은 예 :

치료사는 가족의 패턴을 요약했다. 그리고 가족의 규칙에 대해 물었다.

치료사 : 이 모든 것을 통해서 볼 때 당신들은 어떤 규칙 아래에서 작동해야 한

다고 생각하는가?

레이 : 실제적으로 말하자면, 부드럽게 달리는 트랙 위의 쇼가 우리에게 필요하다. 모두가 트랙 위에 있고 각자가 자신의 일을 완성하는 것.

스테파니 : 그렇게 돼야 한다. 그러나 리사는 맞추지 않고 나는 그녀에게 화가 나 있다. 레이는 이 혼돈을 모두 들어서는 안 된다.

치료사 : 그 규칙은 가족 모두가 그들의 일을 최선으로 하는 부드럽게 달리는 트랙 위의 쇼 같은 것인가?

레이 : 그렇다.

치료사 : 모두가 각자 자신의 일을 하면서 트랙을 유지해야 한다는 규칙을 어디서 배웠는지 말해줄 수 있는가?

레이 : 우리는 모두 프랑스계 캐나다인 가족이다. 일은 우리가 생존하는 방식이다. 그 당시 카르타고에서는 매우 힘들었다. 모두 희생해야만 했다. 항상 각자 자신들의 짐을 져야 했다. 우리는 리사에 대해서 어찌할 바를 모르겠다.

치료사 : 아버지들은 일하고, 어머니들은 항상 집을 돌보고 아이들은 항상 그들의 일을 잘하고..... 완벽한 것 같이 들린다. 그러나 그 어떤 것도 그렇게 완벽한 것은 없다. 그와 같은 규칙 하에서 당신들이 잃은 것은 무엇이겠는가?

레이 : 나는 아이가 되는 것을 놓쳤다고 생각한다. 나는 리사가 즐거운 것을 볼 때 그것을 가슴으로 느낀다. 그녀가 행복할 때 그녀는 매우 귀엽다. 아버지는 매우 열심히 일하셨고 나는 그와 즐거움을 가지는 것이 없었다.

스테파니 : 나도 마찬가지다. 나는 결코 나의 아버지를 알지 못했다.

리사 : (흐느끼면서) 나는 아버지가 아픈 것을 보는 것이 싫다!

DCT 질문의 경로는 감각 운동적 유형의 감정적 기반에 이어 아이 주변 상호작용에 대한 구체적 묘사가 뒤 따랐다. 형식적 유형에서, 가족은 반복적인 패턴을 보기 시작한다; 그리고 변증법적/체계적 유형에서, 어떻게 그들이 예전의 세대간 가족패턴을 재생성 해왔는지를 보기 시작한다.

2단계 : 인지적, 행동적 중재

가족 치료의 첫 단계는 아마도 1회에서 3회의 면담으로 이루어질 것이다. 2단계에서의 주요 발달 중재는 가족구성원들이 새로운 틀(재구성)로 서로 합의한 가족문제를 언급하도록 돕는 것이다. 이 재구성은 가족에 대한 자료와 치료사의 임상적 틀을 새로운 게슈탈트로 종합시킨다.

효과적인 재구성을 위해, 가족 구성원 전원은 다음과 같은 것을 반드시 지켜야 한다. 판단이나 비난하지 않기, 가족의 발전적 상황을 통합하기, 그리고 각각의 구성원들의 인지적/정서적 유형을 이해하기, 특히 중요한 것은 재구성은 반드시 가능성을 확장시키고 새로운 해결의 기회를 제공하여 희망을 불어 넣어주고 구체적인 목표를 갖게끔 해야 한다. 추상적인 변증법적/체계적 재구성은 이론적으로 우아하기는 하겠지만 그것이 '가족 구성원들의 머리를 넘으면' 무용지물이 될 것이다.

이 재구성(reframes)은 종종 동참과정의 종결부분에 근접해서 하며 다음과 같이 간단한 말로 한다. "이것은 당신 딸 제인의 문제가 아니다; 그것은 우리 모두가 협력하여 풀 수 있는 가족 상호간의 문제이다. 제인에게만 문제가 있는 것이 아니다." 다른 접근은 긍정적인 재구성이다: "제인의 행동은 가족을 하나로 이끄는 것처럼 보인다. 그녀가 문제를 갖기 전까지는 당신들은 모두 각자 자신의 문제를 해결해 왔다. 하지만 지금 당신들은 협동하고 있다." 관점변화의 다양성을 제공하는 것은 종종 유용하다: "그 문제를 보는 다른 방법의 하나는 제인이 논쟁으로부터 가족을 보호한다는 것이다. 그녀의 행동이 가족을 그녀 자신에게로 주의를 끌 때마다, 가족은 다른 모든 문제를 보류해야만 한다."

재구성의 목적은 가족이 가족 자체를 체계로써 바라보도록 돕는 것이다. 체계는 구체적, 혹은 추상적으로 조사될 수 있으며 이 단계에서의 중재는 가족의 인지적/정서적 유형과 매치할 때 가장 효과적이 된다.

DCT는 치료사가 가족의 발달에 있어 종단적 혹은 횡단적 이동을 촉진하기 위해 적합한 인지적/정서적 유형의 중재를 설계하도록 돕는다. 행동적 접근이나 헤일리(1987, 1996)의 문제해결 가족이론 방법은 치료사들이 구체적 유형을 가진 가족과 작업할 때에 특히 효과적이다. 혼돈스런 가족들은 치료사들이 중재에서 강한 역할을 수행해야 할 필요가 있는 감각 운동적 유형의 기능으로 접근해야 할 것이다.

형식적 경향의 DCT 질문하기 기법과 심리 교육적 방법들은 가족의 반복적 패턴을 인식하도록 도울 것이다. 가족의 커뮤니케이션 접근(예를 들면, Satir, 1967; Satir,

Dengo, & Peck, 2001)은 정확한 커뮤니케이션에 대한 명확하고 구체적인 기술들을 지원하면서 가족의 상호작용을 반영하는 것을 도와줄 것이다. 가장 잘 알려진 변증법적/체계적 가족 유형은 보웬(Bowen, 1985/1990)의 세대 간 접근이다. 그것은 각 개인들과 가족들이 어떻게 행동이 과거의 규칙들로부터 현재로 이끌어지는지를 이해하는데 도움을 준다. 고전의 책, '인종과 가족치료'(McGoldrick, Giordano, & Pearce, 1996)는 치료사들에게 문화와 가족 발달에 대한 세부적인 자산을 제공하고 그 분야의 표준을 남긴다.

DCT의 관점에서 분류하기 어려운 것은 다유형 중재(형식적 패턴인지의 요소와 특정한 구체적 중재의 연합)로서 묘사된 밀란(Milan)집단(Minuchin & Fishman, 1981; Carlson & Kejos, 2002)의 치료와 미누친(Minuchin, 1998)의 구조적 접근이다.

DCT의 체계적 질문 전략은 치료 중재로서 사용될 수 있다. 부록 3에 수록된 구조화된 면담은 가족들에게 효과적으로 사용될 수 있다. 비록 이 일련의 질문이 가족 내의 발달에 대한 여러 유형을 적합하게 하기 위해 수정되어야 하더라도 말이다. DCT는 전문가들이 가족 내의 다양한 인지적/정서적 유형을 받아들이는데, 그리고 이 차이점들을 긴장의 출처로서가 아니라 자원으로써 보도록 도움을 준다. 구체적 사건들과 패턴들에 대한 회고적 가족 분석은 2장과 부록 1에 나온 타마세(Tamase)의 IDC 방법을 포함할 수 있다. 특정한 질문들은 가족들이 그들 자신과 가족의 발달을 검토할 수 있도록 해주는 헤일리의 생활주기 접근에서 나올 수 있다.

카셋의 가족에서 치료사는 아래 주요 재구성으로 '잘 사는 것'에 대한 구조에 초점을 맞추었다(치료사가 가족의 어려운 상황에 대해서 매우 긍정적인 재구성을 가지고 시작한다는 점을 주목하라.).

치료사: 저는 '잘 사는 것'에 대한 가족 규칙을 지킨 것에 대해 당신들 모두를 칭찬합니다. 비록 레이의 병에 대한 어려움이 있었음에도 당신들의 강인함과 성실함을 모두 칭찬합니다. 저는 레이가 비록 많은 시간을 피곤하게 느꼈을지라도 열심히 노력하려 한 것에 대해 칭찬합니다. 스테파니가 대립하지 않고 최선을 다한 것을 칭찬합니다. 또한 리사가 어떻게 확실히 엄마의 아빠에 대한 걱정과 슬픔이 도움을 받을 수 있는 것인지 알고 있는 것에 대해 칭찬합니다. 리사의 행동은 리사

와 엄마가 계속 투쟁할 수 있도록 해주었어요. 그리고 스테파니 당신이 남편과 당신 슬픔을 논의해도 괜찮다는 것을 믿기까지, 리사는 당신이 그녀에 대한 실망에 머물도록 도울 것입니다.

어려운 부분은 정상을 유지하고 당신들이 두려워하거나 화났다는 점을 보이지 않게 하는 그런 규칙이 지금은 당신들을 위해 작동하지 않는다는 것입니다. 당신들의 현재 상황과 함께 있는 이 규칙을 변화시키기가 아마 어려울 것입니다. 스테파니, 당신은 자신이 우울하다고 말합니다. 레이, 당신은 당신이 쉴 수 없다고 말합니다. 리사, 너는 네가 아프고 불행하다고 말한다. 이것이 규칙이 적합하지 않다는 증거입니다.

당신들 둘 다 당신들이 성장하는 동안 아버지를 놓쳤고 스테파니는 자신의 어머니가 세상의 많은 부분을 놓쳤다고 말했습니다. 아마도 우리는 이 위기를 부담이 아니라 기회로 볼 수 있을 것입니다. 당신들은 부모님들에 대한 후회를 갖지 않기 위해 리사에 대한 책임을 어떻게 나눠야 할지에 대해 재고하는 시간으로 사용할 수 있을 것입니다. 그리고 당신들 셋은 훨씬 더 많이 즐거워 할 수 있을 것입니다.

저는 다음 몇 달 동안에 리사가 자신에게 기대되는 것이 무엇인지 분명히 알도록 하고, 엄마에 대해 덜 불안해 하도록 하며 아빠와 전에는 가져보지 못한 시간을 가짐으로써 더 행복하게 되는 새로운 방법들을 시도하는데 도움을 줄 것입니다.

스테파니와 레이, 저는 당신들은 전에는 결코 시도해 보지 못한 것을 시도하라고 요청할 것입니다. 저는 당신들이 이것을 할 것이라고 확신합니다. 리사는 그녀가 무얼해야 하는지 대해 알 것입니다.

위의 재구성을 위한 자료는 일련의 DCT 질문으로부터 나온 것이고 치료사는 가족에게 변화의 동기를 부여하기 위해 과거와 현재에서 정서적 중요성의 이슈를 사용했다. 치료사의 도움으로 레이는 자신이 가족으로부터 물러나 있는 것을 깨달을 수 있었고, 스테파니는 재정 부담을 돕기 위해 지역사회에서 파트타임 일을 얻을 수 있었다. 엄마로부터의 간섭이 줄고 아버지로부터의 관심이 늘면서 리사가 학교에 다니는 문제 등의 어려움은 줄어들었다. 치료사 중재의 대부분은 가족이 새로운 행동 대안을 가지기 위해 구체적 유형에 맞추었다. 가족력에 대한 정서적 사고들은 레이와 스테파니가 그들의 관계에서 매우 오래된 패턴을 변화시키는데 도움을 주었다. 가족 상호작용이 향상되어 감에 따라서 레이의 건강이 좋아졌다.

효과적인 가족 발달 중재는 많은 형태를 취할 수 있다. 그러나 중요한 목표는 문제를 새로운 관점으로 재구성하고 가족들이 체계적 맥락에서 문제를 바라보도록 도와주는 것이다. 개인주의 사회에서 체계적이기란 어렵다. 그러나 DCT의 체계적 접근은 논리적이고 호소력이 있으며 가족과 개인 상담에 있어 많은 것을 제공한다. DCT와 같은 체계적 접근을 적용하는 것은 조력 분야에서 중요한 이론적 변환을 나타낸다.

3단계: 변화를 위한 분리와 지지

가족이 치료의 목적을 달성하고 체계로써 자신이나 변화의 결과에 직면하기 위해 더 많은 책임을 갖게 될 때 치료사는 분리의 과정을 시작할 수 있다. 상담사/치료사는 재구성을 반복하기, 가족의 새로운 행동방법을 격려하기, 그리고 가족의 발달적 성장 패턴을 강화하기 등에 의해 이 분리과정을 수행할 수 있다.

2회에서 5회의 과정까지는 상담사/치료사가 가족이 치료과정과 그들의 확장된 행동, 인지적 레퍼토리를 검토하도록 도울 수 있다. 이 기간 동안 가족은 그들이 새롭게 받아들인 문제-해결 기술들에 대해 더욱 안전하게 된다. 형식적-조작적 치료사들의 유혹은 분석과 검토일 것이다. 그러나 구체적 행동과 토론은 매우 중요하다. 과제와 행동적 재연의 절차는 구체적인 성과를 강화하는데 도움을 준다.

본 단계에서 마지막 목적은 가족과 그 구성원들이 치료 없이도 삶의 새로운 방향을 찾는 것을 도와주는 것이다. 이 세션은 덜 빈번하며 치료사는 주로 말없이 경청하는 역할을 하게 될 것이다. 가족 구성원들의 다양한 인지적 발달 유형에 대한 존중이 강조된다. 그리고 이러한 존중은 가족이 자신과 타인의 인지적 발달 유형을 받아들이는 법을 배우는 것을 도와준다. 생활주기 과제를 훈습함에 있어서 지지의 필요성을 이해하고 받아들이는 것은 가족이 DCT를 통해 얻을 수 있는 삶의 문제의 재방향을 위해 가장 긍정적이고 도움이 된다.

요약

개인과 가족 내담자들이 생활주기 변화와 전환기에 기초한 상담/치료에 있어서 많은 이슈들을 나타낼 수 있도록 해라.

가족 생활주기는 일생동안 부부가 직면할 많은 발달적 전환을 위한 틀을 제공한다. 자신의 인생 여정 시작 중에 아이의 탄생은 부부에게 독특한 발달적 전환과 함께 새로운 인성을 가져온다. 가족 생활주기에서 하나 또는 그 이상의 아이들과의 상호교차는 모두에게 직면한 많은 전환적 문제를 복잡하게 만든다.

대안적 가족 조직의 형태와 다문화적 이슈는 우리가 가족 생활주기를 검토할 때 중점적으로 고려해야 한다.

아이를 가진, 혹은 아이를 갖지 않은 한 부모 가족, 이혼, 동성 커플 그리고 많은 다른 형태의 가족이 존재한다. 이들 각각은 그 자신만의 독특성에 민감함을 요구한다.

전 생애이론은 중요한 방법 면에서 가족 생활주기 이론과 많은 것이 교차한다.

가족 생활주기와 그것의 전환은 많은 문제를 가져오는 것이 분명하고, 개인의 전 생애에 대한 교차점은 이슈를 매우 복잡하게 한다. 당신에게 찾아오는 어떤 개인이나 가족에 대해 다차원적 관점을 취할 수 있어야 한다.

DCT 질문 절차와 전략은 가족 상담/치료에서 효과적이다.

가족 중재에 대한 3단계 모델이 소개되었다—동참하기; 인지적, 행동적 중재; 변화, 분리, 종결을 통합하기.

가족과 동참하는데 있어 당신의 과제는 애착이슈이다. 그것은 가족 안의 실질적 구성원이 되고 성공적인 분리와 종결을 통해서 완성된다.

도전.

부부나 가족에 대한 당신의 첫 세션은 그것 자체가 충분한 도전이 되는 것이다. 또 다른 수준의 경각과 전문성이 개인과 작업할 때 이상으로 당신에게 요구될 것이다. 또한 이러한 도전은 일생을 통해 일어나는 가족 생활주기의 복잡성과 개인의 차이점들을 포함한다.

연구문제.

가족 구성원들이 제시하는 이슈에 대한 평가는 가족 상담에서 필수적인 첫 단계이다. 본 장에서, 가족 구성원들의 인지적 유형들을 다르게 하는 것에 대한 평가의 중요성이 강조되었다. 상담사가 가족 과정에서 인지적 유형을 식별할 수 있고 DCT 평가가 있을 때와 없을 때에 가족들에게 주는 영향력의 차이를 평가하는데 도움을 주는 연구 프로젝트를 설계하고 수행하라. 개인 가족구성원들의 인지적/정서적 유형이 전체 가족의 일반적인 인지적/정서적 유형과 마찬가지로 잘 알려져 있을 때, 가족중재가 얼마나 쉬워지는가?

이론의 적용 : 상담역량의 확장 능력 개발

자기-평가 연습

연습 1. 원가족의 인지적/정서적 유형을 규명하기

가족구성원들은 다양한 인지적-발달적 유형을 보여준다. 원가족에 대해 생각해라. 각 개인들에 대한 이 개념들의 상호역할을 보기 위해 가족의 상호작용을 조사해라. 각 가족 구성원들을 위해, 긍정적인 상호작용과 기억을 회상하라. 어떤 인지적/정서적 유형이 이 상호작용에서 당신과 다른 가족 구성원들에게 명백한가? 이는 가족 구성원들과 관련해서 당신자신의 유형에 대해 무엇을 말해주는가?

____

____

____

____

연습 2. 인지적/정서적 유형에 기초한 가족 상호작용 패턴을 규명하기

아마도 당신이 형식적-조작적 개인이면 구체적인 유형을 사용하는 가족구성원과 다투어 왔을 것이다. 각 가족구성원을 위해, 당신이 의사소통이 이루어지지 않았다고 느꼈거나 당신, 또는 둘 다 좌절하고 화가 났다고 느꼈을 때를 회상하여라.

어떤 인지적/정서적 유형이 이 상호작용에서 당신과 다른 가족 구성원들에게 우세한가? 이는 가족 구성원들과 관련된 당신의 패턴에 대해 무엇을 말해주는가?

____

____

다문화 능력을 위한 연습

연습 3. 가족 의사소통에서 문화적 차이점 조사하기

가족 의사소통에서 있을 수 있는 문화적 차이점에 대해 생각해보고 글로 작성해 보는 시간을 잠깐 가져보라. 소수인종 집단 구성원들에게 원 가족에서 그들의 의사소통 패턴에 대해 면담해라. 차이점이 있는가? 이 차이점은 무엇인가?

실습 연습 면담하기

연습 4. 가족의 인지적/정서적 유형과 의사소통 패턴을 조사하기 위해 다른 사람 면담하기

동료 가족 의사소통의 패턴에 대해 그들을 면담해라. 가족구성원간 의사소통의 특정한 예를 물어보라. 특정한 상호작용에서 각 가족구성원들에 대한 인지적/정서적 유형을 규명하라. 특정한 가족구성원과 연관된 식별 가능한 패턴이 있는가? 어떤 가족들은 인지적/정서적 유형에서 개인차가 있음에도 불구하고 우세하게 한 가지 유형으로 작동하는 것을 알게 될 것이다.

연습 5. 역할연기-가족상담 실습 세션에서 내담자와 상담사의 발달 유형

앞의 연습에 대한 확장은 역할연기 가족상담 과정에서 행하여 질 수 있다. 경험에 의하면 이 경우에 집단은 여섯 명이 잘 작동한다는 것을 보여준다. 수많은 개성의 복잡성이 주어진 상황에서, 녹음 또는 녹화의 사용은 매우 유용하다. 항상 당신의 클래스나 워크숍이 만들어질 때처럼 일반적인 윤리지침을 따르라.

가족 실습의 첫 단계로서, 가족이 역할연기 하는 동안 세션에 참가한 클래스나 워크숍의 나머지는 이 과정을 보는 것이 유용하다. 대략 한 시간 정도가 가족 세션의 소개와 발달에 쓰일 것이다. 시작 전에, 〈표 7-3〉의 용지를 복사해놓아라. 이 과정 동안 메모하는 것은 세션이 끝났을 때 이 용지를 완성하는데 도움이 될 것이다.

1단계: 여섯 명의 의욕적인 지원자를 선택해라.

이들 중 두 명은 공동 치료사가 될 것이고 다른 네 명은 가족이 될 것이다. 이 클래스 혹은 워크숍의 나머지 구성원들은 전체과정을 관찰하고 나중에 이 과정을 반영하는 진행 자문자가 될 것이다.

〈표 7-3〉 가족 발달을 위한 피드백 용지

당신이 개인의 인지적/정서적 유형의 요약을 완성한 후, 세션을 검토하라. 그리고 아래에 우세한 전반적 가족 유형과 특별한 이슈(예를 들면, 가족은 주로 형식적인데 한 명의 구성원은 매우 구체적이어서 다른 이들과 동조가 되지 않는 것 등)에 대한 언급을 기입하라.

____

____

아래에 이름과 각 가족 구성원들이 말한 내용의 요점을 기입하고 그것을 분류하라.

1. 구성원이 말한 내용의 요점____________________
   분류: SM C F D/S
2. 구성원이 말한 내용의 요점____________________
   분류: SM C F D/S
3. 구성원이 말한 내용의 요점____________________
   분류: SM C F D/S
4. 구성원이 말한 내용의 요점____________________
   분류: SM C F D/S
5. 구성원이 말한 내용의 요점____________________
   분류: SM C F D/S
6. 구성원이 말한 내용의 요점____________________
   분류: SM C F D/S
7. 구성원이 말한 내용의 요점____________________
   분류: SM C F D/S
8. 구성원이 말한 내용의 요점____________________
   분류: SM C F D/S
9. 구성원이 말한 내용의 요점____________________
   분류: SM C F D/S
10. 구성원이 말한 내용의 요점____________________
    분류: SM C F D/S
11. 구성원이 말한 내용의 요점____________________
    분류: SM C F D/S

12. 구성원이 말한 내용의 요점________________________________
분류: SM C F D/S

13. 구성원이 말한 내용의 요점________________________________
분류: SM C F D/S

14. 구성원이 말한 내용의 요점________________________________
분류: SM C F D/S

15. 구성원이 말한 내용의 요점________________________________
분류: SM C F D/S

16. 구성원이 말한 내용의 요점________________________________
분류: SM C F D/S

2단계: 워크숍 리더는 리더십 역할을 가정하도록 하라

과정의 복잡성 때문에, 이 워크숍 리더는 리더역할을 가정해야만 하고 집단이 실습 과정의 구체적 단계를 밟고 있는지 확인해야 한다.

3단계: 실습 세션을 위해 역할 정하기

역할분담 가족 : 이 첫 과정을 위해, '전형적인' 가족이 사용된다(다시 말해, 첫 결혼인 아버지, 어머니, 딸 그리고 아들로 구성된 가족). 나중에 다른 가족패턴 즉 혼합된, 한 부모 가족 그리고 동성애 가족과 같은 것들이 사용될 수 있다.

면담자 : 가족은 협동적이고 주제에 대해 자유롭게 말하며 면담자에게 곤란한 시간을 주지 않을 것이다. 하지만 실습과정에서 어려운 문제와 가족을 선택하는 것이 중요하다. 유용한 첫 주제는 가족 투쟁이나 가출한 10대이다.

면담자들 : 두 명의 상담사/치료사가 협동할 수 있다.

워크숍/클래스 관찰자 : 세션에 참여하는 모든 남아있는 각 개인은 가족 주위에 둘러 앉는다.

4단계: 세션 계획하기

가족 구성원들은 방을 떠나 그들의 역할과 그들이 발표하기 원하는 문제를 정의한다(문제의 본성은 치료사들을 놀라게 하는 것). 가족은 가족 세션에 오게 된 문제나 이유를 정의한다.

두 치료사는 그들의 관계를 명료히 한다. 이 세션을 시작하는 한 가지 방법은 대화를 통해 가족과 비형식적으로 "동참"하는 것이다. 어떤 치료사는 즉시 시작하려 할 수도 있다. 이 세션을 시작하는 효과적인 방법은 치료사들이, 만약 누가 "왜 당신은 여기 있지요?"라는 질문에 답할 수 있다면, 이 가족 구성원들에게 원형 질문하기 형식을 사용하는 것이다. 이같은 질문은 각 가족 구성원 모두에게 주어진다. 문제에 대한 각 가족 구성원들의 지각을 끌어내라. 이 방법에서, 가족 치료사들은 같은 문제에 대한 다른 관점에 대해 배울 것이다.

각 가족 구성원이 말한 후에, 하나 또는 두 치료사 모두가 전체로서 가족을 요약할 것이다. 가족들은 문제를 한사람에게 책임지울 것이나 치료사는 종종 가족 상호작용의 문제로서 개인문제를 재구성/재해석 할 것이다: "제인에게 일어나는 일은 개인의 문제가 아니라 우리가 조사하려 하는 가족의 문제이다."

두 치료사의 과제는 단순히 문제에 대한 네 가지 다른(혹은 비슷한) 해석을 이끌어 내는 것이다. 질문하기, 듣기, 그리고 요약하기 기술들을 사용하는 것이 도움이 되나, 충고하기와 해석하기는 피한다: 가족이 보이는 그 자체로서 보도록 노력하라.

가족 관찰자들은 다음의 몇 가지 역할을 가진다: (1) 그들 모두는 참가자 혹은 관찰자이다; 치료사들은 중간과정에서 면담을 중단하고 관찰자들에게 도움과 제안을 요구하는 데에 자유로워야 한다. (2) 네 명의 관찰자가 가족의 다양한 구성원들에게 할당되어야 한다. 그들의 임무는 한 가족구성원의 인지적/정서적 유형을 규명하는 것이다. 또한 두 관찰자가 치료사들을 지켜보고 그들의 질문의 유형을 평가하는 것을 담당한다. 집단의 나머지들은 전체 가족의 인지적/정서적 유형을 기록한다.

5단계: 면담하기(5-10분간)

치료사들과 가족이 약 5~10분간 문제에 대한 다양한 지각에 대해 말하고 있는 동안에 관찰자들은 각각의 진술을 분류한다. 실습과정을 녹화 혹은 녹음을 하는 것이 도움이 된다.

가족의 역동성은 종종 가장 효과적인 치료를 하는 치료사들조차 혼동시킨다. 그러므로 치료사들은 세션의 중도에 잠시 중단하고 외부 관찰자들의 반응과 제안을 위해 그들에게 질문하는 것에 자유로워야 한다. 가족치료 전문가들은 이 훈련과정과 '팀 반영하기'(전문가들이 한 방향 거울을 통한 가족과정을 보고, 전화로 치료사들에게 특별한 제안을 함) 개념과의 유사성에 주목한다.

6단계: 즉시적인 피드백 제공, 노트 완성하기(5분간)

이것은 매우 구조화된 세션이며 종종 개인적인 '진행'과 세션의 토론을 위한 즉각적인 필요가 존재한다. 특히 치료사들이 가족들에게 "이 실습과정에서 무엇이 당신에게 크게 다가오는가요?"라고 묻는 것이 도움이 될 것이다. 이 실습에서 실제 개인의 반응을 제공하는 얼마간의 시간을 허락하라.

이 시간에 관찰자들은 뒤에 앉아서 참가자들이 스스로 통제할 수 있게 해야 한다. 당신의 분류와 노트를 완성하라.

7단계: 실습 세션의 검토, 피드백 제공하기(15분간)

피드백을 제공할 때, 치료사들과 가족이 책임감 있게 피드백을 받는 것을 허용하라. 이 점에서 관찰자는 그들의 관찰을 나눌 수 있다. 피드백은 특징적이고, 구체적이며 비 판단적이어야 하고, 면담의 강점에 주어져야 한다.

일반화 : 가족 발달 개념 적용

연습 6. 일상에서 가족의 인지적/정서적 유형 조사하기

다음 주 동안, 당신의 가족과의 상호작용에 집중적 주의를 기울여라. 이 가족 안에서 둘 사이에 효과적이고 비효과적인 의사소통시에 어떤 인지적/정서적 유형이 명백한 것인가?

포트폴리오 반영

연습 7. 반영

본 장에서 무엇이 당신에게 크게 다가오는가? 가족문제에 대한 이 연습에 대해 얼마나 납득하였나? 본 장에서 당신이 기억하기를 원하는 핵심 포인트는 무엇인가? 당신의 생각을 아래 빈 칸과 포트폴리오 폴더에 기록해라.

____

____

____

참고문헌

Bowen, M. (1990). *Family therapy in clinical practice.* New York: Jason Aronson. (Original work published 1985)

Carlson, J., & Kejos, D. (2002). *Theories and methods of family therapy.* Boston: Allyn & Bacon.

Carter, B., & McGoldrick, M. (1999). *The expanded family life cycle: Individual, family, and social perspectives* (3rd ed.). Boston: Allyn & Bacon.

Combrinck-Graham, L. (1985). A developmental model for family systems. *Family Process,* 24, 139-150.

DcFranck-Lynch. (1986). *Therapie familiale structurale.* Paris: Les Educations ESF.

Gladding, S. (2002). *Family therapy: History, theory, and Practice* (3rd ed.). Upper Saddle River, NJ:Merrill-Prentice Hall.

Haley, J. (1987). *Problem solving therapy* (2nd ed). San Francisco: Jossey-Bass.

Haley, J. (1991). *Problem solving therapy.* San Francisco: Jossey-Bass.

Haley, J. (1996). *Learning and teaching therapy.* New York: Guilford.

McGoldrick, M., Gerson, R., & Shellenberger, S. (1999). *Genograms: Assessment and intervention.* New York: Norton.

McGoldrick, M., Giordano, J., & Pearce, J. (1996). *Ethnicity and family therapy.* New York: Guilford.

Minuchin, S. (1998). *Family healing.* New York: Free Press.

Minuchin, S., & Fishman, H. (1981). *Family therapy technique.* Cambridge, MA: Harvard University Press.

Myers, J. E., & Schwiebert, V. (1999). Grandparents and stepgrandparents: Challenges in counseling the extended blended family. *Journal og Adult Development and Aging,* 1(1), 50-60.

Nichols, M. P., & Schwartz, R. C. (2001a). *The essentials of family therapy.* Boston: Allyn & Bacon.

Nichols, M. P., & Schwartz, R. C. (2001b). *Family therapy: Concepts and methods* (5tg ed.). Boston: Allyn & Bacon.

Rigazio-DiGilio, S. (2002). Family counseling and therapy: Theoretical foundations and issues of practice. In A. Ivey, M. D'Andrea, M. Ivey, & L. Simek-Morgan (Eds.), *Counseling and psychotherapy: A multicultural perspective.* Boston: Allyn & Bacon.

Rigazio-DiGilio, S., Ivey, A., Kunkler, K., & O'Grady, L. (2004). *The community genogram.* New York: Teachers College Press.

Satir, V. (1967). *Conjoint family therapy.* Palo Alto, CA: Science and Behavior Books.

Satir, V., Dengo, M., & Peck, J. (2001). *Self-esteem. Berkeley,* CA: Celestial Atrs.

부록 1
자아성찰 발달 상담 질문

타마세(Tamase)의 자아성찰 발달 상담(Introspective Developmental Counseling : IDC)은 네 개의 발달 시기에 초점을 둔다(탄생에서 학령전기, 초등학교시기, 중 · 고등학교 시기, 근접과거와 현재). 첫 세 시기가 강조되는 이유는 이 시기가 삶의 경험의 기초를 이루기 때문이다. 이러한 인생 검토가 상담사 자신과 내담자의 과거를 보다 잘 이해하는데 유용할 것이다.

타마세는 상담사가 되려는 사람은 자신의 발달 배경을 잘 살펴보아야 한다고 하였다. 그는 상담 훈련을 받는 사람들을 둘씩 짝지워 4회에 걸쳐 면담을 하도록 한다. 이 경험을 통해 자신의 발달사의 일부분이 자신의 현재 삶에서 반복되는 패턴으로 나타난다는 것을 이해하게 된다. 내담자들도 IDC를 통해 많은 것을 얻을 수 있다.

시작하기 전 질문을 미리 내담자에게 제시하는 것도 유용한데 이는 내담자와 신뢰감을 쌓도록 도와주고 질문들을 체계적으로 진행할 수 있도록 한다. 만약 내담자가 질문을 이해하는데 어려움을 경험하면 내담자에 맞게 변형해서 제시한다. 각 질문의 목적은 제시된 시기에 대한 일반적인 정보를 탐색하기 위한 것이다. 그렇기 때문에 질문을 바꾸는 것이 때로는 유익하다. 또 격려, 바꾸어 말하기, 감정의 반영과 같은 기본적 경청 기술도 질문과정 중 유용하다.

IDC 질문과 DCT 인지적/정서적 유형을 면담시 함께 사용하면 내담자가 더 깊게 자아 인식을 할 수 있다. 일반적으로 삶의 한 단계에 대한 구체적인 이야기로 시작하며 그 후에는 초기 회상에 대한 이미지에 초점을 맞추게 된다. 이를 통해 그 이전에는 깊게 탐색하지 않았던 초기 회상과 같은 경험을 다룰 수 있게 된다.

타이밍(timing) : 각 시기마다 약 한 시간을 할애한다. 한 세션에 한 시기를 다루는 것이 이상적이다. 좀더 빨리 할 수도 있겠지만 그렇게 하면 깊이를 잃게 된다.

일지쓰기 : IDC를 이용하는 또 한 가지 방법은 일지를 통해서이다. 매일 한 두 시간씩 질문에 대해 생각하고 쓰도록 한다. 이때, 본인의 경험과 감정에 초점을 둔다. 그

런 후 동료나 상담사와 만나서 이 경험을 나누도록 한다. 또 내담자들에게 IDC 질문들을 숙제로 제시할 수 있다. 이러한 경험을 통해 자신 삶의 경험에 대해 새로운 의미를 찾을 수 있을 것이다.

첫 세션 : 탄생에서 학령전기까지

1. 가족에 대해 말씀해 주시기 바랍니다. 학교에 입학하기 전 누구와 가장 친했나요?
   이 시기에 당신의 가족에게 일어난 중요한 사건이 있었나요?
2. 당신이 태어날 때 어떠했는지 부모님이나 가족에게서 들은 것이 있나요?
3. 당신이 기억하는 가장 오래된 일은 무엇인가요?
4. 유치원에 들어가기 전 가장 인상적인 일은 무엇인가요?
5. 유치원에 다니면서 당신의 어머니를 가장 힘들게 한 행동은 무엇이었나요?
6. 유치원 시기에 부모님에 대해 어떤 느낌을 가지고 있었나요?
7. 이 시기에 형제들과 갈등이 있었나요?
8. 이 시기에 당신을 매우 기쁘게 만들었거나 두렵게 만든 사건이 있었나요?
9. 이 시기에 가장 긍정적인 단일한 사건이 있었나요(또는 이 시기에 당신에게 일어난 가장 좋은 일은 무엇입니까?)? 이에 대해 이미지(심상)를 떠 올릴 수 있나요?
10. 이 시기의 행동 패턴 중 현재까지도 지속되는 것이 있나요?

두 번째 세션 : 초등학교 시기

1. 이 시기 당신의 가족에게 어떤 중요한 사건이 있었나요?
2. 어떤 선생님이 떠오르나요? 그 분은 어떤 분이셨나요?
3. 일학년 때 일어난 일 중 한 가지를 구체적으로 말해줄 수 있나요?
4. 2, 3, 4, 5 또는 6학년 때 일어난 일에 대해 말해줄 수 있나요?
5. 이 시기에 어떤 친구들을 사귀었나요?
6. 이 시기에 가장 기억에 남는 것은 무엇인가요?
7. 이 시기에 당신에게 매우 못되게 행동했거나 당신이 못되게 대한 친구가 있었나요?
8. 학업 성취는 어떠했나요?
9. 형제들과는 어떻게 지냈나요? 형제가 없었다면 형제처럼 지낸 사람이 있었나요?

10. 이 시기에 가장 좋았던 경험은 무엇이었나요?
11. 이 시기에 형성된 행동 중 지금까지 지속되는 것이 있나요?

세 번째 세션 : 중·고등학교 시기

1. 이 시기 당신의 가족에게 어떤 중요한 사건이 있었나요?
2. 이 시기 친구관계는 어땠나요?
3. 이성과의 관계는 어땠나요?
4. 부모님과의 관계는 어땠나요? 가족과의 관계는?
5. 형제들과의 관계는 어땠나요? 형제가 없었다면 형제 같은 사람이 있었나요?
6. 부모님에게 반항적인 행동을 한 적이 있나요?
7. 학교 성적은 어땠나요?
8. 고등학교 2학년과 3학년 때 가장 인상적이었던 일은 무엇인가요?
9. 이 시기에 당신의 삶에서 가장 영향이 컸던 인물은 누구인가요?
10. 시간을 어떻게 보내기를 좋아했나요?
11. 이 시기에 가장 인상 깊었던 긍정적인 사건은 무엇인가요? 이에 대해 어떤 이미지가 남나요?
12. 이 시기에 형성된 패턴 중 현재까지도 지속되는 것이 있나요?

네 번째 세션 : 근접과거와 현재 상황(근래 상황)

1. 고등학교 졸업 이후, 당신에게 많은 영향을 준 가족 또는 개인적 사건이 있나요?
2. 고등학교 졸업 이후, 가족과의 관계는 어땠나요?
3. 현재 당신에게 가장 의미 있는 관계는 누구이며(배우자, 사랑하는 사람 등) 그들은 어떤가요?
4. 현재 인간관계에 어려움이 있다면?
5. 고등학교 졸업 이후 어떤 사건들이 있었나요?
6. 고등학교 졸업 이후, 무엇이 가장 인상 깊은 사건인가요?
7. 지금 당신의 커리어, 또는 직업에 대해 어떻게 생각하나요?
8. 직업에서 어떤 어려움을 겪고 있나요?
9. 자신을 즐겁게 하기 위해 무엇을 하나요?
10. 아래 문장을 완성해 보기 바랍니다.

"나는 내 삶에서 일어난 일 중에서 ______에 대해 가장 실망스럽다."

11. 이 시기에 가장 긍정적인 사건은 무엇입니까? 이 사건에 대한 이미지가 있다면?
12. 자신의 삶을 회고해 볼 때 어떤 패턴이 있다고 보나요?

부록 2
표준 인지적/정서적 발달 분류 체계

Allen E. Ivey and Sandra A. Rigazio-DiGilio

본 부록에서 제시된 분류(구분)체계는 내담자의 유형을 정확하게 그리고 신뢰 있게 평가하는데 유용한 것으로 나타났다. 평가할 때 초기와 후기 유형을 분류한다. 예를 들어 초기 감각 운동적 유형의 내담자는 감정을 경험할 수는 있으나 그 의미를 이해하거나 신체에 배치하지 못하지만 후기 감각 운동적 유형의 내담자는 자신의 감정을 신체에 배치하고 그 의미를 인식할 수 있다. 초기 구체적-조작 유형은 감정의 명명과 선형적 이야기 전개에 초점을 두는 것에 비교하여 후기 구체적-조작 유형은 인지와 정서에 있어서 만일/그러면의 인과적인 관계를 보게 된다. 초기 형식적-조작 유형은 패턴 인식에 초점을 두지만 후기 형식적-조작 유형은 반복되는 패턴을 보고 그 패턴의 의미를 인식하게 된다. 이러한 표준 체계를 통해 DCT의 다양하고 깊은 차원을 연구하고 관찰할 수 있게 된다.

당신의 목적은 면담 장면에서 내담자의 인지적/정서적 유형을 평가하는 것이다. 일단 네 유형 중 한 개의 유형으로 평가 한 후, 내담자에 맞춘 유형을 적용하거나, 내담자의 이해를 확장시키기 위해 유형과 상이한 유형을 적용하게 된다. 이때 경청기술과 질문능력이 내담자가 자신이 익숙한 유형에서 다른 유형으로 확장하는데 도움이 된다. 예를 들어 구체적 내담자가 자신의 이야기를 할 때 "만약 그런 행동을 하면 그 결과 어떤 일이 일어나지요?" 식의 질문으로 내담자가 자신을 객관적으로 볼 수 있도록 도울 수 있다.

일반적 지침

다음 표준은 내담자와의 면담내용을 당신이 분류할 수 있도록 만들어졌다. 한 유형만 보이는 내담자는 거의 없지만 우세한 유형을 평가할 수 있도록 구성되어 있다. 많은 내용을 토대로 평가하는 경우 더 효과적일 수 있지만 한 문장만으로도 신뢰로운 평가가 가능할 수 있다.

초기 평가

기본적 목적

내담자의 첫 50-100 단어를 듣고 네 개의 유형 중 한 가지로 분류한다.

면담부분(Segments) 분류

기본적 목적

내담자와의 8면담 부분들을 8개의 유형으로 분류한다.

감각 운동적/기초적 차원

초기 감각 운동적/기초적 유형(핵심어 : 보다, 듣다, 느끼다)

내담자는 자신의 경험에 대해 감각적 경험을 무작위로 이야기 한다.

정서

- 내담자는 감각적 경험과 감정을 거의 구분하지 않는다.
- 내담자는 감각적 자극과 정서에 의해 움직인다.

인지

- 내담자는 자신의 감각적 경험을 하나의 전체적 경험(조직화된 게슈탈트)으로 연결할 수 있는 능력을 매우 미약하게 보인다.

후기 감각 운동적/기초적 유형(핵심어 : 신념)

내담자는 비논리적이고 불완전한 감각 정보에 근거하여 현실을 구성한다. 후기 감각 운동적은 감정의 명명기이다. 임상장면에서 내담자들을 대상으로 의미 지향적 질문을 제시하였을 때 거의 모든 내담자들이 질문에 대해 답할 수 있었으나 매우 비논리적이었다. 그러나 많은 사람들은 후기 감각 운동적 질문에 대해 논리적 구체성, 또는 형식적 진술을 근거로 하여 답한다. 자세히 질문을 하면 이 단계 내담자들의 논리적 오류를 이끌어 낼 수 있으나 이것이 항상 가능한 것은 아니다.

정서

- 내담자의 정서는 감각 운동적이며 반응적이다.
- 내담자는 자신의 감정에 대해 행동화할 수 없다.

인지

- 내담자들은 비논리적이고 환상적인 재해석을 제공하며 이러한 신념에 근거하여 효과적인 행동을 취할 수 없다.

구체적–조작적/상황적 차원

초기 구체적–조작적/상황적 유형(핵심어: 행동하다)

내담자는 상황이나 문제를 단일한 자기 관점에서 구체적 사항들을 조직적이고 순차적으로 설명한다. 설명의 초점이 약간의 감정이 가미된 사실에 초점을 둔다.

정서

- 내담자는 감정을 단일한 관점에서 단순하게 기술한다.
- 내담자는 감정을 외적으로 표현한다.

인지

- 내담자는 자신의 입장에서 상황의 구체적인 세부사항을 기술하는데 초점을 두지만 분석이나 평가에는 관심이 없다.

후기 구체적–조작적/상황적 유형 (핵심어: 만일/그러면)

내담자는 상황이나 문제를 만일/그러면의 선형적 방식으로 구조화하여 인과적 요인에 접근하게 된다. 내담자는 행동을 설명하고, 통제하며 사건 전, 후의 사건을 생각할 수도 있다. 초점은 사실과 행동에 맞추어져 있으나 분석, 평가하거나 패턴에 대한 인식은 하지 않는다. 논리와 가역성(reversibility)을 보일 수도 있다.

정서

- 내담자는 자신의 감정을 획일적으로 폭넓게 외적으로 묘사하고 통제할 수 있다.
- 내담자가 혼합된 느낌을 인식하는 것은 매우 드물다.

인지

- 내담자는 선형적 만일/그러면의 사고와 단일한 관점으로부터 인과관계의 예측 가능성을 강조하는 것을 보인다.
- 내담자는 행동과 행동의 영향력을 묘사하고 통제할 수 있다.
- 내담자는 구체적 상황 또는 이슈에 논리와 가역성을 적용할 수 있다.
- 내담자는 사고와 행동을 분리할 수 있다.

형식적-조작적/패턴 차원

초기 형식적-조작적/패턴 유형(핵심어: 패턴, 자기)

내담자는 감각 경험 묘사로부터 상황 또는 이슈에 대한 사실을 검증하고 분석하는 또는 자기를 검증하고 분석하는 쪽으로 향한다. 내담자는 여러 유사한 상황과 이슈와 관련된 반복적인 행동, 생각 및 정서를 확인할 수 있다.

정서

- 내담자는 감정의 복잡성에 대한 인식을 보여주고 감정에서 자아를 분리하고 그것을 반영할 수 있다.

인지

- 내담자는 상황에 걸쳐 일어나는 자신의 생각, 행동 및 정서의 반복하는 패턴을 기술한다.
- 내담자는 자기와 상황에 대한 분석에 참여한다.

후기 형식적-조작적/패턴 유형(핵심어: 패턴의 패턴)

내담자는 자신이 상호 작용하는 배경과 자기의 유리한 입장에서 행동, 생각 및 감정에 대한 패턴의 패턴과 초기의 여러 관점을 분석할 수 있다. 내담자는 자기의 삶에서 행동, 생각 및 감정의 지속적으로 반복하는 패턴을 볼 수 있고 변화되는 테마 및 현실에 대한 견해에 관해 그가 어떻게 생각하고 느끼는지를 검증할 수 있다.

정서

- 내담자는 그의 감정의 패턴을 분석하는 능력을 보여준다.
- 내담자는 타인의 감정을 확인하고 공감하는 능력을 보여준다.
- 내담자는 감정이 다양한 방법으로 타당하게 표현될 수 있다는 인식을 보여준다.

인지

- 내담자는 자기와 상황의 패턴을 검증하는 능력을 보여준다.
- 내담자는 다양한 상황 또는 이슈를 추상적으로 조직하고 분석하는 능력을 보여준다.
- 내담자는 새로운 패턴들을 발견, 조합하고, 다양한 상황을 비교, 대조하고 그리고 이것을 게슈탈트(Gestalt)로 만든다.

변증법적/체계적/변형적/통합적 차원

초기 변증법적/체계적/변형적/통합적 유형(핵심어: 통합하다, 함께 모으다)

내담자의 사고와 행동을 함께 볼 수 있는 통합적인 시각을 가지고 있다. 또, 개인의 현실이 자신의 가족과의 관계에서 형성되었다는 것을 인식한다. 내담자는 전반적인 체계와 각 체계가 어떻게 작동하는지 반영할 수 있다. 다양한 시각들을 인식하고 여러 관점에서 상황을 볼 수 있다. 또 다양한 시각의 근간이 되는 가정을 이끌어 낼 수 있다.

정서

- 내담자는 감정이 맥락에 따라 변화할 수 있다는 것을 인식한다. 예를 들어 "나는 부인이 죽었을 때 슬펐지만 그녀가 겪어야 했던 아픔을 생각해본다면 더 이상 고통스러워하지 않아도 된다는 생각에 위안을 느낍니다. 이 모든 것에 대한 불공평함을 생각하면 화가 납니다."
- 내담자는 새로운 상황에 자신이 변화하고 적응할 수 있다는 것을 인식한다.

인지

- 내담자는 개념들을 조직하고 보다 큰 전체적인 그림을 볼 수 있다.

- 내담자는 지속적으로 변화하는 현실이 가족, 역사, 문화와 개인 간의 변증법적 관계에서 형성된다는 것을 인식한다.

후기 변증법적/체계적/변형적/탈구성적 유형(핵심어: 통합에 대한 도전, 행동)

내담자는 자신의 통합적 체계를 도전하고 비평하며 대안적 관점을 발견하는 능력을 보인다. 이 대안적 관점에 근거해 행동으로 향하는 생각을 할 수 있다. 여기서 가정을 비평하고 도전하는 것은 중요하다. 이상적으로는, 행동 계획이 이 분석 뒤에 있어야 한다.

정서

- 내담자는 자신의 감정 전체를 돌아볼 수 있으며 자신의 반영을 다시 재 반영할 수 있다.

인지

- 내담자는 자신의 가정과 통합들을 주지화하고 도전할 수 있다.
- 내담자는 자신의 논리에 대해 다양한 관계적 조망에서 보고 이에 대한 문제를 찾아낼 수 있다.
- 내담자는 자신의 행동을 자신이 획득한 새로운 관점에서 생각할 수 있다.

부록 3
표준 인지적/정서적 발달 면담

Allen E. Ivey, Mary Bradford Ivey,
and Sandra A. Rigazio-DiGilio

일반적 지침

DCT에 대한 숙달과 이해를 위한 가장 유용하고 강력한 방법 중의 하나는 지원 내담자와 다음의 면담을 통해 작업하는 것이다. 공동 구성의 분위기에서 일할 수 있도록, 계획과 구체적 질문을 내담자와 함께 미리 나누는 것이 좋다. 표준 인지적/정서적 발달 면담(Standard Cognitive/Emotional Developmental Interview)의 의미 있는 완성을 위해 한 시간 또는 그 이상의 시간이 걸릴 것을 감안하라.

표준화를 보장하기 위하여, 면담자는 아래의 형식(예를 들어, 질문의 순서와 내용)을 고수해야 한다. 형식적 구조의 개조는 다양한 아동 및 성인 내담자에게 유용한 것으로 입증되었다. 우리의 임상적 경험으로는 체계적으로 1~2 시간 이러한 틀을 거쳐 가는 것이 그 자체로서 치료적이다. 이것은 내담자가 자신들과 그들의 이슈에 관해 생각하는 새로운 방법을 학습하고, 변화에 대해 더 많은 대안을 보기 때문이다. 이 세션을 탐색에 대한 기초로 사용하라. 당신이 경험과 숙달을 얻을 때, 형태를 더 잘 개조할 수 있다; 하지만, 심지어 가장 숙련된 전문가도 다음과 같은 제안을 통하여 신중하게 작업함으로써 내담자가 자신을 더욱 충분히 이해하는 것을 도와줄 수 있다.

여기서 면담은 내담자의 인지와 정서에 초점을 두려 하고, 면담자는 내담자를 다른 유형으로 이동시키는 자극을 제공한다. 면담자의 자유재량으로 사용될 수 있는 표준 면담에서의 유일한 기법은 아래에 개요된 구체적 질문 또는 미세한 기술적 기초적 경청 순서에서 끌어낸 것들이다. 이 기법은 참여, 질문, 격려, 바꾸어 말하기, 감정과 의미를 반영하기, 요약하기 등을 포함한다. 이 기법의 의도는 내담자의 데이터를 도출하고 명료함을 확실하게 하는 것이다.

면담자는 때때로 새로운 아이디어에 대해 참조하거나 질문 순서와 목적을 상기하기 위해서, 표준 면담 질문을 책상에 놓거나 또는 무릎에 올려놓는 것이 필요하다. 면담의 각 부분은 특정 목적을 가지고 있는데, 그 목적은 먼저 각 부분에 요약되었고 그 다음 각각의 인지적/정서적 유형을 위한 기준 면에서 구체적으로 규명되었다. 구체적 내담자는 그들이 몇 가지 특정한 예를 반복하게 하는 것이 도움이 되는데, 이것은 먼저 그들의 삶에서 후기 구체적 인과관계의 이슈를 학습하고 그 다음 패턴을 규명하는데 도움이 된다. 형식적-조작적 내담자는 매우 빠르게 이동하기 때문에, 그들이 감각운동적, 구체적 유형 안에서 자신들 이슈를 경험하도록, 그들을 늦출 필요가 있다. 이것이 성공적으로 이뤄질 때, 비논리적(부분적) 형식적 반응에서 더욱 포괄적인, 정확한 반응으로 향하는 것을 도와줄 수 있다.

내담자가 이전 세션의 특정 기준을 충족시킬 수 있을 때까지 면담의 다음 부분을 계속하지 말라. 어떤 내담자들에게는, 아래의 제시된 질문이 효과적일 것이고 배경 기준은 쉽게 충족될 수 있다. 그러나 어떤 특별한 내담자들에게는 새로운 질문을 그들에게 맞도록 개조하는 것이 필요하다.

첫 서너 번, 이 면담이나 그것의 개조물을 사용할 때, 책상 또는 무릎에 질문 세트를 놓으라. 만일 이것이 연구 상황이 아니라면, 당신은 내담자와 질문을 공유할 수 있다. 만일 내담자가 당신이 어떤 형태의 초점을 찾고 있는지를 안다면, 그들은 흥미와 열의를 갖고 참여하게 될 것이다. 목표의 공유는 진행, 면담자 및 내담자에게 유익할 수 있다.

표준 인지적/정서적 면담에 대해 선택된 초기 질문은 내담자가 자신과 가족 둘 다에 초점을 두게 허용하는 것이다. 단지 개인, 특정 토픽 또는 가족에만 초점을 두는 것도 가능하다. 그러나 이 질문의 이중 초점이 선호되는데, 그 이유는 1:1상담/치료에 있는 그들의 이슈가 가족 배경에서 어떻게 일어나는가에 대해 학습하는데 도움이 되기 때문이다. 개인과 가족 내용을 통합하는, 이러한 유형의 질문이 내담자가 새로운 방법으로 그들 자신을 살펴보는 것을 도와주는데 특히 효과적이다. 새로운 통찰력으로 무장된 후, 내담자는 종종 구체적 행동변화에 더욱 관심이 있게 된다.

아래의 면담 질문과 순서는 당신이 각각의 8개 유형을 통하여 내담자와 작업하게 한다. 면담에서 각 유형에 대한 인식을 증진하기 위하여 부록 2를 검토하는 것이 유용하다. 이 패러다임은 유형을 평가하는 것 외에 각 유형의 의미를 더욱 충분히 탐색하게 해준다. 또한 어떤 질문은 치료에 유용할 수 있다. 예를 들어, 변증법적 생각의 초기 양상을 경험할 수 있는 내담자는 패턴과 패턴의 반복 뒤에 내재해 있는 규칙을 규명할 수 있지만, 규칙의 기원과 의미는 해체할 수 없다. 초기, 후기 변증법적 일련의 질문 사용을 통해, 내담자는 후기 변증법적 과정을 경험하는 도움을 받을 수 있다. 후기 구체적 장애가 있는 내담자는 사건의 순서를 당신에게 말할 수 있지만(초기 구체적), 이러한 사건이 실생활 상황에서 어떻게 나타나는가를 설명하기 위해 만일/그러면 생각으로 움직일 수 없다. 당신의 치료 계획에서 후기 구체적 질문을 통하여, 내담자는 형식적-조작적 생각을 향한 이동을 가능케 할 만일/그러면 추론을 경험하기 시작할 수 있을 것이다.

IDC(부록 1)처럼, 이러한 질문과 일련의 질문은 내담자에게 그들의 특정 이슈와 관련 있는 과제로 줄 수 있다. 일지작성 과정은 각 유형에서의 탐색을 더욱 더 촉진 할 것이고, 내담자가 부분적 발달 장애(초기 또는 후기)를 가질 수 있는 그러한 유형에서 충분한 기능을 촉진하기 위한 중재의 기초를 제공할 것이다.

내담자에게의 소개

면담 목적

내담자를 동참시키고 편안함과 협력을 확실히 하기.

면담자 과제

면담의 매개변수를 분명히 하고 면담을 시작하기.

면담자 진술

표준 면담은 임상 연구 목적으로 사용될 수 있다. 연구에 사용될 때, 특정 지침을 엄격하게 고수한다. 상담/치료 과정으로서 사용될 때, 면담은 내담자 또는 가족의 특별한 필요(욕구)에 따라 유연하게 개조될 수 있다. 표준 면담은 필요시에 한 세션 이상 연장될 수 있다.

연구 목적으로 면담 사용시:

이 면담은 완성하는데 약 45~90분이 걸릴 것이다. 면담을 녹음하는 동시에 기록할 것이며 연구팀이 그것을 검토하기 전에 모든 이름은 삭제될 것이다. 그러므로 비밀은

보장된다.

내담자는 기관 또는 지역 등에 이에 대한 지원 동의서에 서명해야 한다.

가족-관련 이슈에 대한 오프닝 발표

면담 목적

- 내담자가 조직한 대로(면담자로부터 최소한의 간섭을 받으면서), 가족 이슈 및 핵심 사실과 감정에 대한 광범위한 그림을 획득하기
- 각 내담자가 사용하는 우세한 인지적/정서적 유형을 평가하기

면담자 과제

- 아래의 면담자 진술에 의해, 3-5개 문장 또는 약 50-100개 단어를 획득하기
- 가족 이슈에 대한 내담자의 발표를 듣고 이것을 다음 단계를 위한 기초로 사용하기

면담자 진술

당신이 가족에게 초점을 둘 때 당신에게 일어나는 것에 관해 가능한 많이 말했으면 한다.

내담자가 50-100개 단어를 제공했을 때, 명료함을 확실히 하기 위해 말했던 것을 요약하라.

초기 감각 운동적/기초적 이슈(핵심어: 보다, 듣다, 느끼다)

면담 목적

- 내담자가 가족 이슈에 대한 시각적, 청각적 및 감각 운동적 묘사를 어떻게 조직하는지에 대한 이해를 획득하기.
- 내담자가 당신이 이해한다는 것을 확실히 하기.

면담자 과제

아래의 소개 진술을 한 후, 내담자의 무작위한 발표를 수용하면서, 선택된 이슈에 대한 내담자의 감각적 현실의 마무리를 돕기 위하여 아래의 감각 카테고리에서 적어도 한 가지 질문을 사용하기

- 이러한 요소들이 기억되어질 때, 그 특정 요소 이상으로(beyond) 내담자를 이동시키지 않기
- 내담자의 자기-인식적 참조(reference)틀에 초점을 두기
- 이해 또는 해석이 아니라, 지금-여기서 경험하는 것을 목표로 삼기

유형 기준

내담자는 문제 요소의 상황, 자신, 이슈에 관해 비교적 무작위 방식으로 말해야 한다. 면담자는 내담자가 보고, 듣고, 느끼는 것에 관해 말할 때 감각에 기초한 데이터의 단편과 조각을 받을 수 있다. 특히 몸에서 감정을 찾는 것은 중요한 기준이다.

면담자 진술

소개 진술

당신은 (제시된 가족 이슈를) 언급하였다. 이 면담 도중에, 당신에게 이것에 관한 몇 가지 질문을 하려고 한다. 가능한 당신이 잘 반응하기를 바란다. 내가 당신에게 하는 질문에 당신이 직접 반응하려고 노력하는 것이 중요하다. 우선, 당신이(가족 이슈)에 초점을 둘 때, 당신에게 발생하는 시각적 이미지들을 발견하기 바란다.

감각적 진술

1. 시각적 인식
   a. 무엇을 보고 있는가?
   b. 그것이 발생했던 장면을 상세히 기술하라.
2. 청각적 인식
   a. 무엇을 듣고 있는가?
   b. 사람들은 어떻게 소리를 내고 있는가?
   c. 소리를 상세히 기술하라.
3. 운동 감각적 인식

a. 이 순간에 당신의 몸에서 무엇을 느끼고 있는가?
b. 기분이 어떠한가?
c. 이것이 일어나고 있을 때 무엇을 느끼고 있는가?

4. 미각, 후각적 지각–필요시
   a. 어떤 미각적 감각이 발생하는가?
   b. 어떤 냄새 또는 향기가 거기에 있는가?

요약 진술

내담자의 중요한 단어와 구를 사용하여, 내담자의 핵심 지각을 요약한다.

후기 감각 운동적/기초적 이슈(핵심어: 신념)

면담 목적

- 내담자가 기초적 이슈를 어떻게 이해하는가에 대한 이해를 획득하기: 토론된 요소 데이터에 대한 내담자의 해석 또는 내담자가 면담에 가져오는 참조 틀.

면담자 과제

- 아래의 해석 질문에 의한 예(example)에 대하여 내담자가 자신의 해석을 토론하도록 격려하기.
- 사실에 대한 진술 또는 토론을 그 이상 경험하지 않게 하기.
- 내담자의 해석에 도전하지 않기.
- 의미 형성에 있어서 비합리를 찾기.

유형 기준

내담자는 감각에 기초한 데이터로부터 의미를 형성하는 참조 틀, 또는 현실에 대한 견해를 제공해야 한다. 이 단계에서, 해석은 불완전 또는 비합리적일 수 있다.

면담자 진술

- 필요시, 내담자 진술을 바꾸어 말한다.

• 핵심어와 구를 사용하여, 내담자가 자신의 특정 예에 접근하도록 도와준다.

해석 질문

1. 당신은 이 모든 것을 어떻게 이해하는가?
2. 이 모든 것에 관해 무엇을 생각하는가?
3. 이 모든 것을 어떻게 설명하는가?
4. 이 모든 것을 어떻게 종합하는가?
5. 이 모든 것은 당신에게 어떠한 의미가 있는가?
6. 이 모든 것으로부터 어떤 것이 당신에게 두드러지는가?

명료함을 확실히 하기 위하여 내담자의 반응을 요약한다.

초기 구체적-조작적/상황적 이슈(핵심어: 행동하다)

면담 목적

• 내담자의 이슈와 관련 있는 구체적, 특정 사실을 획득하기(주요한 강조는 기술과 사실에 있고 감정에 제한적인 강조를 두고 평가 또는 분석을 강조하지 않는다).

면담자 과제

• 내담자가 상황을 어떻게 경험하고 해석하는가에 대한 아이디어들을 획득한 후, 사실에 주요한 강조를 두면서, 선형적, 순차적 형태로 상황에 대한 구체적 세부 사항을 요약하고 논의하는 것을 도와주기.
• 아래 기재된 모든 행동 추적 질문 중 어떤 것 또는 모든 것을 사용하여 내담자를 지원하기.
• 가능한 구체적 형태로 발생했던 특정한 일에 대한 논의를 장려하기.
• 그 이상의 해석 또는 주관적/평가적 언어화를 하지 않게 하기.

유형 기준

내담자는 다소의 기본적 감정을 가지고, 선형적, 비교적 조직된 순서로 사건을 기술해야 한다. 내담자는 이 단계에서 문제에 대한 단일 시각을 제공할 수 있다.

면담자 진술

소개 진술

나는 당신이…에 관해 어떻게 생각하고 느끼는지에 대해 알고 있다고 생각한다(가족 이슈, 이전 2개의 부분에서 나온 데이터를 바꾸어 말하기 또는 요약하기). *지금 나는 이러한 이미지, 생각 및 감정이 당신에게 어디에서 발생하는 지의 예에 대한 아이디어를 얻는 것이 도움이 된다. 내게 모든 사실을 말해주기 바란다*(어떤 비 연구의 임상적 상황에서 새로운 예를 요구하는 것은 바람직할 수 있다.).

행동 추적 질문

1. *일어났던 것을 구체적으로 말해 줄 수 있는가?(예가 이미 제시되었을 때)*
2. *내게 특정한 예를 말해 줄 수 있는가?(예가 제시되지 않았을 때)*

다음 3가지 질문은 매우 구체적 세부사항을 얻기 위해 자주 활용된다. 만일 내담자가 후기 구체적-조작적 원인과 결과의 생각을 검증하거나 또는 구체적 사건에 내재되어있는 반복적 패턴을 발견하려 할 때 서너 번의 동일한 상황의 반복 플러스 평행 상황의 반복은 필수적이다. 구체적 기반이 확립되지 않으면, 추상적 생각은 어렵게 된다. 매우 형식적, 변증법적/체계적 내담자는 구체적 사건에 대한 이러한 신중한 열거에서 이익을 얻을 수 있다. 그들은 종종, 이러한 유형의 검토 후에, 구체적 사건에 대한 그들의 추상적 개념과 해석이 자신들이 생각했던 것보다 훨씬 제한적이었다는 것을 발견한다.

3. *당신은 그때 무엇을 말했는가(했는가)?*
4. *그 다음에, 무엇이 발생했는가?*
5. 상대방은 뭐라고 말했는가?
6. 내게 또 다른 특정 예를 줄 수 있나?

위의 마지막 질문은 초기 구체적이지는 않지만, 어떤 사람에게는 유사점을 보기 시작하도록 돕는다. 이 질문은 장기간의 통합을 돕는다.

후기 구체적-조작적/상황적 이슈(핵심어: 만일/그러면)

면담 목적

- 대개 인과관계 이슈가 되는 만일/그러면 특성으로, 논의 중인 상황을 설명하는 서로 만족스런 시스템에 도달하기.
- 내담자가 제공하는 상황 또는 예의 발생 전과 후에 일어난 것을 끌어내기.

면담자 과제

해석하지 않게 하면서, 선행(antecedent)과 결과(consequent) 조건을 찾기(강조는 평가 또는 분석이 아니라 묘사에 있다. 아래의 질문은 내담자가 상황 전과 후에 일어났던 것을 검토하는 것을 도와주기 위한 것이다).

유형 기준

내담자는 이전의 부분을 선형적으로 만일/그러면 진술로 조직할 수 있고, 행동을 통제하고 묘사할 수 있으며 선행과 결과 면에서 생각할 수 있다. 논리와 가역성은 명백하고 내담자는 행동과 행동의 영향력에 대해 생각할 수 있다.

면담자 진술

선행/결과 질문

1. *이 모든 것이 발생하기 바로 전에 무엇이 발생했는가?*
2. *그 후에 무엇이 발생했는가?*
3. *결과는 무엇이었나?*
4. *그래서 만일 당신이 ________을 한다면, 그러면 무엇이 발생하는가?*
5. *당신이 묘사한*(이전의 진술을 바꾸어 말하거나 또는 요약할 때) *모든 사실을 고려해 보면, 무엇이 무엇을 야기하거나 유발한다고 생각하는가?*
6. *또 다른 예를 제공할 수 있는가?*(이 질문은 내담자가 반복하는 패턴을 보기 시작하는 것을 도와줄 수 있다.)

초기 형식적-조작적/패턴 이슈(핵심어: 패턴, 자기)

면담 목적

- 기술한 것으로부터 상황과 자신에 대한 사실의 검증, 분석으로 이동하기.
- 주요한 예와 유사한 것으로 인식되는 상황에서 내담자의 반복적인 행동, 생각 및 정서의 확인과 검증을 촉진하기.

면담자 과제

내담자가 주요한 예와 유사한 상황에서 발생하는 행동, 생각 및 정서의 반복하는 패턴에 관해 확인하고 생각하는 능력을 입증할 때까지, 약간의 질문을 하여 내담자를 감각 경험에서 벗어나서 추상적 생각 쪽으로 움직이도록 하기.

유형 기준

내담자는 동일한 감각 운동적 요소와 구체적-조작적 이슈가 발생하는 평행 상황을 제공할 수 있어야 한다. 내담자는 관련된 예를 가지고 상황과 자기를 논의할 수 있다.

면담자 진술

- 내담자의 주요한 구성체, 핵심어 및 구절을 사용하여 이전에 기술된 선형적, 순차적 형식을 바꾸어 말하고, 요약한다.
- 내담자가 패턴의 예를 제공할 때까지 아래의 몇 가지 질문을 하여, 상황에 대한 검증쪽으로 움직인다.

1. 당신이 가족과 함께 있을 때 이러한 동일한 사건과 감정 세트가 발생하는 다른 상황이 있는가?
2. 이러한 유형의 일이 당신의 가족 내에서 많이 발생하는가? 그것이 패턴인가?
3. 이러한 유형의 일은 많이 일어나는가?
4. 또 다른 특정의 예를 줄 수 있는가?

마지막 질문은 패턴을 확인하는 것이 어렵다는 사람들을 도와준다. 면담자의 목적은 매우 구체적 상황으로 돌아가서, 2개, 3개 또는 4개의 구체적 상황을 상세하게 검증하고 그 다음에, 후기 구체적-조작적 원인/결과에 대해 작업하는 것이다. 아동을 포함하여, 심지어 매우 구체적 내담자도 종종 반복하는 패턴을 볼 수 있다.

내담자가 그의 반복하는 행동, 생각 및 정서 패턴을 해석하는 능력을 보여줄 때까지, 아래의 질문 몇 가지를 함으로써 자기에 대한 검증으로 움직인다.

1. *그것이 발생할 때 스스로에게 무엇을 말하고 있는가?*
2. *그러한 가족 상황에서 자신에 관해 어떻게 생각하는 가(바라보는가)?*
3. *당신은 다른 가족 상황에서 그와 같이 느꼈는가(생각, 행동했는가)?*
4. *당신은 그러한 특별한 행동(생각, 해석)을 반복하는 경향이 있는 것 같다. 예를 들어(바꾸어 말한다).*
   a. *이러한 당신의 경향에 관해 어떻게 생각하는가?*
   b. *이러한 행동(생각) 패턴이 무엇을 의미하는가?*
   c. *이러한 행동(생각) 패턴은 어떠한 기능을 하는가?*

후기 형식적-조작적/패턴 이슈(핵심어: 패턴의 패턴)

면담 목적

- 내담자가 그의 생활에서 더욱 폭넓게, 지속적으로 반복하는 패턴을 확인하고 검증하는 것을 도와주기.
- 내담자가 상호작용하는 배경과 자신의 유리한 점에서 이러한 패턴을 분석하기.

면담자 과제

내담자가 유사점과 차이점을 설명하는 다 시각에서, 자신과 타인의 반복적인 패턴의 생각, 행동 및 활동, 유사한 상황을 확인하고 검증하는 것을 도와주기.

이것은 내담자가 유사점, 차이점 및 복잡한 점을 인식하는 능력을 입증할 때까지 아래의 질문 중 몇 가지를 함으로써 달성될 것이다.

유형 기준

이 단계에서, 내담자는 패턴을 검증할 수 있다. 상황적으로, 내담자는 다양한 상황을 비교하고 대조하며 이것을 게슈탈트로 통합할 수 있으며, 상황에 대한 다양한 시각과 기본적인 통일을 얻을 수 있는 초기의 능력을 나타낼 것이다. 자기와 관련하여, 내담자는 자기에서 패턴을 검증하고 혼합된, 복잡한 감정을 인식할 수 있을 것이다.

면담자 진술

1. *당신은 방금 당신이(그리고 타인들이) 같은 방식으로 행동하는(느끼는, 생각하는) 둘 또는 그 이상을 나와 함께 나누었다(바꾸어 말하거나 요약한다). 또한 당신에게 이 모든 것들이 무슨 의미인지 나하고 나누어 왔다(바꾸어 말하거나 요약한다).*
   a. *어떤 방식으로 이러한 패턴이 연결된 것을 보는가?*
   b. *2가지 이슈를 종합할 때, 그것들을 어떻게 종합할 것인가?*
2. *나는 당신이_______와 가졌던(일어날 수 있는) 행동, 생각의 패턴과 당신이 __________와 가졌던(일어날 수 있는)행동, 생각의 패턴을 본다.*
   a. *이러한 패턴이 어떻게 연관되어 있다고 생각하는가?*
   b. *이러한 예들은 심지어 더 큰 패턴에게 말을 하고 있는가?*
   c. *이러한 예와 연관된 감정은 무엇인가?*
   d. *이 예들이 말하고 있는 것은 무엇이라 생각하는가?*
   e. *이것들은 무엇이 유사한가?*
   f. *각각의 상황에 반응하는 당신의 방식은 어떻게 유사하다고 생각하는가?*

변증법적/체계적/통합적 이슈(핵심어: 통합, 종합)

면담 목적

- 현실에 대한 개인적 구성은 관계 네트워크를 통해 공동-생산된다는 인식으로 향하도록 내담자를 도와주기(여기서의 예는 가족에 초점을 두지만, 인종, 성, 기타 다문화 체계적 이슈로 강조를 바꿀 수 있다.).
- 내담자가 공유해온 것을 통합하는 방법에 대한 기초적인 조직적 요약을 획득하기.
- 내담자가 몇 가지 시각에서 이러한 통합을 인식하는 것을 도와주기.

면담자 과제

내담자가 이러한 관계 네트워크의 영향력을 확인하고 면담 전반부의 반 동안 내내 공유해온 지식을 통합하는 것을 도와주는 아래 목록의 질문을 하기

유형 기준

내담자는 공유한 것에 대한 통합적 그림을 생산해야하고 이것을 몇 개의 시각에서 바라볼 수 있어야 한다. 그 시각 중 몇 가지는 공동-구성되어진 것으로써 현실에 대한 아이디어를 포함한다.

면담자 진술

초기와 후기 형식적 유형 작업에서 얻은 정보를 요약한 후 통합과 공동-구성에 관련된 질문을 한다.

1. 통합
   a. 당신의 가족, 자신 상황에 관해 말했던 것을 고려해 보면(핵심어와 구를 사용하여 요약한다), 당신은 이러한 모든 생각을 총체적으로 어떻게 이해할 것인가?
   b. 당신은 여기서 어떤 의미를 얻는가?
   c. 이 세션에서 무엇이 두드러지는가?
   d. 당신은 이 경험을 어떻게 종합적으로 다루는가?
2. 공동-구성
   a. 우리는 당신이 가족과 함께 할 때 반복하는 생각, 감정 및 행동의 패턴을 결정할 수 있었던 것 같다. 당신은 이러한 패턴이 원 가족, 이전의 가족 환경, 지금 당신의 가족 등에서 어떻게 발달했다고 생각하는가?
   b. 또한 당신이 생각하고 행동하는 방법에 기여하는 가족의 다른 상황이 있는가?
   c. 어떤 다른 상황이 당신이 생각하고 행동하는 방법을 형성하는 것을 도와주는가?
   d. 사람들은 당신의 가족에서 이러한 생각과 행동 방식을 어떻게 학습했는가?

e. 어떤 규칙 하에 당신은 작동하고 있는가?
f. 이러한 생각과 행동 방식이 당신에게 어떻게 발생했다고 추측하는가?
g. 이러한 생각과 행동 방식이 가족에서 어떻게 발생했다고 추측하는가?

변증법적/체계적/탈 구성/변형적 이슈 (핵심어: 통합에 대한 도전, 행동)

면담 목적

- 모든 가정과 규칙은 도전받을 수 있으며 다수의 유리한 점이 있다고 인식되더라도 그것들에게서 결점이 발견될 수 있다는 의식이 발달되도록 돕기.
- 내담자의 인식에 도전하기.
- 내담자가 대안 시각의 발달에 기초하여 행동쪽으로 향하도록 돕기.

면담자 과제

- 내담자가 몇 가지 유리한 점에서 자신의 통합을 보는 것을 도와주기.
- 내담자 견해의 매개변수와 결점을 발견하고 도전하기(이것은 도전 진술의 첫 세트에서 나온 몇 가지 질문을 함으로써 이뤄질 수 있다.).
- 내담자가 자신의 통합을 다시 생각하고 새로운, 대안 시각을 발견하는 것을 도와주기(이것은 대안 진술 세트에서 나온 몇 가지 질문을 함으로써 이뤄질 수 있다.).
- 내담자가 자신의 상황적, 자기, 또는 신념 시스템 검증에 기초하여 행동쪽으로 움직이도록 도와주기(이것은 행동 진술 세트에서 나온 몇 가지 질문을 함으로써 이뤄질 수 있다.).

유형 기준

내담자는 자신의 통합 시스템을 비평, 도전하며, 대안 시각을 발견할 수 있을 것이다. 내담자는 이러한 대안 시각에 기초하여 행동쪽으로 움직일 수 있을 것이다.

면담자 진술

소개 진술

이전의 부분에서 얻은 정보를 바꾸어 말하거나 또는 요약한다.

우리는 당신의 초기 예(바꾸어 말하고 요약한다)는 전형적인 패턴이고, 이 패턴과 그것에 관한 당신의 생각은 원 가족(이전 가족, 현 가족) 내에서 행동과 생각의 규칙으로 발전해왔다는 것을 보았다.

도전 질문

1. *이러한 규칙들에서 결점을 확인하는 것이 가능한지 궁금하다—생각과 행동에 대한 이러한 규칙들이 타당 또는 적당하지 않은 것, 또는 당신은 어떻게 필요로 하는 것을 얻지 못하고 있는가?*
2. *모두가 학습했던 이것에서 어떤 결점을 볼 수 있는가?*
3. *위의 진술, 당신의 추론에서 어떤 결점을 볼 수 있는가? 만일 당신의 통합을 비평한다면, 주요한 이슈는 무엇이 될까?*

대안 질문

1. *당신이 학습했던 이러한 규칙 또는 이러한 상황을 살펴보는 기타 방법이 있는가?*
2. *만일 이러한 규칙에 추가하거나 또는 바꿀 수 있다면, 어떻게 할 것인가?*
3. *무엇이 이것에 대한 또 다른 관점이 될 수 있는가?*
4. *또 다른 가족 멤버는 당신의 상황을 어떻게 기술할 것인가?*

행동 질문

1. *당신이 그와 같이 느끼고 있을 때, 그것에 관해 어떤 것을 하는가(할 수 있는가)?*
2. *이 모든 가능성의 복잡성을 고려해 볼 때, 당신은 이 모든 것에도 불구하고 어떤 약속을 따를 것인가?*
3. *당신은 그것에 관해 어떤 것을 할 것인가?*
4. *당신은 이러한 새로운 인식에 기초하여 어떠한 조치를 취할 것인가?*
5. *어떤 한 가지가 당신에게 두드러지고, 그것에 관해 무엇을 할 것인가?*

면담에 대한 요약 진술

당신과 가족과의 이러한 토론 방식이 어떤 새로운 생각을 제공했기를 희망한다. 기쁘게 참여하여 준 것을 고맙게 여긴다. 면담이 끝난 지금, 우리의 세션에 관해 나에게 하고 싶은 질문이 있는가?

부록 4
실습 평가 면담

단일 진술에 대한 평가는 평가자들 간의 동의를 얻는 것이 가장 어려운 것으로 입증되었지만, 우리는 여전히 이 과제를 훌륭한 훈련 방법으로 사용한다. 당신이 단일 진술을 가지고 숙련되었을 때, 내담자, 환자, 상담사/치료사의 진술들의 집단들에 대한 평가를 객관적으로 다룰 준비가 된다. 당신의 첫 평가에 대해 75% 동의를 얻는 것은 전형적이다. 실습으로, 당신은 90% 동의를 달성할 수 있고 면담의 더 긴 진술을 더 잘 해낼 수 있을 것이다.

면담

다음과 같이 상담사와 내담자 진술을 평가한다(4-카테고리 평가 시스템).

1= 감각 운동적(SM)/기초적
2= 구체적-조작적(CO)/상황적
3= 형식적-조작적(FO)/패턴
4= 변증법적/체계적(D/S)/변형적/통합적

위의 것을 한 후에, 아래의 8점 척도(scale)를 사용하여 다시 진술을 평가한다. 이것은 평가자 간의 동의를 증가시킬 것이다. 많은 내담자는 주로 구체적, 형식적 단계에서 이야기 한다. 따라서 단지 2개의 카테고리만 있는 것은 평가자 간의 동의를 위험에 처하게 할 수 있다(8-카테고리 평가 시스템).

1= 초기 감각 운동적
2= 후기 감각 운동적

3= 초기 구체적
4= 후기 구체적
5= 초기 형식적
6= 후기 형식적
7= 초기 변증법적/체계적
8= 후기 변증법적/체계적

다음은 실습 목적으로 쓴 가설 면담이다.

1. 상담자: 그 다음 당신은 무엇을 했나요?
2. 내담자: 선생님께 소리쳐 말대꾸를 했습니다.
3. 상담자: 느낌이 어땠나요?
4. 내담자: 두려웠습니다.
5. 상담자: 잠시 이부분에서 멈추어 마음속에 그 선생님에 대한 분명한 이미지를 떠올릴 수 있나요(멈춤)?
   선생님이 말을 했을 때 무엇을 봅니까?
6. 내담자: 그녀의 화난 얼굴을 봅니다. 그녀는 정말로 일그러져 있습니다.
7. 상담자: 지금 이 순간 당신의 몸에서 무엇을 느끼고 있나요?
8. 내담자: 화가 납니다. 격노합니다.
9. 상담자: 다른 상황에서도 그런 식으로 느낍니까?
10. 내담자: 그와 같이 느끼는 또 다른 자리는 엄마가 내게 소리칠 때입니다.
11. 상담자: 엄마가 당신에게 소리칠 때, 또한 화를 느낍니까?
12. 내담자: 예. 만일 엄마가 야단치면, 정말로 미칩니다.
13. 상담자: 당신과 엄마는 그러한 방식의 상호작용을 종종 가지나요?
14. 내담자: 예. 항상 입니다. 전혀 사이좋게 지내지 못합니다.
15. 상담자: 당신과 선생님, 당신과 엄마 사이의 상호작용에 관해 무엇이 비슷합니까?
16. 내담자: 글쎄요. 둘 다 불공평하게 야단칩니다. 그들은 항상 내게 무엇을 하라고 말합니다. 나는 내게 무엇을 하라고 말하는 사람이 싫습니다.
17. 상담자: 그러한 상황에서 당신은 어떻습니까? 당신의 반응 패턴은 무엇입니

까?

18. 내담자: 나는 뒤로 물러섭니다. 강요당할 때 과잉 반응하는 경향이 있다는 것을 알고 있습니다. 내가 그렇게 할 때 나 자신에 관해 기분이 나쁩니다.
19. 상담자: 당신이 그렇게 할 때 스스로에 관해 기분이 나쁘다고요?
20. 내담자: 예. 그것은 내게 있어서 패턴입니다. 나는 먼저 격노하고 화가 나고 그 다음에 죄책감과 일종의 우울, 그리고 심지어 혼란을 느낍니다.
21. 상담자: 혼란이라고요(이전 내담자의 단계에서 내담자 말에 대한 장려하는 진술들과 내담자 언어들의 재진술들을 평가하거나 또는 평가하지 말 것)?
22. 내담자: 그것은 내가 되고 싶어하는 내가 아니라는 점에서 혼란이죠. 나는 매우 오랫동안 그와 같이 되는 것을 바꾸려고 노력해왔어요.
23. 상담자: 좀 더 말해 주세요.
24. 내담자: 글쎄요. 제 가족에게 있어서, 갈등을 해결하는 방법은 소리치는 겁니다. 결코 그러한 방법을 좋아한 적이 없으며, 나는 항상 꽁무니를 뺐습니다. 가족 규칙은 입 다물고 그것을 받아들이는 것입니다. 내가 매우 많이 죄책감을 느끼는 것이 조금은 이상하군요.
25. 상담자: 당신이 매우 죄책감을 느끼는 것이 정말로 필요한 것인지 궁금해 하고 있군요.
26. 내담자: 예. 그런 식으로 느끼는 것은 말이 안 됩니다. 내가 죄책감을 느낄 필요가 없는 많은 이유를 볼 수 있습니다. 나는 잘못 생각해 왔다고 생각합니다.
27. 상담자: 그래서 당신은 그 규칙에도 도전하고 싶군요. 규칙에서 어떤 결점을 봅니까?
28. 내담자: 그 규칙은 결점으로 가득 차 있습니다. 그것은 사람들을 다치게 하고 나를 다치게 합니다. 나는 새롭고, 더욱 유연한 규칙을 찾을 필요가 있습니다. 내 가족과 문화에서, 그러한 권위적인 규칙은 한때 타당성이 있었습니다. 지금은 그렇지 않습니다.
29. 상담자: 그래서 당신이 알고 있는 지금, 그것에 관해 무엇을 할 예정입니까?
30. 내담자: 그것에 대해 작업을 하고 싶습니다. 먼저 나의 선생님께 말해야 한다고 생각합니다.

31. 상담자: 역할 연기를 합시다. 제가 당신의 선생님이 되겠습니다. 그것을 연습 해 봅시다.

평가 및 논의

기재된 첫 숫자는 4-카테고리 평가 시스템이고, 두 번째는 8-카테고리 평가 시스템이다.

2,3 1. 상담자: 그 다음 당신은 무엇을 했나요?

2,3 2. 내담자: 선생님께 소리쳐 말대꾸를 했습니다.

2,3 3. 상담자: 느낌이 어땠나요?

2,3 4. 내담자: 두려웠습니다(이것을 후기 운동 감각적으로 평가하려는 유혹이 생긴다.).

1,1 5. 상담자: 잠시 이 부분에서 멈추어 마음속에 그 선생님에 대한 분명한 이미지를 떠올릴 수 있나요(멈춤)?
선생님이 말을 했을 때 무엇을 봅니까(이것은 행동에 초점을 두고 있다는 점에서 구체적 리드(lead)이지만, 의도는 내담자를 SM 논의를 하게 하는 것이다.)?

1,1 6. 내담자: 그녀의 화난 얼굴을 봅니다. 그녀는 정말로 일그러져 있습니다.

1,1 7. 상담자: 지금 이 순간 당신의 몸에서 무엇을 느끼고 있나요?

1,1 8. 내담자: 화가 납니다. 격노합니다(단일한, 비교적 정시를 나타내고 있다).

3,5 9. 상담자: 다른 상황에서도 그런 식으로 느낍니까(이것은 FO인데, 이유는 내담자가 패턴에 대한 생각을 하도록 하기 때문이다.)?

3,5 10. 내담자: 그와 같이 느끼는 또 다른 자리는 엄마가 내게 소리칠 때입니다(이것은 단지 또 다른 한 상황만이 규명되기 때문에 평가하기가 쉽지는 않다. 이것을 2, 4라고 할 수도 있다.).

2,4 11. 상담자: 엄마가 당신에게 소리칠 때, 또한 화를 느낍니까?

2,4 12. 내담자: 예. 만일 엄마가 야단치면, 정말로 미칩니다(이것은 분명한 만일/그러면 진술이다.).

3,5 13. 상담자: 당신과 엄마는 그러한 방식의 상호작용을 종종 가지나요?(종종의 사용은 후기 CO를 나타내지만, 추상어 상호작용

(interaction)은 그것을 FO로 만든다. 여기서의 강조는 패턴에 있다.)

3,5 14. 내담자: 예. 항상입니다. 전혀 사이좋게 지내지 못합니다(이것은 과잉일반화이지만, 패턴 단계에 있다. 이것은 FO 전조작(preoperational) 진술의 예가 될 수 있다.).

3,6 15. 상담자: 당신과 선생님, 당신과 엄마 사이의 상호작용에 관해 무엇이 비슷합니까?

2,4 16. 내담자: 글쎄요. 둘 다 불공평하게 야단칩니다. 그들은 항상 내게 무엇을 하라고 말합니다. 나는 내게 무엇을 하라고 말하는 사람이 싫습니다(이 진술의 마지막 부분은 확실히 CO이다; 혼합된 진술에서, 더 낮은 가능성에서 분류하라. 이것은 다소 어려운 평가일 수 있는 좋은 예이다. 내담자는 분석하는 능력면에서 상당히 잘 반응하고 있다. 첫 문장은 2이다(후기 감각 운동적-분명히 과잉일반화가 있다); 둘째, 셋째 문장 모두 초기 구체적이다.

3,5 17. 상담자: 그러한 상황에서 당신은 어떻습니까? 당신의 반응 패턴은 무엇입니까?

3,6 18. 내담자: 나는 뒤로 물러섭니다. 강요당할 때 과잉 반응하는 경향이 있다는 것을 알고 있습니다. 내가 그렇게 할 때 나 자신에 관해 기분이 나쁩(bad)니다(내담자는 지금 자신을 분석하고 있다. 단어 나쁜은(bad) 정말로 구체적이지만 단어 과잉반응은 형식적이다. 내담자는 단지 자신을 분석하는 것이 아니라, 자신의 패턴을 분명하게 분석하고 있다.).

3,5 19. 상담자: 당신이 그렇게 할 때 스스로에 관해 기분이 나쁘다고요?

3,6 20. 내담자: 예. 그것은 내게 있어서 패턴입니다. 나는 먼저 격노하고 화가 나고 그 다음에 죄책감과 일종의 우울, 그리고 심지어 혼란을 느낍니다.

3,6 21. 상담자: 혼란이라고요?

3,6 22. 내담자: 그것은 내가 되고 싶어하는 내가 아니라는 점에서 혼란이죠. 나는 매우 오랫동안 그와 같이 되는 것을 바꾸려고 노력해왔어요.

3,6 23. 상담자: 좀 더 말해 주세요(번호 21과 똑같은 논평).

4,7 24. 내담자: 글쎄요. 제 가족에게 있어서, 갈등을 해결하는 방법은 소리치는 겁니다. 결코 그러한 방법을 좋아한 적이 없으며, 나는 항상 꽁무니를 뺐습니다. 가족 규칙은 입 다물고 그것을 받아들이는 것입니다. 내가 많이 죄책감을 느끼는 것이 조금 이상해요(설명과 규칙에 대한 탐색은 통합의 시도이다. 배경의 논의는 매우 변증법적이다.).

4,7 25. 상담자: 당신이 많이 죄책감을 느끼는 것이 정말로 필요한 것인지 궁금해 하고 있군요(이 진술은 자기-분석에 초점을 두지만, 시스템 작동이 보인다-여기서 내담자는 죄책감을 둘러싸고 있는 감정 시스템을 바라보는 자신을 바라보고 있다.).

4,7 26. 내담자: 예, 그런 식으로 느끼는 것은 말이 안 됩니다. 내가 죄책감을 느낄 필요가 없는 많은 이유를 볼 수 있습니다. 나는 잘못 생각해 왔다고 생각합니다(여기서 내담자는 개인의 과거의 가정에 분명하게 도전하고(challenge), 체계적으로 작동하고 있다.).

4,8 27. 상담자: 그래서 당신은 그 규칙에도 도전하고 싶군요. 그 규칙에 어떠한 결점을 봅니까(상담자는 내담자가 통합을 제시하라고 도전한다; 이것은 변증법으로 고려된다. 이것은 내담자가 다른 단계에 있을지라도 많은 인지적-행동적 논리적 도전들이 이렇게 평가되는 것을 의미한다.)?

4,8 28. 내담자: 그 규칙은 결점으로 가득 차 있습니다. 그것은 사람들을 다치게 하고 나를 다치게 합니다. 나는 새롭고, 더욱 유연한 규칙을 찾을 필요가 있습니다. 내가족과 문화에서, 그러한 권위적인 규칙은 한때 타당성이 있었습니다. 지금은 그렇지 않습니다(복잡한 언어를 주목한다. 이 개인은 과거에 검증되었던 일들의 방식에 도전하고, 이는 매우 탈 구성(deconstruction)의 특징이다-자신의 추론(reasoning) 시스템에서의 결점에 도전하고 그것에 관해 뭔가를 하는 것을 시작하고 있다.).

2,3 29. 상담자: 그래서 당신이 알고 있는 지금, 그것에 관해 무엇을 할 예정입니까?(배경을 고려하면, 이것은 변증법적/체계적 진술이 될 수 있지만, 언어는 구체적 조작적이다. 대개 변증법적 단계에서 성

공적인 도전 이후, 새로운 이슈를 다루는 것으로 돌아간다.)

2,4 30. 내담자: 그것에 대해 작업을 하고 싶습니다. 먼저 나의 선생님께 말해야 한다고 생각합니다.

2,4 31. 상담자: 역할 연기를 합시다. 제가 당신의 선생님이 되겠습니다. 그것을 연습해 봅시다.

부록 5
당신이 선호하는 조력 유형은 무엇인가?

Allen E. Ivey

목적

이 도구는 당신의 개념적 유형, 관계에 관해 생각하는 방식 그리고 세계에서의 의미형성 방식을 검증하는 것을 도와주고자 설계되었다. 이것은 상담/치료 세션에서의 상호작용에 있어 선호하는 방법에 관해 다소 단서를 제공할 것이다. 또한 당신과 다르게 접근하는 사람들을 이해하는데 도움이 되며 또한 개인적 관계성에도 도움이 될 것이다.

지시

10개로 구성된 이 설문지에서, 당신에 대해 가장 많이 기술하는 것(1)에서 당신에 대해 가장 적게 기술하는 것(4)까지 4개의 응답을 등급 매긴다. 먼저 당신을 가장 대표하는 것을 1로 표시하고, 다음으로 가장 적게 대표하는 것을 4로, 그 사이의 중간으로 2와 3을 선택하여 표시한다. 선택을 할 때, 당신 자신과 당신을 상징하는 것에 초점을 둔다.

예

	I	II	III	IV
상담사/치료사로서 당신 자신에 관해 생각할 때, 당신이 선호하는 상담은? 1. 개별 상담 2. 커플 상담 3. 집단 상담 4. 가족 상담	c. 4	b. 2	a.3	d.1

당신의 응답에 관해 고민하기 보다는, 신속하게 설문지를 완성하라. 옳은 답은 없으며, 응답하기 위한 '최고의' 방법도 없다. 단지 즐겁게 당신 자신에 관해 다소 배우는 것이다.

당신을 가장 많이 기술하는 것으로부터 당신을 가장 적게 기술하는 것까지, 1-4로, a에서 d까지 평가한다.

	I	II	III	IV
1. 어떤 유형의 학습 상황을 선호하는가? a. 해야 할 것에 관해 분명한 지시가 있으면서, 조직된, 구조화된 b. 매우 관여하는(involving), 경험적인 c. 자신에게 개념을 적용할 수 있게 하고 자신을 더 잘 이해하는 것을 도와주는 d. 다양한 해석을 고려하는	b._____	a._____	c._____	d._____
2. 정서적으로 당신은 어떤 경향인가? a. 감정의 패턴을 살펴보는 것을 좋아하는 b. 특정 감정을 가지는데, 그 감정은 오랜 시간에 걸쳐 지속적으로 남는 c. 깊게, 즉시 느끼고, 몸에서 쉽게 느끼는 d. 관점에 따라 변화하는 혼합된 감정을 가지는	c._____	b._____	a._____	d._____
3. 어떤 유형의 상담 이론, 방법, 또는 기법을 선호하는가? a. Rogerian과 자기-발달에 초점을 두는 지향들 b. 게슈탈트 연습, 몸 인식, 마사지 c. 행동 분석, 현실 치료, RET의 논리적 분석, 주장 훈련 d. 가족시스템 작업, 다문화 강조, 전이이슈 검증	b._____	c._____	a._____	d._____
4. 집단 상담 세션에서, 당신은 어떤 경향인가? a. 참여하지만, 종종 뒤로 물러나서 집단의 상호작용 유형을 관찰하는 것을 좋아하는 b. 때때로 모든 것이 진행되는 것에 좌절하게 되고 특정 목적을 가진 구조화된 집단을 선호하는 c. 집단 작업을 좋아하는데, 이유는 그것이 나 자신과 타인을 더 잘 이해하는 것을 도와주기 때문 d. 정말로 그것에 들어가서 공유하는데, 이유는 지금, 여기서의 경험을 좋아하기 때문	d._____	b._____	c._____	a._____

	I	II	III	IV
5. 다음 중 어떤 것이 당신을 기술하는가? a. 구체적 b. 감각 지향적 c. 분석적 d. 자기-반영적	b._____	a._____	d._____	c._____
6. 사람들은 당신을_______로서 기술한다. a. 지적이고, 계획하는 것에 능숙하고, 신중하고, 몇 가지 관점에서 상황을 분석하는데 능숙한 b. 반응하는데 정서적이고 빠르고, 창조적이고 명랑하고, 지금-여기서 타인과 함께 할 수 있는 c. 자기-반영적이고 자신을 알고 있는 d. 정연하고, 조직된, 신뢰할 수 있는, 순차적인.	b._____	d._____	c._____	a._____
7. 1-2분 동안 중단하고, 원 가족을 상기한다. 다음중 어떤 것이 당신이 방금 했던 것을 가장 밀접하게 기술하는가? a. 가족 가계도와 세대 간의 역사가 나와 다른 가족구성원이 지금 존재하는 방식에 어떻게 영향을 주는 지를 생각했다. b. 가족 구성원을 시각화하였고 나의 몸에서 어떤 특정 감정을 주목하였다. c. 가족 내에서, 특히 나에게 영향을 주는 사람들의 상호작용의 패턴에 관해 생각하였다. d. 일어났던 것에 관해 생각하면서 특정 사건을 상기하였다.	b._____	d._____	c._____	a._____
8. 다문화 이슈에 관해 생각할 때, 다음 중 어떤 것이 당신의 생각과 감정을 가장 밀접하게 기술하는가? a. 사람들은 사람들이고, 그것이 우리가 기억해야 하는 가장 중심적인 양상이라고 믿는다. b. 차별과 그와 관련 이슈 때문에 어떤 분노감을 느낀다. c. 나 자신의 다문화 유산을 알게 되는 것이 도움이 되는 것임을 깨닫는다. d. 상기 특성의 모든 것이 나의 감정과 생각의 일부가 될 수 있다는 것을 깨닫는다. 나에게 일어나는 것은 배경에 따라 바뀌는 것 같다.	a._____	b._____	c._____	d._____

	I	II	III	IV
9. 작업 선택 시, 당신이 가장 선호하게 될 것은? a. 창조성과 자발성에 대한 상당한 기회, 그리고 나를 위해 세부사항과 구조 프로젝트를 돌보는 보스. b. 분석과 추론에 대한 나의 기술(skill)을 생각하고 사용할 기회, 그리고 나에게 과제를 주고 그것을 완성해서 홀로 남겨두는 보스 c. 좋은 관계 속에 사람들과 같이 있는 것, 그리고 나와 상의하고 나 자신의 방법에서 더욱 효과적으로 되는 것을 도와주는 보스 d. 좋은 계획이 있는 충분한 구조와 조직, 그리고 필요할 때 나를 도와주기 위해 거기에 있는, 코칭과 지원을 제공하는 보스	a.____	d.____	c.____	b.____
10. 중요한 생활 위기에 직면할 때, 당신은? a. 매우 많은 관점과 가능성을 볼 수 있어서 때때로 행동하기 전에 혼란스러워 진다. b. 그 순간에 자발적으로(spontaneously) 반응하는 경향이 있다: 그것은 단지 일어난다. c. 위기가 나와 나 자신의 생각에 무슨 의미인가를 생각하고 그 다음 할 수 있는 한 최선을 다한다. d. 긍정적, 부정적인 점을 생각하고 목록을 만드는 것이 도움이 된다는 것을 발견하고, 그 다음에 내 방식대로 신중히 문제를 작업해 나간다.	b.____	d.____	c.____	a.____
칼럼 총 합계	____ I	____ II	____ III	____ IV

채점

당신의 각 칼럼 총 합계 점수에 가장 가까운 숫자를 아래 도표 각 4분원 안의 숫자에 표시한다.

칼럼 I = 감각 운동적(S)
칼럼 II = 구체적(C)
칼럼 III = 형식적(F)
칼럼 IV = 변증법적/체계적(D/S)

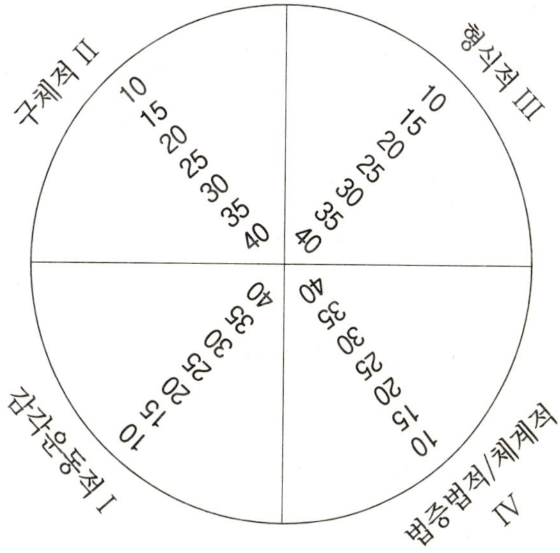

가장 낮은 점수(원의 주변과 가장 가까운 점수)는 당신의 선호하는 유형 분야를 나타낸다. 원 안의 4개 점수를 연결시켜보라. 가장 높은 피크가 있는 사분원은 당신의 선호하는 조력 유형이다. 당신 자신의 선호를 이해하는 것은 당신과 다르게 상호작용하고 의사소통하는 사람들과 작업하는 것을 도와줄 것이다.

해석

모든 상담/치료 학생은 "당신이 선호하는 조력 유형은 무엇인가?"라는 질문에 다른 답을 가질 것이다. 모든 사람에게 조력을 제공할 수 있는 하나의 최고의 방법은 없다. 어떤 내담자에 있어서는, 감각 운동적 유형이 최고이다. 또 어떤 내담자의 경우는, 변증법적/체계적인 유형이 더 나은 결과를 달성할 수 있다. 각각의 상담사/치료사는 각자 자신이 선호하는 유형을 가지고 있다는 점을 알고 있는 것이 중요하다. 타인에게 우리의 인지적/정서적 유형을 강요하지 않도록 조심할 필요가 있다. DCT는 내담자의 인지적/정서적 유형에 일치하는 중재를 하는 것의 중요성을 강조한다.

I. 감각 운동적.

이 유형을 선호하는 사람들은 특히 내담자와 그 순간에 함께하고 즉각적인 경험에 접근할 수 있는 것에 능숙하다.

II. 구체적.

이 유형을 선호하는 사람들은 내담자와 계획을 짜며 구체적으로 되고, 그리고 세상에서 조치를 취하는 것에 능숙하다.

III. 형식적.

이 유형을 선호하는 사람들은 반영과 여러 가지 패턴의 생각과 감정을 다루는 것에 능숙하다(감정을 반영하는 것과 경험하는 것은 같은 것이 아니다.).

IV. 변증법적/체계적.

이 유형을 선호하는 사람들은 다양한 시각을 취할 수 있으며 시스템 작동을 살펴보고 복잡성을 다루는 것에 능숙하다.

각 유형은 장·단점 둘 다를 갖고 있다. 감각 운동적 사람은 때때로 경험을 조직하는데 어려움을 가질 수 있고, 구체적 사람은 사소한 일에 말려들게 되며, 반영하는데 어려움을 가질 수 있고, 형식적 사람은 감정을 반영하는 것에 능숙하지만, 그것들을 감각 운동적 단계에서 충분히 경험하는데 실제 어려움을 가질 수 있다. 그리고 변증법적/체계적 사람은 생각에 열중할 수 있으며 감정 또는 조치를 취하는 것에 어려움을 가질 수 있다. 온전한 발달은 상담사가 각각의 유형에 충분히 민감할 것을 요구한다. 하나의 '최고의' 유형을 결정하기 보다는, 효과적인 상담자는 철저히 더 많은 유형에 접근하는 것을 학습한다.

선호하는 분야를 결정할 때 점수의 순서는 흥미롭다. 어떤 사람들은 균형 잡힌 프로필을 가지고, 모든 인지적/정서적 유형을 가지고 작업할 수 있는 능력을 나타낸다. 또 어떤 사람들은 한 유형을 강하게 선호하는 것을 보여준다. 어떤 사람들은 현저히 형식적이지만, 또한 구체적 또는 감각 운동적 분야에 강점을 갖고 있다. 각자가 독특한 패턴을 가진다.

도구속의 문구는 긍정적인 것으로 설계되었고 모든 응답은 타당한 것으로 설계되었다. 도구는 당신이 개인적 단계에서 DCT 모델과 그것의 함축을 이해하는 것을 도와줄 것이다. 그것은 또한 상담자가 내담자의 선호되는 유형을 진단하는 것을 도와줄 수 있는데, 그래서 더욱 신중하게 자신의 중재를 내담자 욕구와 매치시킬 수 있다.

추후 도구

Style-Shift Inventory.

SSI는 8가지 케이스 연구를 제시하며 학생들은 케이스에 대해 치료 프로그램을 개발한다. SSI는 또한 선호되는 행동 유형에 대해 점수를 제시한다. Microtraining Associates에서 이용가능하다(www.emicrotraining.com).

Gregoric Style Delineator

이 도구는 인지적 유형에 대한 매우 좋은 정보를 제공하며 관리하고 채점하기가 쉽다. Gabriel Systems, Maynard, MA에서 이용가능하다.

Myers-Briggs Type Indicator.

이 부록 속의 도구와 Myers-Briggs Type Indicator 사이에는 몇 가지 흥미 있는 유사점이 있다. Myers-Briggs의 감각 차원은 감각 운동적 경험, 생각은 구체적인 것, 감정은 형식적인 것, 그리고 직관은 변증법적/체계적인 것과 관련이 있는 것처럼 보인다.

저자 약력

Allen E. Ivey

is Distinguished University Professor (Emeritus) at the University of Massachusetts, Amherst, and is currently president of Microtraining Associates, an educational publishing firm. He earned his doctorate at Harvard University. Dr. Ivey

is a past president and Fellow of the Division of Counseling Psychology of the American Psychology Association and is a life member of American Counseling Association. He is also a Diplomat of the American Board of Professional Psychology and an elected Fellow of the Society for the Psychological study of Ethnic Minority Issues of APA. He is on the Board of Directors of the National Institute for Multicultural Competence.

The originator of microcounseling and developmental Counseling and therapy (DCT), Dr. Ivey has won wide recognition and national and international awards, including the ACA Professional Development Award. Dr. levy is author and co-author of more than 30books and 200 articles and chapters, and his works have been translated into at least 17 languages. He did original work on the Multicultural im-plications of the microskills from 1968 to 1974 and has been developing his work in Multicultural studies ever since. He is co-author of A Theory of Multicultural Counseling and therapy(with Derald wing sue and Paul pedersen) and Theories of Counseling and psychotherapy: A Multicultural

Approach, 5th ed. (with Michael D'Andrea, Mary Bradford Ivey, and Lynn Simek–Morgan)

Spirituality and counseling are recent extensions of Allen and Mary Ivey's work on interviewing skills combined with multicultural and developmental thinking. Their most recent writings have focused on "psychotherapy as liberation," multicultural issues, and a theoretical/practical approach to working in a positive develop–mental framework with so–called "pathology"and DSM–IV.

Mary Bradford Ivey

Vicce president of microtraining Associates, has three areas of expertise and experience : writing, independent consulting, and school guidance. she earned her master's degree in counseling at the University of Wisconsin, Madison, and her doctoral degree in organizational development at the University of Massachusetts, where she worked closely with Kenneth Blanchard, author of the Well–known One–Minute Manager.

Dr. Ivey received national recognition in 1988 when her elementary counseling program at the Fort Ricer School Was named one of the ten best in the nation at the Christa McAuliffe Conference. She is co–author of seven books plus numerous articles, translated into several languages. In addition, she has produced a number of videotapes illustrating counseling and therapy strategies, including the popular video, Counseling Children. She has just completed a new video, Counseling Latinalo Children: Brief Interventions, with Enedina Vazquez and Luis Vazquez. Her most recent book is Intentional Interviewing and Counseling, 5th ed.(with Allen Ivey).

Dr. Ivey has taught or held appointments at the University of Massachusetts in Amherst, Keens State College, the University of Hawai'i in Manoa, and Flinders University in Australia. She has lectured widely throughout the United States, Mexico, Canada, Europe, Asia, Australia, and New Zealand. She is on the Board of Directors of the National Institute for Multicultural Competence. She is a National Certified Counselor and a licensed mental health counselor. One of her specialties is applying consultation skills to school and management environments. Recently, She has applied the developmental model to the positive treatment of children with special attention to issues of child abuse.

Jane E. Myers

is a Professor of Counselor Education at the University of North Carolina at Greensboro. She is a National Certified Counselor, National Certified Gerontological Counselor, and a Licensed Professional Counselor. She is a Fellow of the Gerontological Society of America, the Association for Gerontology in Higher Education, and the National Rehabilitation Counseling Association, and a Charter Fellow of the Chi Sigma Iota Academy of Leaders for Excellence.

Dr. Myers is past president of the American Counseling Association and two of its divisions, the Association for Assessment in Counseling and the Association for Adult Development and Aging, for which she was founding president. Dr. Myers also served as Chair of the Council for Accreditation of Counseling and Related Educational Programs (CACREP). In 2003, she was selected for inclusion in Leaders and Legacies in Counseling, a book that chronicles the contributions of 25 of the most significant leaders in the counseling profession over the past century.

Dr. Myers developed a model and curriculum resources for infusion of gerontological counseling into counselor education, and she co-authored(with Thomas J. Sweeney) the national competencies for training gerontological counselors. Together, Dr. Myers and Dr. Sweeney co-produced seven training videotapes to promote counselor competence in this specialty. Dr. Myers has written and edited numerous publications including 16 books and monographs and over 100 refereed journal articles, and she was noted as being in the top 1 percent of contributors to the Journal of Counseling & Development, ACA' s flagship journal. Her books include Adult Children and Aging Parents, Empowerment for Later Life and (as co-editor) The Handbook of Counseling. She is also co-creator of one theoretical and two evidence based models of wellness as well as assessment instruments based on these models. Dr. Myers is an advocate for wellness lifestyles for her students and people of all ages.

Thomas J. Sweeney

has more than 40 years of higher education teaching and leadership experience. He is Professor Emeritus and past Coordinator of the Counselor Education program at Ohio University where he began teaching in 1972. He has held leadership offices at state, regional, national, and international levels, including president of the American Counseling Association (ACA) and the Association for Counselor Education and Supervision (ACES). He was founding president of the International Association of Marriage and Family Counseling and the served on the boards of both the National Vocational Guidance Association and the Association for Adult Development and Aging. His works include Adlerian Counseling, 4th ed., Wellness (co-author of the model and assessment instrument), and Gerontological Counseling (video series). His most recent book, co-authored with Dr. Myers, is Wellness in Counseling: Theory, Research, and Practice.

Dr. Sweeney is founder and current Executive Director of Chi Sigma Iota Counseling Academic and Professional Honor Society International (CSI). CSI was first established at Ohio University in 1985 and now has more than 250 chapters and 38,000 members worldwide. Dr. Sweeney was instrumental in starting the credentialing movement of professional counselors and advancing counselor preparation and accreditation at the national level. He authored ACA position papers on these topics and served as first chair of the respective professional initiatives(Licensure Committee and CACREP).

Dr. Sweeney has received numerous awards for leadership and service to the counseling profession. His national award–winning Coping with Kids telecourse was distributed on film and broadcast worldwide on public television. In 2003 he was selected for inclusion in Leaders and Legacies in Counseling, a book that chronicles the contributions of 25 of the most significant leaders in the profession of counseling over the past century. He also was noted as among the top 2 to 5 percent of contributors to the counseling profession's Journal of Counseling and Development, over a recent 15–year period.

역자 약력

명 화 숙

University of North Carolina at Greensboro 상담학 석사.

대전대학교 아동교육상담학과 박사 수료

현) 미 National Certified Counselor(NCC)

현) 미 Licensed Mental Health Counselor(LMHC)

현) 대전대학교 상담대학원 객원 교수

박 성 옥

경희대학교 대학원 이학 박사

Colorado State University 연구 교수

현) 대전대학교 아동교육상담학과 교수

현) 한국 임상게임놀이 학회장

현) 한국발달심리학회 수련감독

현) 한국 영유아 아동정신건강학회 놀이치료 수퍼바이저

이 정 숙

한양대학교 대학원 아동, 가족 전공 가정학 박사
The Play Therapy Training Ins. N.Y 연수
현) 한양대학교 대학원 아동심리치료학과 교수
현) 한국아동심리치료학회 회장

홍 주 연

이화여자대학교 대학원 발달심리 전공 심리학 박사
University of North Carolina at Greensboro 노년 및 지역사회 상담학 석사
University of Pennsylvania 노년학 석사
한국상담대학원대학교 조교수
현) 미 National Certified Counselor (NCC)

발달상담과 치료

초판 인쇄일 • 2010년 12월 10일
초판 발행일 • 2010년 12월 20일
초판 2쇄일 • 2017년 7월 7일

저　　자 • ALLEN E. IVEY · MARY BRADFORD IVEY
JANE E. MYERS · THOMAS J. SWEENEY
역　　자 • 명 화 숙 · 박 성 옥 · 이 정 숙 · 홍 주 연
펴 낸 이 • 오 무 근
펴 낸 곳 • 도서출판 하나의학사

주　　소 • 서울시 서대문구 거북골로 7-7 하나빌딩 1층
등록번호 • 제 25100-2013-000061호(1988.4.1)
전　　화 • (02)730-2555, 2556
팩　　스 • (02)730-2557
E-mail • hanampc1@naver.com

홈페이지 www.hanampc.co.kr

정가 23,000원

ISBN 978-89-92141-66-6 93180